[美] 莎拉·S. 理查德森
(Sarah S. Richardson)
—— 著

郑澜 —— 译

THE MATERNAL IMPRINT

The Contested Science of Maternal-Fetal Effects

中国科学技术出版社
·北京·

The maternal imprint: the contested science of maternal-fetal effects by Sarah S. Richardson.
Licensed by The University of Chicago Press, Chicago, Illinois, U.S.A.
© 2021 by Sarah S. Richardson. All rights reserved.

北京市版权局著作权合同登记　图字：01-2022-0172

图书在版编目（CIP）数据

母体记忆/（美）莎拉·S. 理查德森
（Sarah S. Richardson）著；郑澜译 . —北京：中国
科学技术出版社，2023.5

书名原文：The maternal imprint：the contested
science of maternal-fetal effects

ISBN 978-7-5046-9943-5

Ⅰ.①母… Ⅱ.①莎… ②郑… Ⅲ.①胎教 Ⅳ.
① G610.8

中国国家版本馆 CIP 数据核字（2023）第 042149 号

策划编辑	刘　畅　宋竹青	责任编辑	刘　畅
封面设计	仙境设计	版式设计	蚂蚁设计
责任校对	张晓莉	责任印制	李晓霖

出　　版	中国科学技术出版社
发　　行	中国科学技术出版社有限公司发行部
地　　址	北京市海淀区中关村南大街 16 号
邮　　编	100081
发行电话	010-62173865
传　　真	010-62173081
网　　址	http://www.cspbooks.com.cn

开　　本	710mm×1000mm　1/16
字　　数	252 千字
印　　张	20.5
版　　次	2023 年 5 月第 1 版
印　　次	2023 年 5 月第 1 次印刷
印　　刷	大厂回族自治县彩虹印刷有限公司
书　　号	ISBN 978-7-5046-9943-5/G·1007
定　　价	88.00 元

（凡购买本社图书，如有缺页、倒页、脱页者，本社发行部负责调换）

目录

引言　母体记忆 ……………………………………………… 001

第1章　遗传学中的性别不平等问题 …………………………… 031

第2章　胎教论 ……………………………………………… 065

第3章　种质卫生 …………………………………………… 099

第4章　母体效应 …………………………………………… 129

第5章　种族、新生儿体重与生物社会体 …………………… 159

第6章　胚胎编程 …………………………………………… 195

第7章　都怪母亲！ ………………………………………… 237

结语　后基因组时代的性别与遗传问题 ……………………… 265

参考文献 …………………………………………………… 275

引言
母体记忆

本书围绕"母体记忆"这一使人着迷的主题展开。人们普遍认为，人类胎儿期在母体内所处的环境能在这个孩子及其后代身上留下永久的烙印。10年前，我无意中读到神经科学家瑞秋·耶胡达（Rachel Yehuda）关于犹太人大屠杀幸存家庭"跨代心理创伤"的研究，于是被"母体记忆"的理念深深吸引。耶胡达发现，犹太人大屠杀幸存家庭的孩子更容易遭受心理创伤。她将产生这个现象的原因归结于母亲怀孕时体内皮质醇的水平较高，而皮质醇正是人体调节压力的重要激素。耶胡达表示，在母亲子宫内的这种体验永久地改变了孩子的基因组调控机制，以至于这类孩子成人后在面对压力或创伤时，将比普通孩子更容易出现精神失常的问题。由于这些孩子自身的生殖细胞也在母亲子宫内发育完毕，因此相应发生的基因突变可能进一步遗传给自己的子孙后代，从而出现"跨代心理创伤"现象，其产生机制如图1。

诗人兼小说家伊丽莎白·罗斯纳（Elizabeth Rosner）是一名犹太人大屠杀幸存者的女儿。她在2017年出版的书籍《幸存者咖啡馆：遗留的创伤与记忆的迷宫》中，对耶胡达的研究发现进行了更加深入的反思。她在书中写道，有关胚胎环境如何编写人类基因组的研究"为我们提供了经验性证据，证明每个人体内都有一笔从母体那

母体记忆

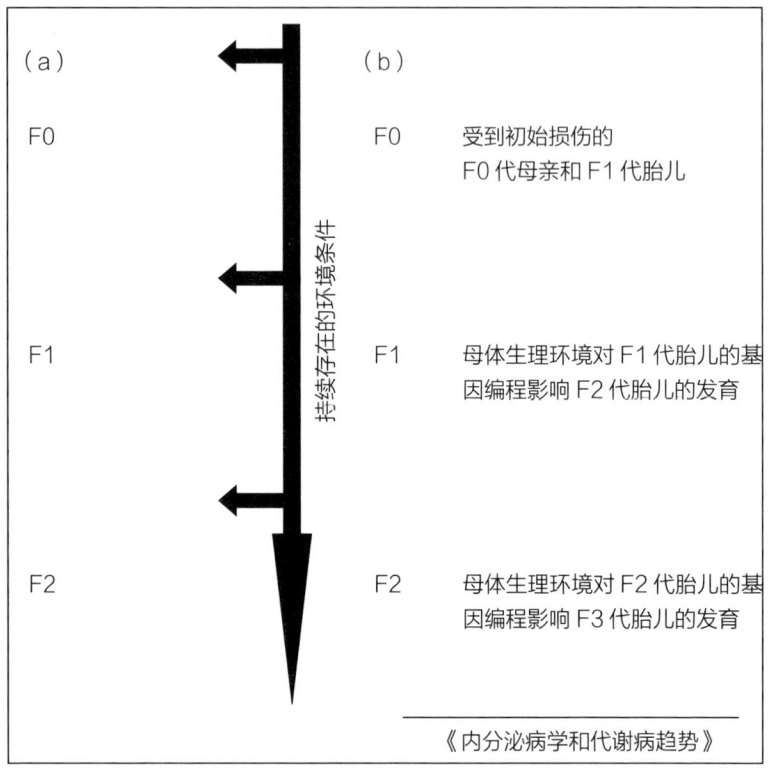

引-1 跨代遗传编程效应机制示意图

（a）外部环境持续存在某项不利因素，可致某个基因表现型在几代人身上反复出现。（b）F1代胎儿在母亲子宫内暴露于某些因素（如母体生理环境方面的基因编程变化）之中，导致F2代胎儿及其后代复刻上述表现。
图片来源：Eisevler数据库。

里继承的遗产。它深入我们的骨髓，藏在我们的梦想和恐惧中。也就是说，我这一代人的基因携带着父母的创伤表达基因，而父母的基因又携带着祖父母那辈人的创伤表达基因。每个人的生物化学和神经学调节机制，都受到了过去经历的影响。"

我的外婆就是一名犹太人大屠杀幸存者，再加上我刚有了属于自己的小家庭，因此我对"母体记忆"的观点实在感到好奇。同时，我还是一名历史学家与科学哲学家,专注于研究科学知识在性别、遗传学及社会学领域的应用。因此,当我知道女性的健康、行为及其所处的社会环境能够对后代产生影响时,无论从科学还是文化方面来看待这些影响都让我欲罢不能。

胚胎起源学的崛起

很快我便意识到,科学界近年来掀起了一股探究母体环境对胚胎长期影响的风潮,而耶胡达的研究只是其中的一部分。除前述的"跨代心理创伤"问题外,来自诸多领域的科学家还在研究胚胎健康的起源及生命质量,搜寻着饮食、压力及环境暴露等母体因素与后代的肥胖、心脏病、自闭症、哮喘、性取向、多动症及智力低下等问题间存在的种种关联。

虽然科学界对"母体记忆"的关注由来已久,但近现代胚胎起源学(有时又称"健康和疾病发展起源学",DOHaD)的形成还得追溯到20世纪80年代。1989年,英国流行病学家大卫·巴克尔(David Barker)通过分析英国最贫穷地区的病历数据证明,在20世纪30年代新生儿死亡率最高的社区,其居民在50年后的心脏病致死率也最高。巴克尔认为,这些居民的心脏病风险与他们在母亲子宫内的发育环境有关。可以说,正是母亲在妊娠期以及一直不佳的健康状况,造成了上述居民群体心脏病的高发。巴克尔最早提出上述观点时,遭到了他人的怀疑和反对。可时至今天,在巴克尔学说的驱动下,发展生物学、畸胎学、营养科学、环境科学及生命历程流行病学的研究人员,在共同的主题上开展了跨学科研究。截至2014年,胚胎起源学领域已硕果累累:在生物医学研究数据库 PubMed 中，可以查到超过 13 万篇有关胚胎疾病编程的论文。

与早期科学家仅能主观推测母体环境对胚胎的长期影响相比，今天的科学家已能获得丰富的产前流行病学数据。自 20 世纪 80 年代末起，科研人员已启动了大规模的前瞻性队列研究项目，持续追踪孕妇及胎儿从母亲妊娠期开始的身体状况。在科学界关注产前影响的同时，20 世纪八九十年代还出现了两项进展。第一项进展是全球普遍增加了对母婴健康领域的投入，政策制定者、经济学家和全球发展领域的专家们日益强调生命早期对一个人健康和经济情况的长期影响。改善女性生育结果则被普遍认为是促进全球最贫困国家经济发展的关键举措之一。第二项进展是随着人类基因组计划（Human Genome Project）的实施，公共和私营领域同时加大对生物科学的投资。强大的产前基因检测技术不断面世，使人类有可能在胚胎发育的早期预测胎儿潜在的健康风险。研究人员认为，有必要将研究发现的基因遗传弱点与产前母体环境对胎儿的影响进行匹配。这不仅有助于探究两者间的相互作用，还能使人们更多地了解早期胚胎所处的母体环境与胎儿生长发育过程中呈现某些疾病之间有何规律。

英国布里斯托大学的"埃冯父母与子女纵贯研究"（ALSPAC）就是一项标志性研究。自 1991 年起，该研究共招募了 13761 名妊娠期妇女作为研究对象，现已成为全球范围内规模最大的长期追踪产前母体环境影响的研究之一。ALSPAC 研究大量收集了受试母亲及其子女的生物学样本，如妊娠期间母体的血液与尿液，以及分娩时的脐带血和胎盘组织等。截至目前，这项研究已汇集了受试对象在 68 个时间点上的 9 大项临床检测数据，就连他们在婴儿期换下的乳牙也被妥善存放于生物样本数据库中，还称这是"牙仙"*指派的任务。目前已有2000多篇文献基于ALSPAC的研究数据发表，这些研究数据涉及肥胖、湿疹和哮喘等风险因素。

20世纪90年代中期，为响应人类基因组计划号召，ALSPAC研究团队从研究对象中采集了1.1万名儿童及1万名母亲的基因样本。现在，这个团队已开始介入表观遗传学（Epigenetics）领域的研究。这门学科研究的是人类基因组中除基因以外的分子生物学调控机制，相关的生物标志物可帮助研究人员测定某个基因点在环境刺激下是变得活跃还是静息。如果证实这些变化能被母体环境激发、被激发后可保持一定时间的稳定并对人体健康和生物学功能产生影响，那么表观遗传学将在胚胎起源学的基础之上，进一步揭示妊娠期母体环境对胚胎长期影响的分子生物学机制。

然而，胚胎起源学并不是简单地堆砌产前母体环境与胚胎发育结果的海量关联数据。在这些数据的基础上，如今的相关研究已提出一系列指导性的假设，为人们更好地理解这些数据、得出研究观点提供了一个概念性的框架。

母体效应与生物社会体

胚胎起源学的研究者们认为，胚胎在子宫内的时间至关重要，此时人体的发育速度最快。在此期间内，母体环境的种种细微因素

---

* 牙仙（Tooth Fairy），欧美国家民间传说中的妖精。传说中，小孩子的乳牙脱落后，应该被放在枕头下面或床头柜上，牙仙会在他们睡觉时带走这颗脱落的牙。——译者注（*号注均为译者注，下同，不另注）

都能对发育中的胚胎造成永久性的影响，被改写的基因决定着胚胎长大成人后的生理功能。一种观点认为，胚胎对母体环境的敏感性是人类在进化过程中发展出来的，它使胚胎得以提前适应出生后所处的环境。但当母体释放的代谢和压力信号与胚胎面临的真实世界不匹配时，就会导致胚胎生病。例如，一个在母亲体内营养不良的胚胎，出生后遭遇的是卡路里过盛的美国饮食结构，就是一种不匹配的情形。胚胎起源学的创始人大卫·巴克尔正是这种观点的强烈拥护者，并凭借自身的影响力使该观点声名远播。巴克尔认为，西方社会许多所谓的"富人病"，如乳腺癌、心脏病等，根源上都是因为人们的生活方式转变过快。20世纪初，人们的生活方式还相对单一。到了20世纪末，西方社会的卫生和营养条件均发生了革命性的转变。基于上述观点，巴克尔还作出一项重要预判：由于子宫环境完全由母亲本人的身体状况决定，因此胚胎基因编程与出生后环境产生的"不匹配"，可能需要经过好几代人才能消除。

许多胚胎起源学的研究者认为，按照巴克尔的说法，母体效应有助于解释为什么社会不平等问题跨越了好几代人依然存在。《代谢贫民区》作者、伦敦大学学院儿科医生兼儿童营养专家乔纳森·韦尔斯（Jonathan Wells）认为，代谢紊乱和肥胖症的发病率持续攀升，充分证明了不平等问题的跨代传递性。在韦尔斯看来，母亲自身成长过程中所处的社会与物质环境，包括母亲家庭所处的社会地位，在某种程度上可以传递给肚子里的胎儿，使孩子还没出生就注定要过上不平等的生活。韦尔斯在自己的书中写道："如果说母亲的子宫是胎儿生活的一小片天地，那么处于经济边缘的几代人将把这片小天地变成一个生理意义上的贫民区。相应的基因表现型将长期表达，在未来的几代人身上不断重现。"

与此类似，美国西北大学人类学家克里斯·库扎瓦（Chris Kuzawa）提出，母亲体内的激素与营养物质向胎儿"提示着关于未来营养条件的线索"。在他看来，母体之所以向胎儿释放这种信号，就是为了防止胎儿发生太大、太快的变化。库扎瓦认为："母亲体内的营养物质流向胎儿，这股信号流整合了母亲家族史上近几代人经历过的营养条件，它有效地限制了妊娠期母体环境可能发生的任何短期波动。"库扎瓦将这个过程比作"水晶球"，说它"使胎儿得以通过母亲家既往几代人的过去，来预测自己的未来"。然而，当母体对胎儿发育环境的"微调"与现实环境条件不匹配，或当这种"微调"机制受损时，就可能出现问题。

基于上述理论框架，库扎瓦与另一名学者伊丽莎白·斯威特（Elizabeth Sweet）于2009年发表联名文章，称母体效应也许可以解释美国社会的不同种族为何历来有着不同的心血管疾病发病率。从历史数据来看，非裔美国女性在妊娠期遭受心理压力的概率更高，这在一定程度上源于美国历史上的奴隶制及遗留下来的种族歧视问题。非裔美国女性产下的孩子体重更轻，而新生儿体重与孩子日后患心血管疾病的风险相关。由于母亲自己出生时的体重预示着孩子的体重，因此哪怕母亲遭受的社会心理压力后来逐渐消失或营养条件发生改善，母体效应仍将导致心血管疾病在往后几代人身上持续高发。这个理论从生物社会学角度解释了母体效应为何能导致健康不平等的问题。种族差异被认为是一个社会问题，但在早期的胚胎发育过程中，这种差异在母体效应的影响下得以传递。

根据进化遗传学家贾森·沃尔夫（Jason Wolf）与迈克尔·韦德（Michael Wade）的定义，研究母体效应的科学指的是"研究母体基因表现型对后代基因表现型因果关系的科学，这种因果关系通常由母体提供的'环境'促成"。这门科学展示出的遗传机制，与我们在高中遗传学课上学到的内容不同。它认为母亲给胎儿的不只是基因，还有生长发育过程中母体环境带来的种种影响。在许多人看来，母体环境从受孕那一刻起即已形成，因此母体效应研究只能证明人体在多大程度上受到母体环境的操控。其实，母体效应可以解答许多问题，如为什么社会不平等或心理创伤在几代人身上持续存在。它是一种有力的潜在方法，能帮助我们同时从生物学和社会学角度了解自己的身体。

我对上述说法抱有一丝疑虑。直觉告诉我，人体以不易察觉的方式适应着社会与物理环境的巨大影响，而健康不仅与生物化学有关，还与社会环境有关。此外，母体与胎儿的关系也是一个影响广泛但神秘的课题。在我看来，母体效应的应用范围如今已得到延展。学术界对此喜闻乐见，因为这门科学不再"唯基因论"，而是从多种角度审视人体健康与生物性差异的决定因素。人类遗传过程不再以"基因决定一切"概括，因为其背后蕴藏着比人们想象中更复杂的谜团。

从母体环境这一视角理解人体及其生物学过程，既让人因为收获新知而兴奋，又对社会具有重要意义。尽管如此，当前的母体效应研究在很大程度上仍集中于妊娠期这一狭窄时段，并且尤其关注育龄期女性这一特定群体，因此存在一定的局限性。育龄期女性的子宫被认为是决定胎儿生命质量的关键因素，这显然会拉响社会学家的警报，因为这种论调可能促使社会限制女性的生育自由。此外，即使母体效应真的存在，但过分夸张母亲对胎儿生命健康带来的风险，很容易使人们忽略还有其他更重要的因素影响着人体健康，并因此忽略针对这些因素应投入的资源。

在母体效应这一科研领域，人们目前还被获得新知的兴奋感驱使，相较之下实证研究的结果还没有跟上。尽管现代科学家有精度更高的工具来研究母亲与胎儿的生物化学关系，同时还有海量的、多维度的、纵贯一生的人体生物学和社会学数据供其分析，但母体效应科学只是努力在不稳定的生物标志物与微小的生物效应间建立联系。被视为研究对象的所谓的"效应"，在我看来不过是一段"密码"：它们很细微，在不同的生态社会环境中有不同的表现，且经常在母体因素存在很长一段时间以后方可显现，由此使得这项母体因素与这个效应之间的因果关系难以建立。

因果关系的隐蔽性

如果将畸胎学的研究结论与母体效应科学研究的"效应"进行比较，后者的隐蔽性将显得更加突出。以叶酸补充剂为例，这种补充剂被用作一项公共卫生干预措施在全球范围应用，短短数十年内就大幅降低了畸胎率。研究人员早在1965年就发现，日常饮食中缺乏叶酸（B族维生素中的一种），可能导致胎儿神经管严重畸形。神经管畸形的表现形式有多种，如无脑儿（胎儿的颅骨和大脑大部分缺失）和脊柱裂（胎儿脊柱和脊髓先天发育异常）等。但直到20世纪80年代末，研究人员提出的前述假说才得到证实。当时，英国开展了一项大规模随机对照试验，结果显示，对于曾产下神经管畸形胎儿的女性而言，当她们再次怀孕时，服用叶酸补充剂可降低二胎新生儿神经管畸形的发病率，且降幅高达70%。相关研究论文于1991年发表后，公共卫生机构很快付诸行动，美国疾控中心建议有神经管畸形患儿生产史的孕妇每日服用叶酸补充剂。没过多久，这项建议的对象进一步扩大到所有育龄期女性。自1998年起，美国政府强制要求厂家在谷物产品中添加叶酸。在这些举措的共同作用下，美国新生儿的神经管畸形发病率整体下降了1/3。2011年，《营养学》杂志刊登的一篇文献综述将叶酸补充剂描述为"过去50~75年来最成功的公共卫生举措之一"。近期的一份报告甚至认为，随着叶酸补充剂的普及程度趋向饱和，新生儿神经管畸形的发病率已经降至人类所能达到的最低水平，未来或许再也没有什么干预措施能够进一步降低新生儿神经管畸形的发病率了。

同神经管畸形类似的还有风疹造成的失明、孕妇使用沙利度胺引发的胎儿"海豹肢"，以及因缺碘而导致的侏儒症，这些都是肉眼可见的新生儿疾病。对于这些疾病而言，环境中的致畸因素或缺乏的营养元素是明确的，而且可以通过实验从动物模型中分离出来。这些疾病会带来严重的后果，因此它们产生的"效应"是巨大的。这些风险因素的暴露及其产生的后果与生态环境无关，也不因人种的不同而变化。

相较之下，母体效应科学研究的因果关系就要复杂得多。针对不同人群开展的母体效应研究，将妊娠期的母体环境与后代的健康状况相联系。有别于新生儿畸形的研究，母体效应研究中目前所见的后代健康状况，并不是新生儿出生后立马可见的罕见畸形。相反，它们是风险因素发生的微小变化，而这些变化又可能催生常见的慢性病，如较正常水平略微偏高的体脂水平，且这些慢性病可能要等孩子出生几十年后才会显现出来。当前，母体效应的研究者们不再重点关注非典型的生育结果，以及这些生育结果与母体环境之间的因果关系，而是将注意力转移到普通的、健康的新生儿上，并探究微小的母体环境变化将为这些新生儿带来怎样的长期影响。研究者的兴趣点不再是明确的营养物质或致畸化学物质,而是母体环境向胎儿施加的各类影响因素。这些因素不仅令人费解,往往还难以拆解,但它们却能成功地刻进胎儿的骨子里。风险暴露与生育结果之间的因果关系有强有弱,它们不再是生物学意义上的恒定值,而是取决于目标人群接触到的具体的生态环境因素。

事实上,现代畸胎学(研究胚胎发育早期畸形)的几位创始人已经预测到,这门学科的研究范围在未来将扩大到探究胚胎发育期间各类小型风险因素给胎儿带来的细微影响上。早在1948年,著名的波兰裔美国儿科医生、美国畸形学会首届主席约瑟夫·沃卡尼(Josef Warkany)就公开表示,必然"存在某些边缘性的缺陷症",其后果虽然不是显而易见的身体残疾,却会带来不易察觉的长期影响。"患有缺陷症的母亲生出的孩子从外表来看可能一切正常",沃卡尼表示,"但这并不意味着这些孩子是正常人"。但沃卡尼也承认,这些"边缘性的"影响因素目前还无法被科学所认知,因此他自己的研究重点仍然放在新生儿畸形及胚胎致畸因素上。1945年,沃卡尼发现了孕妇缺碘与小儿侏儒症之间的关联。后来,他参与建立了克利夫兰诊所(Cleveland Clinic),并将其打造成全球领先的儿童先天畸形治疗中心。1961年,沃卡尼在文章中写道,有关母婴界"微环境因素"的研究"只能留给未来的科学家去探索,未来将会有一门学科在微观如产科的层面上,探明子宫羊膜腔内的各种变量因素带来的影响"。21世纪的胚胎起源学,或许正是沃卡尼当时预见的这样一门"未来科学"。

通过比较畸胎学与胚胎起源学对胚胎发育阶段所受影响的研究,我们可以发现后者具有两项明显特征:一是作为研究对象的"后果"不是很严重;二是影响因素及其后果间的因果关系没有那么强。无论研究的是跨代心理创伤机制,还是为孕妇提供的公共卫生措施,胚胎起源学的基本理念都是子宫对胎儿具有深远影响。要想接受这个理念,就得接受一种比传统畸胎学更大胆、更包容的假说与因果关系建立方式。在这本书中,我用"隐蔽关联性"一词来描述母体效应这一科学领域所具备的上述特征。

弄清母体效应是什么以及其中哪些可以被科学证实,是一件高风险的事。科学界在呈现母体效应相关科研结果时,容易以偏概全,甚至起误导作用。近期研究发现,科普文章喜欢夸大孕妇行为与小型风险因素之间的关联,而这样的文章正在人群中迅速传播,为孕妇们提供日常生活建议。若干媒体都对胚胎起源学进行过令人窒息的报道,如英国广播公司的《孕妇的饮食可改变孩子的基因》、探索频道的《老一辈人的经历刻在你的基因里》和英国《卫报》的《"9·11"事件幸存孕妇将心理阴影传给孩子》等。这些报道基本没有提供充分的证据,让人无从判断其观点的科学性。相关风险是否真如报道中的那样耸人听闻还有待证实,动物模型的研究结论也未必适用于人体,更别提现实生活中的母体受到各类复杂因素的相互作用。

在我看来,正是因为母体效应具有隐蔽关联性,才使得媒体过分夸大因果关系的报道可能造成危害。毕竟,母体效应的研究将女性生殖系统置于争议的焦点,而生育后代的女性历来既是社会感染(Social Contagion)的媒介,又是科研界不懈追寻的神秘研究对象。尽管母体效应研究的风险非常高,但隐蔽的因果关系并非这个领域所独有。当代生物医学积累了丰富的数据,已经能越来越精细地研究某个因素产生的微小结果,并接受试验结果较低的可复制性。因此,科学家能够研究的东西及开展研究的方法,正经历着根本性的转变。这样,仔细推敲母体效应的隐蔽关联性,追溯历史上科学界对母体效应研究真实可靠性的争议，能使我们更好地了解21世纪后基因组时代下的生命科学。

赢在起跑线上

科学界与媒体对表观遗传学及胚胎起源学领域的兴趣，如今已上升到令人目眩的新高度。作为生育体的女性成了瞩目的焦点，被认为是庞大社会问题背后至关重要的驱动因素。在维康信托基金会（Wellcome Trust，英国顶尖的生物医学研究资助机构）的资助下，帝国理工学院生殖与发育生物学研究所的研究人员建立了一个名为"BeginBeforeBirth.org"的网站。网站上有两则视频，一则名为《子宫里发生的事可持续影响孩子的一生》，另一则名为《表观遗传学》。视频字幕警示道："母亲在妊娠期的感受会对胎儿发育造成永久性的影响。"

这个网站尤其大张旗鼓地宣传《查理的故事》。这个故事的本意是要告诉大众，在帝国理工学院的研究者们看来，一名孕妇如果没能"赢在起跑线上"，那么未来将会为社会带来负担。视频中有一个名叫查理的青少年，他穿着连帽衫，帽檐低得让人看不清脸。查理在暴乱（可能指的是2011年伦敦青年暴乱事件）中因掠夺他人的财产被抓，现在正要出狱，且性格易怒。这则视频告诉我们，查理之所以会这样，都是因为他的妈妈在妊娠期间情绪压力很大，这让查理天生就是一个难哄又麻烦的孩子，还可能导致他长大一点后患上多动症，并且性格叛逆。视频的话外音说道："查理不是一个天生的罪犯，但研究结果显示，他在妈妈肚子里和早期发育阶段所经历的事情很可能是他变成现在这个样子的原因。"

无独有偶，美国宾夕法尼亚大学精神科医生阿德里安·雷恩

（Adrian Raine）也强调了母亲在妊娠期间的状态对孩子日后犯罪率的影响。2013 年，他出版了《解剖暴力：犯罪行为的生物学根源》一书，并在"万恶的母亲——母亲的疏忽及表观遗传学"这一章中表示，母体环境"不仅能改写胎儿的基因表达，还会将这种改变传给孩子的下一代"。雷恩引用了连环杀手亨利·李·卢卡斯（Henry Lee Lucas）的例子，他认为这名杀手的行为是由母亲虐待所致，而这位母亲在她小时候也可能经历了同样的不幸。虐待行为的传递"不仅让几代人遭遇同样的环境，还在他们的基因上代代相传"，而这种遗传"使卢卡斯不像正常人那样具有某些抑制暴力倾向的重要基因，反而开启了那些促成暴力行为的基因"。

这类观点对于犯罪问题以外的公共政策也具有广泛的影响。在《纽约时报》一篇名为《子宫风险》的社论中，作者尼古拉斯·克利斯托弗（Nicolas Kristoff）援引了胚胎起源学研究，认为"受到压力的母体环境或许能使某些特质在一代又一代人身上不断复制"。此外，"妊娠期间遭受压力的母亲生下的孩子学习成绩更差，收入更低，并且一生中都不怎么健康"。由此，克利斯托弗认为，以往面向婴幼儿的社会干预措施可能都搞错了方向，"即便是早期的儿童教育或许也为时已晚，因为母亲的子宫早已注定了贫穷的循环"。前述胚胎起源学的先锋人物大卫·巴克尔支持这一观点，表示胚胎起源学研究有助于"更好地理解人的认知功能"，并表示"胚胎起源与日后的受教育程度高度相关"，"如果你不在三岁前纠正过来的话，那么以后就没有上哈佛大学的机会了"。[1]

---

[1] 关于母体记忆的新科学观点可能对后基因组时代人们的个人身份与亲属关系构成产生实际影响，还可能影响人们下意识地判断应该在什么时候主动避免对胎儿造成伤害。

引言　母体记忆

在谈到为何如此关注母体效应时，研究人员经常辩护说，母体行为是改善生育结果最简单的切入点。他们希望用母体效应背后的分子生物学变化作为证据，引导育龄期妇女改变自身行为，实现优生优育。正如胚胎起源学顶尖专家、荷兰流行病学家特萨·罗斯布姆（Tessa Roseboom）所言："一般来说，女性尤其容易接受关于备孕期和妊娠期饮食及生活方式的建议。我们应当利用这种倾向，以改善后代的健康状况。"美国国家公共电台（NPR）2013年的一份报告也带有类似的论调，表示"表观遗传学研究也许可以帮助我们引起孕妇的关注，提醒她们注意采纳关于饮食和生活方式的建议"。这份报告还引用了美国霍普金斯大学科学家达妮·法林（Dani Fallin）的话。法林自己也有孩子，她说："任何一位孕妇，只要知道喝酒或抽烟可明确导致自身发生某些生物学变化，就一定会坚信'哦，这太重要了'。"

这种逻辑使民众普遍接受了这样的观念：对胎儿的生长发育环境负有责任的是孕妇个人。例如，"BeginBeforeBirth.org"网站上挂着一款电脑游戏，让玩游戏的人体验因为母亲没能提供良好的子宫环境而对胎儿造成的危害。这是一种文字匹配游戏。玩家扮演母亲的角色，每犯一次错，屏幕就会显示胎儿的心率略微上升一点。网站将这个游戏的目的描述为"展示孕妇感到压力、焦虑或抑郁时，相应的生理功能变化将怎样传递给胚胎，进而影响胎儿的生长发育乃至后续的儿童行为和情绪反应"。不得不说，这个游戏确实给人一种压抑的体验。

由于日常生活中各种各样的事（比如在电脑游戏中犯了个小错）都是压力源，因此风险因素不仅无处不在，而且任何一丝风吹草动都会对胎儿构成威胁。网站上写道："发育早期的情绪环境可致胚胎脑部出现永久性的表观遗传学变化。"然而，人活着就会有压力，我们不可能总是避开周围的压力源，何况这个世界上还有许多人食不果腹、居无定所，或没有稳定的工作。但"BeginBeforeBirth.org"网站就这样将责任全都推到单个女性身上。网站上还有一张图，图中一名女性独自坐着，眉头紧锁，双手抱头。网站对此给出的建议是，这名女性应当通过"做瑜伽或听音乐"的方式来排解压力。这里的"压力"特指女性的个人感受，而对女性所处的社会环境却视若无睹、只字未提。

胚胎容器般的孕妇

一提到这种过度监督、修正孕妇行为的做法，许多读者可能立马会联想到20世纪80年代。当时，西方社会掀起了一股鼓吹孕妇威胁胎儿健康的狂潮。自从新生儿先天缺陷的重大新闻相继爆出（如1961年孕妇服用"反应停"致胎儿"海豹肢"事件）后，研究人员开始大量研究烟草、酒精和毒品等环境毒素对母体内胎儿的影响。这些研究结果显示，孕妇吸烟可能导致新生儿体重不达标，过度饮酒还可能导致胎儿患上酒精综合征。"胎儿酒精综合征"（Fetal Alcohol Syndrome）于1973年被首次发现，它指的是重度酗酒者的孩子容易出现生理和心理的双重问题。

研究人员的努力很快被媒体添油加醋，通过令人恐慌的文字描述进入大众视野，并直接影响了20世纪80年代的美国生育政策。据某些医生反映，有孕妇询问能否喝一口咖啡。人们开始担心工薪阶层孕妇坐在电脑屏幕前会让肚里的胎儿受到辐射，但这种恐慌后来被证明是无稽之谈。一些公共卫生宣传画展示了孕晚期的酗酒孕妇形象，同时出现的还有她肚子里几乎发育成形的胎儿，胎儿蜷缩在子宫里，嘬着一小瓶啤酒。这样的宣传画暗示了胎儿对母亲饮用的东西照单全收，以此渲染母亲妊娠期行为对胎儿的影响。

在上述扭曲解释的基础上，政策制定者打着为胎儿着想的旗号，对生育结果不佳的女性群体制定了惩罚性措施。在美国，数百名女性因此被监禁，失去对孩子的监护权，或因疑似在妊娠期吸毒而被排除在社会福利制度之外。反堕胎支持者利用母体环境影响的相关研究，倡议将危害儿童罪的界定延伸至胎儿发育时期。截至1986年，美国有21个州已经批准通过或正在考虑制定这类法律制裁措施。一份1992年的研究文献显示，167名女性因为这些政策入狱，其中70%为低收入有色人种。

社会上出现了许多制裁、监禁、羞辱或污名化孕妇的做法，其目的都是为了限制孕妇自由地选择生活方式，而监禁只是其中一小部分极端行为。1990年，据《耶鲁法律评论》报道，美国的一些大公司公然拒绝聘用育龄期女性，理由是"工作环境会对生育构成潜在危害"。一份面向母婴医学奖学金项目负责人的调研结果显示，46%的受访者赞同"如果女性拒绝接受医学建议而危及胎儿健康，那么应强制'要求其作出正确的行为'"，另有26%的受访者支持政府监视不住院的妊娠晚期孕妇。

1986年，生物伦理学家乔治·安那斯（George Annas）发表了一篇经典文章，题为《作为胎儿容器的孕妇》。他引用《使女的故事》中女主角的话，尖锐地批评了上述观点："我们只是长着两条腿的子宫，神圣的容器，行走的圣杯。"《使女的故事》出版于20世纪80年代，作者玛格丽特·阿特伍德（Margaret Atwood）的写作灵感来源于当时社会无视孕妇自由权的现象愈演愈烈。安那斯指出，随着科研文献充斥着大量有关"孕妇威胁胎儿"的论调,任何鸡毛蒜皮的小事都能被说成是"对胎儿的疏忽"。他继续写道:"这意味着孕妇必须为胎儿而活吗?如果她走路或工作时可能引发宫缩,那么她就不应该行动吗?难道她吃垃圾食品、抽烟喝酒、与丈夫同房就是犯罪吗?"

在草率判定孕妇为胎儿带来的风险方面,最具戏剧性的例子莫过于所谓的"可卡因婴儿"事件。20世纪80年代,美国城市中的非裔贫民正经历着吸食"霹雳可卡因"带来的毁灭性后果。这是一种廉价、高成瘾性且致命的毒品。一份1985年的科研报告显示,孕妇吸食霹雳可卡因将导致胎儿出现发育缺陷。此报告一出,大量媒体竞相报道"可卡因婴儿"问题,这些新闻的配图通常是一个先天发育不全的胎儿,生下来就对可卡因上瘾。据法学家、社会科学家多萝西·罗伯茨(Dorothy Roberts)描述,这些媒体报道称"可卡因婴儿被亲生母亲抛弃并毁了一生,养育他们需要高昂的医护成本,这让社会领养体系瘫痪,让公立学校为了满足他们的特殊需求不堪重负,但最终他们还是会以犯罪的形式'回报'社会,成为社会福利的寄生虫"。

吸毒女性失去孩子、面临判刑,却没有人做些什么来帮助她们戒毒,好让她们能与孩子在一起;也没有人试图从根源上解决这些女性在日常生活中面临的暴力、边缘化和虐待问题,而这些问题正是促使她们吸毒的原因;同样没有人为她们提供可付诸行动的准确信息,教她们如何靠自己的力量改变现状。到了20世纪90年代中期,后续的研究结果表明,前述关于吸毒孕妇危言耸听的消息并无依据——事实上,没有数据可以证明"可卡因婴儿"因为母亲妊娠期吸毒而受到长期影响。

"可卡因婴儿"的例子警示我们,只需回顾历史,就能发现人们总是对妊娠期的风险因素备感恐慌,却忽略了那些可能损害新生儿健康的更关键的因素。诸如此类关于孕妇生活方式和风险因素的故事,使 20 世纪 80 年代的公共卫生官员们陷入狂热,而对法治、经济和社会结构方面的挑战视若无睹,但其实这些挑战才是阻碍新生儿健康与儿童心智健全发展的拦路虎。正如散文家卡莎·波利特（Katha Pollitt）指出的那样:"举国上下希望帮助想要生孩子的女性度过健康的妊娠期,由此产生的危机感其实是出于好心。但自第二次世界大战以来,早已被大多数西方工业国家采纳的母婴健康政策,在美国仍仅限于那些最自由的少数人。这些母婴健康政策的内容包括全国性的卫生服务、带薪产假、给已育女性的直接福利支付、政府资助的幼儿日托服务、为新手妈妈提供的上门健康关怀服务以及与生活成本相符的社会福利等。"波利特继续写道:"寄希望于'保护'胎儿免受母体行为危害,这是不切实际的想法。这样的孕妇生下的孩子未必是健康的,孩子的童年也未必是幸福的。同样,认为'可卡因婴儿'唯一无法克服的障碍就是在母亲肚子里吸了毒,这仍然是不切实际的想法。"简而言之,对孕妇个人行为的过分关注容易使人忽略两个事实:一是孕妇行为还受到更广泛的社会影响;二是母亲、父亲乃至整个社会都有责任为孩子提供安全、健康的成长环境。

后基因组时代对母亲的过度关注

比起 20 世纪 80 年代,今天威胁女性生育自主权的"妊娠期威胁论"可谓有过之而无不及。以前,研究母体效应的科学关注的是孕妇具体摄入了哪些毒素，而这些毒素又是怎样通过胎盘传给胎儿的。但在今天这个后基因组时代，研究母体效应的科学已将触角伸向了各类潜在的风险因素。胚胎起源学家担心母亲自身对后代健康的整体影响，认为女性决定着孩子一生的健康状况：一名女性要想健康，首先得在母亲肚子里度过健康的胚胎发育期；出生后，小女孩要在健康的童年下茁壮成长；到了育龄期，即所谓的受孕前期，女性还得继续保持健康。人们需要担心的不仅是孕妇暴露于各种毒素之中，还包括胎儿内分泌和代谢方面发生的任何变化。正如学者彼得·格卢克曼（Peter Gluckman）和马克·汉森（Mark Hanson）描述的那样，胚胎基因编程研究的范畴"显然已不限于避免香烟、药物滥用等方面的毒害"，而扩展到"一个更加隐晦的层面"。在这个层面上，"胎儿对母体释放的信号持续作出反应"。母体效应的研究对象不再是先天畸形或终身残疾，而是生理变量的细微改变，如一个人在60岁时腹部脂肪厚了1~2厘米。在胚胎起源学看来，母体效应的影响不仅限于孕妇产下的后代，还可能在表观遗传原理的操纵下影响后面的世世代代。

不仅如此，自20世纪80年代以来，女性自身也更多地接受了这样一种观念：为了优生优育，我有义务寻求如何调整生活方式的科学建议。哲学家奎尔·库克拉（Quill Kukla）写道，超声波、早孕试纸等母婴科技的诞生，以及公共卫生领域就胎儿风险因素的大肆宣传，已使孕妇"自身与其体内环境的关系"发生了转变。我们现在"将怀孕视为一件应该提前规划的事，并且需要遵循公认的社会标准"。每年都有数千篇与妊娠期风险暴露及其后果相关的论文发表。女性在统计学数据的狂轰滥炸下，不停地听着压力、运动、泡热水澡、摄入糖分等日常行为将如何决定孩子未来的健康（如孩子是否会患上多动症或肥胖症)。"我们读着网上指南提供的妊娠期保健信息,小心翼翼地记下胎动次数、日常小便次数等种种指标,将这些记录上报给相应的权威机构,请医生定期测量我们的体重、血糖水平和子宫高度等。"这种文化上的洗脑使得今天的人更加容易接纳胚胎起源学研究的结果。各种研究结果共同发挥作用,潜移默化地影响着女性对生活方式的选择,因此其影响甚至超过了以往任何一个时代的研究。①

缺乏实证研究支持的胎儿保障政策的出台,足以证明这个社会为了最大化优生优育而向女性施加的压力。而且,这些政策往往以女性的福祉或自主权为代价。例如,基于妊娠期糖尿病可能导致孩子在未来患上肥胖症的理论,国际糖尿病与妊娠研究协会(International Association of Diabetes and Pregnancy Study Group)近期更新了妊娠期糖尿病的诊断标准。该协会建议将相关标准放低,这样,更多的女性将被诊断为患有妊娠期糖尿病,进而被要求改变日常的饮食习惯。但几乎没有证据显示,这样做有助于降低后代患肥胖症的风险。类似的,要求孕妇频繁称重的做法缺少证据支持,这样做反而还可能导致妊娠期孕妇的焦虑症和饮食紊乱。这种做法本来已经开始减少,但现在又有卷土重来的趋势。

另一项没有实证基础的政策出台于2016年。当时,美国疾控中心发布了一份建议报告,敦促所有育龄期女性戒酒,包括不想生育的女性。尽管统计数据的确显示妊娠期酗酒会影响胎儿的正常发育,但没有证据显示女性在怀孕前需要滴酒不沾。有的人或许对饮酒自由不屑一顾,但对许多年轻的美国女性而言,每天小酌一杯却是忙

---

① 若干基于访谈的研究显示,越来越多的孕妇"非常愿意采纳临床医生的建议并采取相应行动",以及"认同母亲对生育结果具有几乎排他性的作用"。

乱生活中的愉快调剂。美国疾控中心的这项禁令显然严重干涉了女性的自主权。虽然其言外之意是保护意外怀孕的胎儿健康，但话说回来，究竟摄入多少酒精才会影响胎儿健康，目前也没有明确的科学证据可以证实。

以牺牲孕妇自主权等为代价保障胎儿健康，正越来越多地被写进法律。一些反堕胎激进分子认为，胎儿应当被赋予与任何人类个体相同的权利，由此催生了美国历史上自罗伊诉韦德案[*]宣判以来最大规模的女性生育权的倒退。2018年，《纽约时报》7次连载，揭露了胎儿保护法是如何被险恶地用来监视、惩戒和限制女性的。在美国50个州中，有38个州已将原本旨在保护儿童免受虐待和危害的法律延伸至胎儿期。可想而知，这些法律的倡议者援引的正是有关胎儿期如何脆弱而重要、母体怎样影响胎儿发育的科学研究，以此佐证为什么需要为胚胎建立法律保障。

由于认定女性行为是社会健康或不健康的根源，因此整个社会无休止地关注女性行为，但这种关注往往被证明是偏离重点的。无论科学家的初衷是什么，胚胎起源学的研究结果已深入人心。正因如此，母体效应研究还牵涉到历史、哲学与社会层面的重要内容，如生育权、责任和公正问题等。

写到这里，我想澄清一下相关用词的含义：本书中，无论谈及历史，还是特指某个研究领域，"母体"与"女性"两个词语指向的对象相同。在接下来的内容中，我将在讨论母体效应研究时反复用到这两个词。严格说来，这两个词都称不上准确，且实际代表的范

---

[*] 罗伊诉韦德案是美国联邦最高法院于1973年承认妇女堕胎权及隐私权的重要案例。——译者注

围也存在局限。并非每位母亲都有子宫，也并非所有女性都有子宫。不是每位处于妊娠期的女性都称得上"为人母"，也不是全天下的"母亲"都是生物学意义上的女性。当然，女性群体远比母亲群体要大得多。母体效应研究的是孕妇在妊娠期间面临的风险因素，但它也有着社会影响。尽管不同社会阶层的人受到的影响不同，但任何有子宫或做母亲的人，无论其生育自主权的状况如何，也无论其性别、性取向或父母角色如何，都是会受到影响的对象。

母体效应研究史

围绕"母体记忆"对胎儿的深远影响，本书就相关研究涉及的科学和社会维度进行了检视，这两个维度是彼此交缠的。《母体记忆》这本书向读者呈现了一部从基因时代前期至今的母体研究发展史。由于母体效应历来具有隐蔽关联性，因此业界就如何开展母体效应研究进行了理论和实证方法的辩论。同时，母体效应研究还影响着女性的福祉与自主权。因此，本书一方面分析了上述辩论的内容，另一方面分析了母体效应对女性的影响，同时还分析了两者之间的相互作用。这两方面的内容贯穿于本书所有章节，读者将看到母体效应研究领域最重大的科学进展，了解业界就母体效应是否存在、强弱如何展开的争论，以及人们如何用这些科学论断来影响性别平等和为人父母的生育责任。母体效应研究是一个跨学科研究，其影响涉及多个社会层面，并牵涉到全球纷繁复杂的人类宗谱。当然，本书观点也带有作者的主观性，是对前人观点的评述，而非提出创新性观点。因此，读者将在本书中看到前人观点的相近之处，也将见到部分观点的对立冲突，这些异同点交织成了一幅20世纪人们就母体效应展开思想对话的地图。

母体效应研究最大的争议点之一在于，它挑战了现代基因遗传理论的根本前提：男性和女性对下一代的贡献均等。基于这一点，本书将在最开始的章节中，对19世纪末提出的遗传性别平等原则进行重新解读。奥古斯特·魏斯曼（August Weismann）认为，卵子和精子是在相对隔绝的环境中发育成熟的，不像人体内的其他细胞那样容易受到各种因素的破坏。此外，当两性生殖细胞融合时，对下一代受精卵基因的贡献程度相同。魏斯曼的理论颠覆了占统治地位的遗传理论。在此之前，无论是民间风俗，还是顶尖的科学家与医生，无不认定父母对下一代的贡献不同。其中存在时间最长的观念是，母亲的心理状态、周边环境、日常饮食乃至妊娠期内转瞬即逝的念头都可能被肚子里的胎儿"记下"，并伴随着孩子的一生，决定其未来性格的形成。魏斯曼驳斥了这些旧理论，转而向世人展示了全新但极端的理论：每代人都是一个新的开始，母体环境除了满足胎儿基本的营养需求，对胎儿再无其他特殊影响。

所谓母亲在妊娠期内转瞬即逝的念头、感觉和视觉印象能够对发育中的胎儿产生永久烙印的说法，很大程度上延续了18世纪末的一些思想。但母体印象论在19世纪末20世纪初的时候，被证明并不准确。例如，该时期的美国社会出现了"胎教论"（Prenatal Culture），它既包含了以往进步时代主张的优生优育理论，又融合了一些自创理论，认为妊娠期女性的行为对胎儿的早期大脑发育起着至关重要的作用。胎教论者认为，妊娠期女性的品德非常重要，所以社会应当赋予女性包括受教育权在内的各方面的自由，这样才能帮助女性尽可能地成为有素质的社会公民，为腹中的胎儿准备好良好的生长环境。胎教论者拒绝魏斯曼提出的理论，他们认为基因可以原封不动地由一代传给下一代。在他们看来，胎儿的可塑性极强，而孕妇为胎儿营造出良好的母体环境，正是一个人掌控生物学命运、克服遗传缺点的方式。魏斯曼斥责母体印象论是不符合遗传学定律的迷信说法，但胎教论者对此并不认同，而是选择站在与科学不同的立场上。他们从生活经验、常识中寻找依据，甚至表示现实情况有时并不能用科学和统计数据来解释。

但到了1920年，主流科研院所与医学界开始坚决反对胎教论，并进一步发展了魏斯曼此前就子宫环境在遗传过程中扮演的角色而提出的理论学说。生物学家和医生们认为，除孕妇极端缺乏营养或受伤外，其他任何有关母体改变后代特征的观念都是不科学的。业界共同认为，由于胎盘将胎儿与母体隔开，一个孩子的命运不仅由无数基因共同决定，还受到后天成长环境的影响。妊娠期保健手册也开始用基因遗传学的新理论指导孕妇，并提醒她们不要被"母体印象论"所影响。优生学专家向备孕夫妻强调，持续保持精子和卵细胞的种质*健康，才是重中之重。

魏斯曼"种质遗传学说"的拥护者们认为，保持精子和卵细胞的质量，是产前健康的关键。由此，父母双方都要承担起生育责任，两者共同影响着胎儿发育早期的风险因素，而这些因素对胎儿的影响不仅限于妊娠期，还包括怀孕之前。此时流行的观念认为，影响人类基因池的环境风险因素最可能由男性带来，因为他们的生活方式、职业和饮食习惯存在更高的风险。因此，与胎教论者和如今的

---

* 种质（Germ Plasm）是魏斯曼提出的概念，指的是生物体亲代传递给子代的遗传物质，存在于生殖细胞内。——译者注

胚胎起源学家不同，20世纪二三十年代的科学建议更多地放在了备孕期和男性身上，而非母体环境风险和女性身上。一方面，男性被告诫不仅要戒酒、定期接受梅毒检查和治疗，还要维持整体健康以保证精子质量。另一方面，女性需要注意观察伴侣的生活方式，评估这样的生活方式能否确保男性拥有健康的精子。反观这个时期，不禁凸显出了我们这个时代的怪象：妊娠期母体对后代的影响，竟然已成了所谓的"常识"。

我们是如何走到今天这一步的呢？20世纪二三十年代，正当人类基因学家和医生挥别母体效应影响遗传和胎儿发育的可能性时，越来越多的动植物遗传学的科研文献记录下了不符合孟德尔遗传规律的情形。就某些性状而言，母亲的基因表型似乎总是起着决定性作用，而父亲的基因表型则可有可无。科学家们对此争相给出解释，最终在"母体效应"这个模糊的术语上达成共识。"母体效应"泛指除基因遗传外，母亲对下一代造成的各种可观测的影响。由于无法用孟德尔遗传定律解释，母体效应成了让科学家感兴趣的研究对象。但在实际应用层面，母体效应同时还成了实现人类优生的手段，就像农业上培育带有理想性状的动植物、科研领域大量繁育带有某些性状的实验小鼠，以及医学上为了治疗不孕症而开发出的体外受精技术。20世纪四五十年代，生殖生物学领域的新技术使人类得以通过其他有胎盘的哺乳动物研究母体效应。这些实验结果表明，母体效应能改变一些遗传学指标，如胎儿生长发育的速度。此后，证明母体环境可能很重要的证据层出不穷，尤其是那些证明母体环境影响体型等明显人体特征的证据，使人们不禁好奇母体效应是否真的能决定胎儿的健康。

到了20世纪五六十年代，上述推测又被有关新生儿体重差异的新研究吸纳。平均来看，美国黑人婴儿天生就比美国白人婴儿的体型更小。而这种差异及其对不同人种终生健康和社会平等性的影响，一直是生物学家、流行病学家和社会学家的争议焦点。自 20 世纪 50 年代起，新生儿体重数据作为人口学变量之一被定期予以收集。研究人员以此为契机，借助丰富的生物社会数据，对胎儿的健康状况展开研究。以往科学家认为种族差异是由基因决定的，但这个时代的科学家根据母体效应理论，认为不同种族新生儿的体重差异反映了背后的种族歧视和权利剥夺，这些问题对孩子的影响早在胚胎时期就已经形成。他们还认为，母体环境可能将这些差异世代传递下去。这些母婴理论在 20 世纪六七十年代受到更广泛的讨论，他们的争议焦点集中在不同种族的母体为什么会造成新生儿的体重差异。后来，争议范围还进一步扩大到种族基因差异对孩子智商和学历水平的影响。

上述争议从 20 世纪 50 年代一直持续到 20 世纪 70 年代，它使人们开始挖掘产前期不为人知的胎儿生长驱动因素，希望以此缩小不同种族在健康和社会方面的不平等。科学家将这些驱动因素总结成理论，而这些理论又衍生出生物社会学方面的观点，告诉人们这个社会的不平等已经到了怎样令人发指的地步。就这样，母体效应研究与社会政治口号联系起来。在相关的学术理论体系中，现代人体是既往环境全面影响下的结果，是强权社会及政治的产物，也是改变当今社会权力结构的契机。了解母体效应研究如何从生物学角度阐释社会不平等问题，对于我们理解 20 世纪 60 年代至今该领域的历史沿革十分重要。

今天的科学家认为，新生儿体重只是一个相当粗略的生育结果指标，它不足以证明母体效应中存在的因果关系。于是，母体效应的研究者把注意力转向表观遗传学这门新兴学科上来。表观遗传学是后基因组时代的一门科学。2010年人类基因组计划的主要测序工作完成后，这门学科获得了爆炸式的发展。它使人们得以将基因组作为一个能对环境因素作出反应的动态系统予以理解，还为母体环境的跨代传递效应提供了分子层面的研究方法。这所有的一切，都使表观遗传学在生命科学与社会科学的诸多领域引起了强烈反响。

然而，无论从方法上还是理论上，表观遗传学机制都难以稳定地证明母体风险暴露及相应结果间存在某种联系；即使建立起这样的因果关联，表观遗传学提供给研究者的信息仍然比较有限。举个简单的例子，表观遗传学认为，甲基化*程度可有效追溯各类人群在胚胎发育期所经历的社会背景与结构，但这种说法至今只是猜测。在本书的后续章节中，我将证明，人们当前对表观遗传学寄予的浓厚兴趣和热切期望，已远远超过了这门学科实际上能展示出的成果。

由于母体环境与生育结果之间具有隐蔽的因果关联，因此业界早就提出了一个根本问题：到底哪些关于母体效应的说法才是可信的？读者将在本书中看到，早在魏斯曼所处的那个时代，科学家就开始在"科学到底能在多大程度上研究并证实母体效应"这个问题上较劲。在每个历史阶段，人们对于上述问题的看法都建立在前人的观点上，而前人的观点又具有其所在时代的历史局限性。

胚胎起源学研究的"效应"不仅很弱，而且引起这些效应的风险暴露因素大部分在胚胎发育初期就已不复存在。这些风险暴露因

---

* 甲基化（Methylation）是表观遗传学研究的重要内容之一。它被认为能减少基因或蛋白质的某些活性，因而与人体健康密切相关。——译者注

素往往与旧时个体的社会经济地位有关。此外，很少有学者同时研究父体效应和母体效应对某个既定人群的影响。尽管母体效应研究发现的"效应"很弱，还无法通过实验重现，同时相关证据也十分有限，但该领域的研究发现仍被广泛作为科研基础，并迅速演变成给女性和孕妇群体的建议。我将在本书的最后一章里提到，这种现象出现的原因之一是，人类社会秉持的假设就是会让一些事情比其他事情听上去更有逻辑和可信度。早在母体效应研究出现之前，人们对于生育结果由谁负责、负什么责就已经有了普遍预设的看法。母体效应研究出现后，正是因为这些事先存在的假设，"母亲为生育结果负首要责任"的科学论调才被提升到前所未有的高度。哪怕这样的说法实际上牵强附会，但人们也将其视为严肃的学术研究成果并加以重视。

本书揭露的 20 世纪至 21 世纪的母体效应研究史可能会挑动一些人的神经，因为它与我们听到的主流历史故事并不一致。用专业历史术语来说就是，今天人们重新对基因与环境的相互作用及跨代遗传感兴趣，这代表着一种修正主义的卷土重来。它标志着人们经过一段"唯基因主义"时期后，再次拾起了那些被人忽视已久的僵化思想，并重新强调母体环境直接决定着人体这个适应性生物系统的命运。有别于主流历史的描述，我在这本书中侧重于还原那些带有性别偏见色彩、将女性作为生育体看待的历史，并将性别差异始终置于中心地位加以分析。在本书的后记部分，我将从新的视角探讨当代新出现的科学，如表观遗传学、后基因组学和生物社会学，分析它们在观点上存在着怎样的连续性，又有着哪些自相矛盾的地方。20 世纪到 21 世纪的生命科学始终未能在遗传学问题上破除性别差异的偏见，当我们承认这一点后，将会得出可能在某些人看来出乎意料的结论。例如，我们将认识到，魏斯曼的基因学说及一个世纪以来在"唯基因主义"时期严厉批评着人类遗传、发育和生殖问题中的性别差异理论。另外，我们还会意识到，表观遗传学与后基因组时代的生物社会学，可能在无意中为某些不实理论的诞生起到了推波助澜的作用。

但出于更实际的目的，我写这本书是希望帮助有孩子、未来想要孩子以及关心孩子的人。在写作过程中，我的灵感来自许多睿智的批评家，如《好孕》一书的作者、经济学家艾米莉·奥斯特（Emily Oster），还有科学家艾米·基弗（Amy Kiefer），她开设了名为"Expecting Science"的博客，近年来密切关注着那些给孕妇和新手父母的日常建议，并予以批评。经过调查研究，她认为这些建议夸大了胎儿面临的"风险"，且缺乏可信的证据支持。《母体记忆》这本书并不旨在为孕妇提供建议，但它确实与其他学者的努力类似，共同呼吁给予准父母更加审慎的科学建议。本书融汇了历史、哲学、科学及性别研究，希望向读者展示为什么某些关于母体效应长期影响的说法是难以证实的，但一旦出现就长期存在并受到争议。

第1章
遗传学中的性别不平等问题

"两种配子在根本上起着同等的作用，它们共同创造了生命体。"哲学家、女性主义者西蒙·德·波伏娃（Simone de Beauvoir）在其著作《第二性》开篇的《生物学论据》中写道，"卵子细胞核在生命活动中的地位，与精子细胞核完全同等。实际上，父亲精子的种质和母亲卵子的种质会同时传给胚胎，只不过胚胎的性别可男可女。也就是说，胚胎总是带有雌雄同体的种质，超越了男性或女性"。波伏娃用无性的"种质"作为生物学论据，驳斥了性别政治中的不平等观念。在20世纪与21世纪之交，受德国生物学家魏斯曼"种质学说"的启发，《第二性》既成为社会革命的结果，又成为生物学革命的产物。

在染色体和基因被发现之前，科学家相信生殖细胞中存在"种质"。19世纪80年代前，生物学家一直认为，生命体可将后天习得的性状传给后代。但魏斯曼种质学说的横空出世，颠覆了此前生物学家的观点。魏斯曼的主要论点有三个：第一，遗传物质是一种客观存在的实体物质，即"种质"，其中含有的信息标志着生命体祖先的特有性状；第二，种质通过生殖细胞（精子、卵子）代代相传；第三，生殖细胞与人体内的其他细胞在生理学功能上完全不同，且它在隔绝的环境中发育成熟。其他细胞在人体发育过程中会不断分化，承载着生物体个体独有的印记、变化和易感性，但生殖细胞始终保持完整、不变。魏斯曼的种质学说将遗传机制描述得精确且富有实感：细微的物质通过生殖细胞传给后代，而生物体个体的过去在此过程中不起任何作用。根据种质学说，所有遗传信息的传递过程都发生于卵子受精的瞬间，而精子细胞核与卵子细胞核对受精卵的贡献完全相同。

"精子和卵子的生理价值相同，对后代的贡献是1∶1"，魏斯曼在1880年写道，"我们不能因为卵子为配子结合体提供养料，就说它比精子更重要。男性和女性生殖细胞中的种质是一模一样的"。后来，魏斯曼在自己的著述中表示，这一观点是他后期提出种质遗传理论"整体结构的基石"。再后来，种质遗传理论彻底改变了生物学界对生殖、进化和遗传的理解，并为21世纪的遗传学奠定了理论基础。

魏斯曼种质学说的出现，及时扫除了此前占统治地位近一个世纪的拉马克学说。拉马克学说认为，父母辈在后天适应环境时获得的性状也能遗传给后代。后来，许多人意识到，魏斯曼种质学说还破除了一些史上最无知的观念，进而使这个观念所支撑的人类性别角色理论受到冲击。这个观念就是：人类男性和女性在生殖过程中的角色是不对等的。魏斯曼主张性别在遗传中扮演平等角色，因而挑战了19世纪盛行的性别遗传差异说。此外，魏斯曼的学说还向诸多其他理论发起挑战，包括母体印象论、精子回春论和性别遗传互补论等。本章将在接下来的内容中，一一讨论这些理论。

在现代遗传学的发展史中，种质学说可谓是最令人熟悉的一个。但如果从另一个不同的角度来看待它，就会发现魏斯曼种质学说的意义在一定程度上被低估了。纵观性别理论的发展历程，魏斯曼种质学说的提出，使有性生殖理论发生了划时代的改变。19世纪中期，关于遗传和有性生殖的理论仍然认为，男性和女性在遗传中扮演着不同的角色，他们对后代的贡献无论在性质还是数量上都不相同。不仅如此，当时人们还不太知道"遗传"过程只是遗传物质在受精过程中的传递，反而认为遗传的内容包括了父母双方出生前的所有性状。这些理念在自然和社会秩序的夹缝中流行，激发人们开始思考一系列复杂的哲学问题：作为男性和女性意味着什么？男性和女性应当在社会中扮演怎样的角色？父亲和母亲需要为生育的后代承担哪些责任？一种性别是否比另一种性别更加优越？

通过追溯魏斯曼在性别遗传平等方面的颠覆性观点如何产生及有着怎样的影响，我们因此得以研究全人类的认知是如何被横跨生物学与社会文化的科学新观点改变的，新的政治视野又是怎样随之打开的。同波伏娃一样，许多敏感的性别研究者与科学家不约而同地认为，魏斯曼种质学说及后来染色体遗传理论的提出，是人类科学发展史上的变革性时刻，也是从生物学角度对性别平等的辩护。历史学家辛西娅·拉塞特（Cynthia Russett）在《性别科学》一书中讨论了19世纪科学发展史上的男女生理和心理不平等的观念。在这本经典著作的末尾处，她笃定地写道，"有证据显示父母双方对后代遗传的贡献完全等同"，这些证据的出现，使维多利亚时代著名的"厌女"情结加速消融，也使当时科学普遍信奉的性别差异论加速倒台。

20世纪到来之际，魏斯曼的性别遗传平等观念与1900年至1902年间孟德尔遗传定律的复兴，为遗传学发展史带来了新气象，同时在不经意间使性别政治日渐衰微。在接下来的内容中，我们要讨论的并不是魏斯曼在性别平等方面的个人政治观点。[1]相反，在本书的开始处，我的目的是向读者重现这一人类遗传学和性别科学发展史上的新气象。毕竟，在20世纪有关遗传和母体效应的争论中，性别遗传平等理念始终是一个核心主题。

魏斯曼与新生物学

奥古斯特·魏斯曼出生于1834年。19世纪中期，当达尔文进化论改变着生物学研究时，魏斯曼也在生命科学领域开启了自己的职业生涯。但直到19世纪末达尔文逝世后，魏斯曼才提出了种质学说，并一举成为遗传学发展史上的重要人物。1870年至1912年间，魏斯曼在德国弗莱堡动物学研究所担任主任一职，留下了大量关于进化论的思考记录。19世纪80年代初，他创作了十几篇题为《论遗传》的系列论文。后来，他进入弗莱堡大学担任副校长并发表就职演讲。19世纪90年代，他发表了像书一样厚的论文《种质遗传学理论》，并因此获得广泛认可。魏斯曼始终寻找着关于性别遗传平等性的证据，并在公开场合发表这类观点。在和反对者斗智斗勇的过程

---

[1] 尽管魏斯曼肯定知道19世纪的性别平等争议，但他在这方面的观点史料已无迹可寻。在缺少有力证据的前提下，任何人都不能强行用魏斯曼在两性遗传平等方面的划时代观点推测其个人的政治观点。尤其需要指出的是，威廉·布鲁克斯等同时代的科学家用两性生殖角色理论反对女性获得更多的政治平等权益。但魏斯曼与这些人不同，他从未在既往著述中公开表达过任何反对女性权利的政治言论。我想在此说明，魏斯曼在开创两性融合理论的过程中，有他自身的科研抱负、理论推测、背景假设和证据局限性。而他在任何情况下公开或隐晦表达的性别平等观念，都不能概括他思想背后所有信息的全貌。

中，他不断打磨、修正自己的思想。

令人惊讶的是，魏斯曼的文章通俗易懂，还不时穿插一些对于历史和哲学的思索，着实让人感到赏心悦目。他擅长修辞，行文逻辑不时发生巧妙的转折。但是，随着后来生命科学领域开始崇尚专业分工，魏斯曼的写作风格很快成了一门失落的艺术。魏斯曼的编辑在将其德文著作译成英文的过程中颇有远见，他断定，"对于许多非生物学专业的人士而言，如果他们想从哲学或社会学角度了解遗传学，那么他们会对魏斯曼的研究成果非常感兴趣"。《种质遗传学理论》一出，立即在当时顶尖的学术期刊上受到学者们的竞相关注。最著名的一次辩论是魏斯曼本人和英国社会学家赫伯特·斯宾塞（Herbert Spencer）在文学时事杂志《当代评论》上，就获得性状的可遗传性展开辩论。这场拉锯式的辩论吸引了学术界的广泛关注和评论，参与评论的知名社会人士包括萧伯纳和赫伯特·乔治·威尔斯（Herbert George Wells）。魏斯曼否认后天获得的性状可以遗传，评论家们由此发散思维，激烈地讨论着人类的政治主张是否有可能朝着更加平等的社会发展。

在 19 世纪末，生物学仍是一门年轻的学科。科学家以各种方式研究着有机世界，并继续整合动物学、解剖生理学和生物化学等学科的知识。而早在 19 世纪上半叶，这些知识就已集结成了一个彼此交联的知识库。在这一时期，科学家也在有意识地将生物学打造成一门现代科学。他们拒绝一切非实验性的观察，并摒除了他们眼中的民间"土法"和教条般的"生机论"*。许多在魏斯曼那个年代的德

---

* 生机论认为，灵魂是生物中的生机，生命系统是组成因素相互叠加的结果。这是脱离生命本质的一种论点。——译者注

国科学家，弃用了以往生物学研究使用的整体描述法和比较法，放下了前辈留下的生物学大部头，转而在生物学研究中坚持普适、统一的科研原则，用科学实验在细胞和粒子层面探索生物化学机制。

毋庸置疑，那个时代最令人敬畏的动物学理论就是由达尔文于1859年首次提出的自然选择进化论。自然选择进化论认为，所有生命体都从一个共同的祖先进化而来，但在后天生存、繁衍的过程中不断获得新的性状，并将这些性状遗传给后代，以更好地适应环境、提高存活概率。可到了19世纪末，哪怕是自然选择进化论最热烈的拥护者，也对该理论的要点存有一定程度的异议。其中最让人担心的是，没有人能够解释自然选择过程究竟是怎样将有利的性状传给后代的。魏斯曼本人是一名坚定的达尔文主义者，就连他最优秀的传记作者都曾称他是不折不扣的"新达尔文主义者"。魏斯曼极力支持将达尔文进化论置于化学和生理学的基础地位，并杜绝任何形而上的假设或信仰。他表示，遗传过程必须依托"某种带有明确化学分子结构的物质"而发生。

在当时各种关于遗传物质基础的学说中，与魏斯曼的观点冲突最大的莫过于"泛生论"（Pangenesis）。泛生论认为，生殖细胞从所有人体组织中收集粒子，而这些粒子又构成了生命体自我复制的生物学物质基础。通过泛生过程，生命体祖先的性状及该生命体在后天获得的性状均可传给后代。最著名的泛生论支持者是魏斯曼的精神导师——达尔文本人。达尔文虽然承认泛生论存在一定的局限性和猜测性，却也赞同它不失为一套说得通的理论，它能从生殖细胞层面解释生物性状变化的产生与存续。泛生论饱受争议，有人为它辩护，也有顶尖科学家对它表示强烈反对，其中就包括达尔文的侄子弗朗西斯·高尔顿（Francis Galton）。魏斯曼在泛生论中瞥见了旧生物学的影子。他对此谴责道，一些人为了让这样的理论从生理学上说得过去，不惜"让科学家抛弃一切已知的物理学与生理学概念"，并强迫科学家接受"毫无缘由的全部假设"。在这里，我们发现了魏斯曼最被低估的贡献：他的科学哲学思想。

颇为讽刺的是，让魏斯曼声名鹊起的不是他在学术期刊上的舌战群雄，而是一场简单却生动的实验。他把几代小白鼠剪去部分尾巴，然后让这些短尾小白鼠互相交配。结果这些小白鼠的后代生下来都长着完整的尾巴，即后天获得的短尾突变并未在小白鼠后代上重现。1888年，魏斯曼在题为《所谓的突变遗传》一文中首次公布了"老鼠断尾实验"的结果，批评了此前盛行的获得性遗传理论，并因此使自己的观点受到广泛认可。在此前的一百年内，孩子们在学校里学到的都是愚蠢的获得性遗传理论。魏斯曼学说的提出，扭转了19世纪生物学教科书上的内容。

但魏斯曼的造诣主要在理论方面，而非实验方面。他不想将一堆实证结论集结成一部报告，而是希望向人们介绍一个理论框架，让后人借助这个框架，用自然选择进化论和胚胎学数据，形成自身对受精时遗传性状生理传递过程的观察结论。"认为科学能够仅靠收集事实而推动的时代早已一去不复返了。"魏斯曼敦促科学家们不能一味地积累"大量杂乱无章的事实"，而是要"在某个理论框架下对事实加以整合，并从中获得对自然现象的某种洞见"。

"没有理论的指导就去搞研究，就像没有指南针就试图在浓雾中行走，也不知道路在哪里。"魏斯曼教导道。他认为，科学家不是砖瓦匠，不能像砌墙一样只是简单地堆砌科学观察，而是要构建起深刻的观点，就好比在资源丰富的井里挖矿一样。因此，魏斯曼写道："比起砌墙，我倒觉得科研更像挖矿。挖矿是为了打开一片新的矿脉。"挖矿而非砌墙，带着指南针行走而非在迷雾中盲目游荡——正是借助这些生动的比喻，魏斯曼从认识论*的角度，将科学描绘成了一幅理论丰富的、不断迭代的综合画卷，而这幅画卷的基础正是对物理和有机世界的统一理解。魏斯曼写道，科学不是"从简单到复杂"，"光靠层层石头堆起来的大厦"，而是一个"由上而下，通过分析和推演得出的连续体"。

魏斯曼种质学说首要前提就是"父母双方的遗传倾向一样强"。因此，魏斯曼预测，任何关于遗传物质基础的生物学描述，都必然具备以下条件：雌雄配子应当拥有相同数量的遗传物质。对此，魏斯曼不禁发问："虽然父母双方有着等同或近乎等同的遗传贡献比，但是我们能断言雌雄配子中的遗传物质相对谁多谁少吗？"他推断"遗传物质的数量想必很少"，否则无论是极小的精子，还是大得多的卵子，都不可能容得下这么多遗传物质。

基于上述论点，魏斯曼得出结论，精子和卵子里有着性质一模一样的遗传物质，遗传物质是没有性别的。他写道："如果要把我的观点浓缩成一句话，那就是：我们不应该再像以前那样说雌雄配子的融合核是男是女，而应该称其为'母系'和'父系'的。雌雄配子不是互相敌对的，而是在本质上相似的东西。它们之间的唯一差别就是同一物种的动物在个体上的差别。"

自19世纪80年代初起，魏斯曼就以各种假设和片段化，但有一定指向性的事实为基础，试图构建一个关于精子和卵子在有性繁殖中的生化机制理论。为了找到对受精时遗传物质传递方式的潜在

---

* 认识论是一个哲学分支，即个体的知识观，研究个体对知识的获得及所持有的信念。——译者注

解释，魏斯曼将目光投向了当时发展迅速，但成果仍较为稀少的有性生殖生理学及胚胎学研究领域。当时，魏斯曼一直在研究水母精子和卵子的发育过程，但随着自己的视力越来越差，相关实验的进展也越来越不顺利。于是，他只好进行虫类和海洋生物的生殖生物学研究，尽可能地从这一胚胎学细分领域收集一切支持性证据。

其中，德国胚胎学家西奥多·博韦里（Theodor Boveri）的一项实验结果让魏斯曼尤其感兴趣。博韦里的实验对象是不同种类的海胆。他将紫海胆受精卵的一个核取出，换上刺海胆的核。结果显示，这个受精卵最后长成了刺海胆的样子。魏斯曼认为，这类核移植实验能够证实，卵子细胞质无法决定遗传倾向，"真正且唯一起遗传作用的是细胞核内的物质"。

德国动物学家奥斯卡·赫特维希（Oscar Hertwig）的研究也极大地影响了魏斯曼性别遗传平等法则的形成。早在19世纪80年代初，魏斯曼就写过关于性别遗传平等的著述，其中援引的正是赫特维希著名的海胆受精研究。赫特维希观察了海胆卵子的受精过程，看见精子和卵子的核融合成了一个新的核，即受精卵的核。由此，魏斯曼作出判断，有性生殖是一个精子与一个卵子进行核融合的过程，这充分证明了遗传物质存在于细胞核内，且精子与卵子的细胞核内拥有结构、功能完全相同的遗传物质。到了19世纪90年代，魏斯曼又从赫特维希关于精子和卵子形成过程的研究中获得启发。此时，赫特维希及其同事已经证实，男性和女性的生殖细胞都有一个一分为二的过程（即今天我们熟知的减数分裂）。母细胞分裂两次，形成四个子细胞。对于魏斯曼而言，这个发现进一步佐证了精子和卵子细胞核物质的均等性。

回过头来看，我们就能知道上述发现的重大意义。正是因为上述发现揭示了减数分裂过程中成对染色体的分裂机制，所以今天的高中生物教科书讲授的才都是种质学说。但在魏斯曼那个时代，这些发现还只是代表着一门新的、饱受争议的科学，当时的人们普遍相信后天获得的性状可以遗传以及男女对遗传的贡献不同。这些证据看起来更像是破碎的瓷片，考古学家试图从中解开整个人类文明的谜团。事实上，同样是这些发现，其他科学家却得出了与魏斯曼截然不同的结论。

19 世纪认为的父母遗传贡献差异

19 世纪中期，胚胎学、细胞学和微生物学这些新兴领域的科学家，正在热火朝天地从受精卵层面探索人类的生殖与遗传机制。这些研究共同遵循的理念虽然在过去几个世纪内以不同形式存在，但其内核都是：父母双方对后代遗传的贡献非常不同。

母体印象论与获得性遗传理论

母体印象论认为，孕妇的情绪和体验能在胎儿身上留下印记，导致胎儿出现胎记、畸形和显著的人格特征。在有关母亲对后代性格形成的作用方面，母体印象论可谓是受众最广、持续时间最长的教条理论。各种各样的类似观念在整个西方医学的发展史上层出不穷，母亲的情绪、视觉体验乃至身体情况，都被认为能强力地刻在胎儿身上。在近代神学、自然哲学和农学领域，人们常能听到有关母体印象的故事，这些故事向人们解释着胎记、奇才、"怪胎"及其他异常出生情形的原因。这些故事传递的信息同样经久不衰：一个母亲的想法、情绪、环境和习惯会在肚子里的胎儿身上留下印记，从而影响着孩子将来的相貌、性格和发展前途。①

为了防止出现"怪胎",业余从事畸胎研究的法国外科医生安布鲁瓦兹·巴雷(Ambroise Paré)在 1573 年呼吁人们在星期日或其他宗教节日时禁欲,反对女性在这些神圣的日子里频繁性交、性放纵及在月经期间发生性关系。巴雷"热情而反复地"引用母体印象论,将此作为畸形儿出生的首要原因:"柔软的胚胎像融化的蜡一样,随时可以在母亲的想象力下变成任何形态。"他建议读者们要充分意识到"扰动孕妇的心绪、提醒她们暂时不能吃某些东西,以及只是给她们看看动物或动物的图片,都是极其危险的事"。

母体印象论虽然有许多不同的表述方式和涉及范围,但都有一个共同特点:声称母体对胎儿的遗传和发育过程起着特殊作用。这种理论的支持者为不幸的畸胎事件提供了林林总总的原因,并解释了为什么有时候孩子长得不像父亲。不仅如此,母体印象论始终强调社会经历与心理过程对人体身心的影响,由此使这种理念内化成了当时人们以为的常识。

母体印象论绝不是民间风俗的苟延残喘,而是一路高歌到 19 世纪,成为生殖、遗传和胚胎发育领域的科学理论基础。今天的我们都知道遗传信息以分子的形式传递,但之前的胚胎学家认为,早期发育的胎儿被母亲塑造出某些性状,这就是遗传过程的一部分。例如,17 世纪的自然哲学主义者勒内·笛卡尔(René Descartes)就相信,胎儿有自己的心脏和内脏器官,但外部轮廓的形成靠的是母体施加的印象。他写道:"母亲是胎儿'外形的来源',母亲时常通过脐动脉向胎儿输送各种意象画面,以此塑造、复刻出胎儿的肉身。"

---

① 波斯与亚洲地区有关母体印象的文献,也表达了与西方文献类似的观点。

当时，母体印象论不仅被用来解释出生畸形，还为其他问题提供了答案，如孩子像不像父母、孩子的性别如何决定、直系血亲中为何会出现某个新特征，以及看似惰性的物质中为什么可以发育出有行动力的成熟后代等。

母体印象论一直延续到19世纪，随后与"有机进化论"开始融合。有机进化论认为，有机体不仅能对环境中的线索作出反应并改变自身，还能将这些变化传给后代。1812年，法国动物学家让－巴蒂斯特·拉马克（Jean-Baptiste Lamarck）发表了一篇关于物种进化的著名论文。他认为人体是一个柔韧性极好的反应系统，能利用代谢和能量结构改变自身，以此不断适应环境。在拉马克的描述中，人体富有弹性。这种获得性遗传理论为当时的人们提供了一个宽泛而现代的哲学框架，帮助人们理解父母的习惯是如何传给后代的，以及母体的环境怎样影响发育中的胎儿。

在19世纪，除后天性状遗传论外，与母体印象论一同被人们讨论的还有"体质构造遗传论"。当时，关于人体遗传及身心健康的这类理论占据着人们的头脑，使人们普遍认为父母的体质构造（包括生理和心理的构造）能够在受精时传给后代。同时被传给后代的，还有祖先及这个家族特有的品性。1857年一份典型的妇产科文献记录道："父母的机体有缺陷和异形，无论是偶然事故造成的，还是父母出生时就有的，都会在后代身上重现。"当时主流的医学教条理论认为，父母传给孩子的不仅是祖先的种质，还有性格特征及某些疾病的易感倾向。基于父母日积月累的身体状况，这些东西都随着受精过程和胎儿早期发育传给后代。

基于所有这些理论，临床医生们请来备孕期的夫妻，有意培养他们的智力、敏锐度和性格，还有包括肌肉、神经和消化系统在内的整体健康。1892 年,《婚姻与疾病的遗传学研究》向世人发出警告:"虽然我们传承了祖先的身体和心理素质,又经过了后天有好有坏的自我改变,但无论如何,我们的身心情况肯定会遗传给自己的后代。如果我们把自己的生理和心理情况调整好,就会使我们的后代受益。反之,就会使我们的后代遭殃。"根据这种理论,一旦遗传在受孕过程中完成,那么这些体质构造特点将很难因后天环境的干预而改变。如果再不加以谨慎对待,这些体质构造特点又将继续传给后面的一代又一代。

同拉马克的后天性状遗传论一致,体质构造遗传论恐吓人们:父母不良的生活方式必将后患无穷。同时,它还成了倡导积极生活方式的帮凶,让男男女女被迫接受社会开出的婚姻、生殖和抚育后代方面的各种良方。《婚姻与疾病的遗传学研究》教诲读者:"家庭历史不幸的男人或女人,若能自己过上有美德的稳定生活,严格遵循人体健康规律,正确选择人生伴侣,拒绝作恶,那么这个人就能让自己的下一代拥有一个没有任何负面影响的开端。"

尽管 19 世纪的遗传主义哲学认为父母双方均可影响胎儿,但它仍强调孕妇在这个过程中的重要性。曾在 19 世纪初风靡一时的《亚里士多德的杰作》是一本关于性与生殖的口袋书。它在观点上兼收并蓄,展示了母体印象不可辩驳的强大力量:只要一名孕妇的"目光锁定某一事物,并在脑海中记下它,这个事物就会在未来的某个时刻发挥作用,进而在胎儿的某个部位有所体现"。这本再版多达 100 次的小书如此断言道。该书还称遗传相似性、显著的性格特征和出生缺陷都能用母体印象加以解释。

母体印象论在 19 世纪的医学和科技文献中随处可见。医生詹姆斯·怀特海德(James Whitehead)声称自己"相信畸形与疾病是由母体印象偶然促成的"。他援引了几份医学案例报告，其中一则兔唇胎儿案例就将兔唇归结于孩子母亲在"子宫受孕期"目睹了一场兔唇矫正手术。令人惊讶的是，19世纪结束前的医学期刊上刊登了大量这类案例，这使人们对母体印象论深信不疑。例如，1888年《美国医学会杂志》上发表了一篇"长得像青蛙"的无脑儿案例。案例称，这个孩子的母亲在怀孕初期去钓鱼，"钓上了一只青蛙，青蛙整个吞下了鱼饵。孩子母亲用棍子打青蛙的头，想要杀掉青蛙。她看见了皮开肉绽的青蛙，很快就一病不起，而且一连几天光想起这件事就感到恶心。"最后，这篇案例的作者称，"尽管我们可能暂时找不到解释，但在我们找到解释之前，我们应当相信，这个怪胎就是母亲想象成真的结果"。

19世纪德国生理学界杰出的学者们无不强烈地支持母体印象论。魏斯曼在其相关文章中提到，"著名胚胎学家"卡尔·安斯特·冯·贝尔（Karl Ernst von Baer）甚至为母体印象论辩护。贝尔轻信了一则案例并加以援引，案例中的这名孕妇"被一场大火吓得够呛"，以至于"两三个月后，她生下的女儿前额上有块火焰形的红色胎记"。还有德国著名生理学教科书的作者卡尔·弗雷德里希·布达赫（Karl Friedrich Burdach），也对母体印象论有过类似的辩护。布达赫认为，"孕妇的想象力影响着她自己和胚胎的对应器官，因此当孕妇心神不宁时，她肚里的孩子也会相应发生体质构造上的变化"。母体印象论以各种各样的形式一直延续到19世纪末。在随后的年代中，社会开始呼吁用科学的生殖管理方法提高人种质量，而这些呼吁又使母体印象论进一步焕发生机。

母体印象论将母体环境想象成一个既受社会环境影响、又可影响子宫内胎儿发育的空间，且这些影响可以持续到后代成人乃至后面的好几代人。借助这种方式，母体印象论与生殖政治、性别政治深度关联。母体印象论将母体作为生殖和遗传过程中的强大媒介，认为亲密的、颠覆性的女性力量与象征侵略、控制或智识的男性力量之间存在冲突。①

一些教条理论主张孕妇要为自己创造良好的体验、驯服自己的欲望，以改善生育结果。根据这种观点，通过训练情绪控制能力、谨慎选择自己所处的环境，不仅能防止孕妇受到伤害，还能改善胎儿的发育情况。原本这只是对母体印象论的创新解读，而且主张的是孕妇的主观能动性，但由于母体印象论普遍灌输的是"母体将悲惨的命运被动地传给胎儿"的思想，因此这些教条理论之后也变得复杂起来。

在历史上的绝大多数时候，母体印象论关注的是母体印象的扰动性。它主张并宣扬女性的身体是容易被外界影响的、不稳定的、非理性的，这种"女性化"观念长久以来被别有用心的人用来鼓吹女性的智力不如男性，以及女性不应当享受与男性同等的权利、地位和空间。母体印象论延续的是早已存在的观点：女性无法预测和控制自己的身体；女性比男性更容易被骗，也更容易引人怀疑；女性总爱与男性对着干。正如性别理论学家罗西·布雷多蒂（Rosi Braidotti）所言，母体印象论也"帮助创造并巩固了对女性的窒息封锁"。

到了19世纪末，母体印象论被越来越多的科学文献否定。尽管如此，在胚胎学教条理论中，母体印象论仍然沉淀下来，继续支

---

① 尽管受孕的那一刻可能存在来自父方的影响（见第4章内容），但从整体来看，近现代时期及更早的文献认为，母体记忆比父方的影响更显著。

持着获得性遗传理论。1888年，魏斯曼用文字大声谴责，称母体印象论的观点仍在以"科学证据的形式和语言"在民间流传。尽管此时的魏斯曼已经接受了"人人观点自由"的想法，但依旧坚持认为"它们没有权力被捧成高高在上的科学事实甚至科学问题"。

在与获得性遗传理论唇枪舌剑的过程中，魏斯曼不得不着手去解决母体印象论提出的问题。他之所以这么做，是因为"母体印象论与获得性遗传理论之间有着非常紧密的联系，人们有时还会把两者弄混"。当年就有一份报告称，一头怀孕的母羊断了腿，生下的小羊"在羊妈妈断腿的对应部位长着一圈黑毛"。魏斯曼引用了这个案例，表示支持母体印象论的证据就像支持获得性状遗传理论的证据一样，不过是"马后炮"式的推测，容易随着"后天干预和变动"而改变，简直是"无稽之谈"。在魏斯曼看来，母亲由于脑海里的一个念头，怀上一个有些异常的孩子，这种巧合应该被视为虚假的、不科学的证据，它几乎无法"说明什么因果关系"。魏斯曼还坚称，现在的"人体生理学的知识更加成熟"，这迫使人们开始摒弃母体印象论。他写道，"当前的生物学"认为，所有性状都在受精过程中完成遗传，即"卵子和精子细胞的融合已经决定了所有潜在遗传"。

精子回春论

尽管母亲对遗传的贡献被宣扬得十分惊人，母亲被认为影响着孩子甚至全人类的未来，而男性的精子却被塑造成一个英雄的形象。精子奋勇地游向无助的卵子，为卵子带来活力和激励后代的力量。精子回春论认为，精子在遗传和胎儿发育过程中扮演着"焕发生机"或"赋予生命"的角色。该理论的提出始于一个古老的性别问题，只不过到了19世纪中期，由于微生物学和自然选择进化论的出现，这个问题被重新搬上了历史舞台：世界上为什么会有男女性别之分呢？

最主流的一种解释是，人类在进化过程中为了使自己这个物种"回春"，于是进化出第二种配子，即精子。1849年，英国生物学家理查德·欧文（Richard Owen）认为，人类需要"精子力"才能"踏上发育之旅"。单细胞生物偶尔会融合并交换细胞核内的物质，以此使自己的遗传世系焕然一新。欧文引用了《圣经》中创世纪的故事，认为精子是上帝赐予人类的生命之源，是地球上一切生命活动的伊始。他写道："《圣经》使我们有理由相信，某种具有可塑性和精子特性的普通物质，对于地球上史前人类的出现起着最为关键的作用。"卵子只负责提供"大量细胞"，而精子提供的则是塑造力，它"塑造着新生儿组织器官的形成与调整过程"。

后来，精子回春论不再以神创论为依据，转而引用达尔文的《物种起源》。其中关于"力"和"力量"的抽象概念不复存在，取而代之的是细胞学和微生物学通过密切观察得出的实验证据。比利时胚胎学家爱德华·凡·贝内登（Edouard van Beneden）在19世纪80年代证明，蛔虫生殖细胞结合后的减数分裂过程涉及精子和卵子各一半细胞核的等量配对。尽管今天的人们因此记住了凡·贝内登，但那个年代的他坚信人类精子和卵子细胞核对后代的贡献有着质的不同。有别于欧文，凡·贝内登认为，受精的目的是让精子帮卵子重新焕发生机。受精开始前，卵子是"雌雄同体的"，即卵子内包含着生男生女的所有要素。当减数分裂时，卵子将"带有雄性要素的那一半"去掉。一旦精子与卵子接触，精子就会将新鲜的雄性要素注入卵子，由此使卵子重获未来再次分裂的能力。

凡·贝内登的描述似乎与当时新发现的单细胞生物（如细菌）

提供的生殖证据一致。单细胞生物偶尔会两两配对，彼此交换细胞核中的物质，然后再进行细胞复制与分裂，即所谓的接合（Conjugation）过程。科学界对这种现象的进化目的有过各种解释，其中认可度最高的是19世纪七八十年代提出的，该解释认为单细胞生物的接合可防止衰老，并能使整个遗传世系重返生机。当时的科学家在单细胞生物接合与更高物种的有性生殖上看出了一致性，认为两个单细胞生物的接合就像人类精子和卵子受精时的行为，而有性生殖本身的目的也是"让卵子回春"。①

1889年，法国微生物学家艾米尔·莫帕斯（Emile Maupas）的研究为此提供了关键证据。他发现，不能经常接合的微生物会逐渐退化，并将随着时间的推移最终走向死亡。莫帕斯坚称，接合后的微生物看起来焕然一新，能继续活力四射地产生许多后代。他将接合简称为一种性结合的过程，参与接合的微生物细胞核分别是"雄性原核"与"雌性核"。正如科学史学家弗雷德里克·丘吉尔（Frederick Churchill）讽刺的那样，莫帕斯对细胞核物质的命名本身就有性别歧视的意味，他把接合过程描述得仿佛"没有其他生理学或形态学指标可以区分两性配子似的"。在莫帕斯研究的基础上，几个人在1889年联名写了一部名为《性别进化论》的大部头，并在书中说得天花乱坠："接合过程是（原生动物）永葆青春和维持生命不朽的必要条件。即便是像原生动物这样低等的物种，也只会从爱之火中涅槃。"莫帕斯主张"雄性要素"的注入会带来生机，他从单细

---

① 19世纪50年代开始出现大量文献，认为原生动物与进行有性生殖的多细胞生物的配子之间存在相似性。研究者分别将阿米巴原虫和纤毛虫比作卵细胞与精子细胞，还将原生动物的接合过程比作有性生殖中的核融合（受精）过程。

胞生物的接合现象推到了有性生殖物种的受精过程。他说，这两者都是为了让遗传世系保持生机。

精子回春论在一堆深不见底但本质上同源的生殖概念中找到了学术上的相似性，即父母中的一方负责传递遗传物质，另一方负责提供养料。精子回春论由古老的性别起源论发展而来，而这种性别起源论正是人类在前现代社会生活的基础。直到今天，我们对两性使用的语言和象征，仍然有着性别起源论的影子。公元前4世纪，亚里士多德就对有性生殖进行了描述，认为男性的精液里含有带来运动、热量和灵魂知觉的生命元素，而女性提供的则是胚胎发育所需的营养物质。"男女有别是一项宇宙法则，"亚里士多德写道，"男性是主动的一方，是生命运动的起源"，女性则负责提供"质料"（Prime Matter）。"在我们看来，这是不同性别的特征，即男性之所以为男性、女性之所以为女性的意义。"[①] 在亚里士多德的"男性生机论"和"一元发生说"中，男性和女性在生殖过程中扮演着不同且不对等的角色。

在这些信念的支撑下，人们长期认为女性仅可为后代提供"土壤"。男性生殖贡献的象征符号则摇身一变，成了播散"种子"、提供"创造生命的火花"和"孩子身份的实体"。这种僵化的观念在17世纪进入鼎盛期，形成"精源预成说"。该理论认为，活着的生物体本已完整地存在于雄性配子中。正是在这一时期，荷兰显微镜

---

① 与亚里士多德同时代的盖伦（Galen）对此有不同观点，认为胚胎由来自男性和女性的要素共同组成。但同亚里士多德一样，盖伦也赞成女性的生殖细胞与男性的不同，它"更稀有、冷酷和湿润"。正如医学史学家凯瑟琳·帕克（Katharine Park）提到的那样，盖伦认为女性生殖细胞的"重要性与男性完全不在同一个水平上"。

学家安东尼·范·列文虎克（Antony van Leeuwenhoek）首次用显微镜观察到了"微动体"（即精子），并在报告中这样记录道："我发现了证明人类后代从'雄性种子'中来的充分证据。女性只是为种子贡献养料，助种子生长发育。"①显微镜下精子游动的画面使人们进一步相信，男性带来生机，是创造生命或个体所需要的那火花。进入19世纪，这个信念依然被当时的社会所推崇。

1828年，科学家终于观察到哺乳动物的卵子细胞。显微镜下的卵子与精子拥有一模一样的细胞核，两者甚至来源于同一套配子生成过程。然而，这一发现刚出现时，人们并没有要求修正此前强调单个性别（一般指男性）创造生命的"一元发生说"。②即使"遗传"这个概念本身正在经历变革，但19世纪的精子回春论及相关论调依然存在，他们继续鼓吹精子和卵子在遗传过程中扮演着不同角色，且这些角色无论从质还是量来说均不等同。在此基础上，男性生机论与一元发生说继续影响着科学与文化假设，男性依然被认为在遗传过程中扮演着创造性的角色。

---

① 相较之下，卵原论者（Ovist）认为，有机体虽然在女性体内形成，但男性才是赋予有机体生命或活力的源泉。威廉·哈维（William Harvey）坚称，胚胎不是"母亲本体"的产物，而是同橡果一样，被男性这边的要素激发出了预先蕴藏的潜能。查尔斯·邦内（Charles Bonnet）也有类似观点，表示女性提供了有机体的完整形态，她贡献的"是一个小人、一匹马、一头公牛，但又不是某个特定的人、马或牛"。至于有机体的个体特征，则由男性提供的营养要素即"精液"决定。

② 例如，德国比较胚胎学家卡尔·冯·贝尔（Karl Von Baer）发现卵子时就有了以下对比：雄蛙的精囊里装着游动的奇妙生命力，而雌蛙的胚泡里则是"静谧的伟大"。据记载，贝尔在提前看完艾米莉·马丁（Emily Martin）那篇名为《卵子与精子》的著名文章后，便暗示道，这种对比就像男性与女性在日常生活的方方面面所呈现出来的差异一样。

魏斯曼毕生主张性别遗传平等，这与上述根深蒂固的思想站在了彻底的对立面上。他在斥责精子回春论时写道，"纵观古今所有解释受精过程的理论，无不有着共同的基本思想——'卵子赋予生命'不仅是受精过程的重要组成部分，甚至是有性生殖的真正目的"。魏斯曼谴责凡·贝内登与莫帕斯，称他们"推崇的是早已被淘汰的神秘学原则"，他们将生殖过程视为"需要一种刺激，类似于'引爆炸药桶的一个火星'，用生物学术语说成是'给卵子注入生机'，总之都是从早期生命力学说里直接拿来的东西"。魏斯曼控诉道，这些臆测来自早已存在的、没有科学依据的"男尊女卑"的性别秩序观念。"因此，按照亚里士多德的说法，父亲将生命的脉冲传给母亲，而母亲只贡献养料。"他又继续反驳道："不存在所谓女性或男性主导的宇宙法则，有的只是父母双方共同提供的遗传物质。"

性别遗传互补论

就在科学家争论遗传过程的生理学基础时，19世纪还有一项理论也主张男女在遗传中的角色不对等。同魏斯曼一样，当时许多科学家研究人类精子和卵子的生理学，试图从中探明自然选择进化论的生物化学机制。然而，这些有心的科学家也遇到了一个问题：既然精子和卵子很不一样，遗传性状又必须通过精子和卵子才能传给下一代，那么性状究竟是如何在代代相传的过程中做到高保真的呢？

美国著名动物学家威廉·基斯·布鲁克斯（William Keith Brooks）就是苦思上述问题的科学家中的一位。今天，布鲁克斯被世人铭记是因为他将美国霍普金斯大学建设成为全球知名的生物研究中心，并培养了第一代美国顶尖的生物学家，如用著名的果蝇实验奠定基因学理论基础的托马斯·亨特·摩尔根（Thomas Hunt Morgan）。但在布鲁克斯生活的那个年代，他也是美国顶尖的公共知识分子之一，在生物学、社会学和进化科学方面拥有广博的知识。置身于19世纪80年代业界关于遗传物质基础的热烈争论中，布鲁克斯的中心论点就与精子和卵子不对等的角色有关。

1883年，布鲁克斯出版了《遗传法则》一书，自称该书是"对事实论据的延伸讨论"，以证明"卵子细胞与精子细胞在遗传过程中有着不同的功能"。在这本书中，布鲁克斯批评以魏斯曼为首的一帮科学家，称他们"要么心照不宣，要么直接承认精子和卵子在遗传过程中起着相似的作用"，宣扬"父母中的任何一方均可能将任意一种性状遗传给后代"的错误观念。虽然精子和卵子早期发育阶段的染色体行为研究充分显示，无论精子还是卵子，在分裂的瞬间都贡献了等量的染色体，但布鲁克斯仍然表示，"有些人仅仅因为卵子和精子具有同源性或在形态学上处于同等地位，就妄图证明两者在功能上也等同。说到底，这只是一种假设而已"。

布鲁克斯的观点与达尔文于1868年提出的"泛生论"一致，认为人体细胞会产生名为"泛子"（Germs）的微小粒子，以此作为受精时的载体，将性状遗传给下一代。布鲁克斯表示，在这个过程中，精子和卵子扮演着不同的角色。卵子根据人种类型输送相应的"泛子"，以此形成胚胎。而精子的"功能则格外特殊和显著"，它负责将这个人的特殊性状传递给下一代。布鲁克斯总结道："根据这一观点，卵子是保守的，精子是进步的。卵子使遗传过程按物种进行下去，而精子带来遗传过程中的变异性，以帮助物种更好地适应环境。"布鲁克斯也参与了有关人类两性关系的论战，他坚称正是因为卵子与精子在遗传和进化过程中的作用显著不同，男性和女性在政治、社会方面才起着互补作用。布鲁克斯写道，"男性和女性以互补的方式参与人类的学术、道德和社会进化，就像他们在人类生殖过程中起着互补作用一样"。

布鲁克斯还认为，男性在智识上的特性反映了精子在产生及保持变异性方面的功能："作为变异性的来源、人类进化的发起要素，男性思维想必能将经验延伸至新的领域，并通过比较和归纳，发现新的自然法则。"至于相关证据，布鲁克斯表示，纵观人类历史，男性在创造、抽象思考和文明建立方面总是占据统治地位。相较之下，女性是"保守的生物，总是可靠地保存着人类历史上积累的一切"。"女性的思维就像一座储藏室，里面堆满了日积月累的直觉、习惯和行为准则。"因此，女性更适合从事"需要动用现成经验，而不怎么需要受教育的工作"，以及"无须与人竞争也能获得成功的工作"。

布鲁克斯煞费苦心地向读者澄清，自己并没有觉得两性是不平等的。他再三表示，"两性天生就没有尊卑之分，也称不上是彼此独立的对等物，而是一个综合体的互补部分"。布鲁克斯的说法近乎肯定了当前这种状态的自然公义性：男性统治着生活中的方方面面，享受着个人、经济与智识上的自由。最后，布鲁克斯表示，生物学数据证明，"倘若我们的观点无误，那么女性在社会中已经占据的位置和她们承担的责任，可以说是她们应该处于的境地。任何想要改善女性生存条件的尝试，如果试图忽略或抹杀两性在智识上的差异，必将为人类带来灾难"。

布鲁克斯并非是唯一一个将魏斯曼的性别遗传平等论视为政治威胁的科学家。1889年，苏格兰生物学家帕特里克·盖迪斯（Patrick Geddes）与J. 亚瑟·汤姆逊（J. Arthur Thomson）共同写了《性别进化》一书。他们表示，这本书是"对魏斯曼教授推测性观点的讨论和批判",尤其是"魏斯曼一直秉持的观点",即"卵子和精子具有等同的生理学价值"。两位作者公然反对魏斯曼,认为精子与卵子"尽管有着大致相似的细胞核结构",但两者在本质上是不同的。

盖迪斯与汤姆逊坚称,雄性化和雌性化是自然界深处存在的一种二重性,精子和卵子中"无疑存在着两性的根本差异,这种二重性也是这种差异最集中的体现"。在盖迪斯与汤姆逊看来,无论是配子细胞还是单细胞生物,一个细胞的生命必然包含雄性化与雌性化的双重过程,即同化作用(Anabolism)和异化作用(Katabolism)。同化作用是被动地维持现状,它是"一种上升式的、建设性的合成过程"。异化作用则是代表着活动和变化,即"一种下降式的、扰乱性的系列化学变化"。尽管所有细胞都同时包含雄性和雌性要素,但某些细胞的"习惯和性情"更具同化色彩,而另一些细胞则更偏向异化。卵子像阿米巴虫一样,是"被动、静止、封闭或囊状的",而精子是"主动、活跃、有纤毛或鞭毛的细胞,它以异化作用为主导"。盖迪斯与汤姆逊宣称,在单细胞微生物中,同化细胞更多地起着维系物种的作用,异化细胞则更偏向于自我维系。同理,对于人类的两性生殖细胞来说,"雌性化是生殖过程中以同化作用占主导地位的部分,当异化作用开始占据主导时,就标志着精子为生殖过程带来活跃的能量"。

同布鲁克斯一样,盖迪斯与汤姆逊也毫不犹豫地将生物学观点应用在政治上。他们坚信,雄性化与雌性化、精子和卵子都符合宇宙普遍存在的二重性,两者站在同化和异化的互补面上,是一切自然界生物的基础。无论是简单的原生动物,还是人类的男男女女,没有例外。盖迪斯与汤姆逊写道,像精子和卵子一样,"人类的两性也是互补且互相依赖的",这反映着男女在"身体构成上的深层差异"。带有异化作用的男性"更主动、精力充沛、急迫、热情而多变",而带有同化作用的女性则"更被动、保守、迟钝及稳定"。男性的每项品质均可在女性身上找到互补:男性"开拓",女性"保留";男性"带来变异",女性"保持遗传的基本特性";男性展示出"更有智慧"的样子,女性展示出"无私的情感";男性象征着"独立与勇气",女性象征着"爱与怜悯"。同布鲁克斯一样,盖迪斯与汤姆逊坚称自己没有任何贬低女性的意思:"男性与女性都有自己擅长的方面,两者是互补的。"但盖迪斯与汤姆逊也认为,让女性获得投票权以及让女性就业"养家"会招致"毁灭性的复杂后果"。他们宣称,关于两性角色的政治辩论必须留心生物学的证据。"在更多地接触生物学后,你会发现社会秩序是自明的。"盖迪斯与汤姆逊表示,试图"抹杀"性别差异,就是违背"自然界对史前原生动物作出的决定"。

两性融合与种质学说

魏斯曼与自己同时代的布鲁克斯、莫帕斯、盖迪斯与汤姆逊一样,试图通过研究精子和卵子的生物化学机制,从中发现自然选择进化论的遗传物质基础。但魏斯曼不赞同其他科学家的假设,他认为精子和卵子扮演的角色并没有什么不同,因而也谈不上互补的两性构造差异。他将两性互补的观念批评为"硬是将两股反向的力结合起来",认为它来源于以前关于有性生殖本质的不合理思想,是其中"一直未受认可的思想"的残留。魏斯曼号召科学家们要"放下先入为主的观念",并宣告"关于受精过程的旧教条"已经结束,所谓两性法则的"相互作用机制"原本就不存在。他说:"受精过程只是父母双方向一个后代给予的遗传物质的结合。除此之外，受精过程再无其他重要意义。"

为了彻底摒弃"有性生殖"的不当理论，魏斯曼发明了一个具有中性色彩的术语，用以指代自己提出的受精理论：两性融合（Amphimixis）。魏斯曼认为，有性生殖就是一个两性融合的过程，其中精子和卵子贡献同质、等量的遗传物质；在遗传方面，精子和卵子的功能完全相同（见图1-1）。魏斯曼写道，他发现"受精过程的本质既不是精子让卵子重获生机，也不是两股极端反向的力相结合，而是两种遗传倾向的融合，即两个人的性状的融合。受精过程中彼此结合的遗传物质来自父母双方，它们在本质上不仅没什么不同，还颇为相似"。

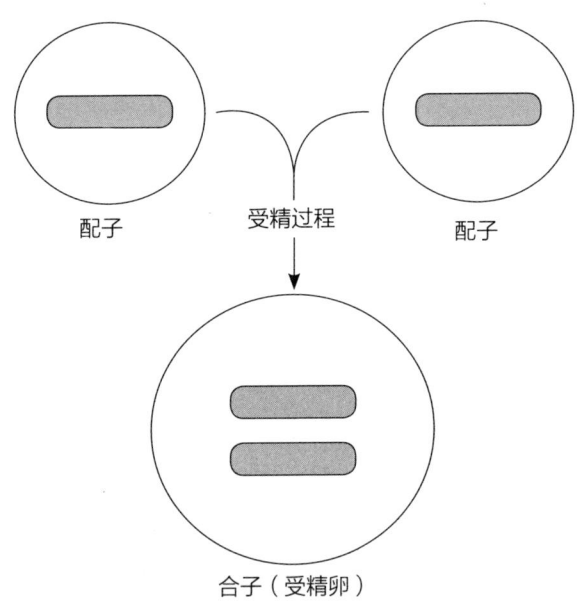

图 1-1 两性融合

有性生殖是两个配子合成受精卵的过程，伴随着配子分别贡献同质、等量的遗传物质。

第1章 遗传学中的性别不平等问题

根据两性融合理论，如果能使精子或卵子的细胞核互相靠近，那么就能发生受精过程。魏斯曼在1890年的思想实验中提出，"如果可以让同一物种、不同个体的两个卵细胞原核接触，则这两个原核很有可能会发生融合，就像精子向卵子注入遗传物质一样"。看来，魏斯曼或许是史上第一个从生物学角度来预见同性生殖可能性的人。

就在魏斯曼提出自己那相当激进的性别遗传理论时，他还总是将对手的观点钉在时代的耻辱柱上，并乐在其中。借助这种笔杆子的论战，他希望人们把种质学说与现代科学关联起来，以此与性别互补论这门旧的科学决裂。性别互补论充斥着各种民间说法，鼓吹宇宙深处存在着神秘二重性。魏斯曼暗示道，他自己提出的两性融合论是关于性别遗传平等的新思想。科学与迷信在此终于分道扬镳。站在迷信端的是以亚里士多德为代表的旧式的、非科学的教条及母体印象论，而与此对立的科学是魏斯曼自己提出的微观生物学机制，他解释了生殖细胞核物质在遗传中不存在性别差异的本质。

魏斯曼既不是那个时代的第一个，也不是唯一一个赞同性别遗传平等的科学家，但他无疑在这方面发出了史上最强音，最终成功证明了父母双方向后代贡献同质、等量的遗传物质。[①] 魏斯曼向世人证明，自己的理论不仅符合当时蓬勃发展的细胞学与胚胎学研究，

---

① 爱德华·斯特拉斯伯格（Eduard Strasburger）的观点最接近魏斯曼，他认为遗传是一个配子细胞核融合的过程，不存在哪个性别的配子占主导地位。与魏斯曼同时代的其他人，如西奥多·博韦里（Theodor Boveri）、恩斯特·海克尔（Ernst Haeckel）、奥斯卡·赫特维格（Oscar Hertwig）、古斯塔夫·耶格尔（Gustav Jäger）及卡尔·内格里（Carl Nägeli）等，他们的立场虽然更加模糊，却也都赞成两性核遗传贡献完全或大体平等的观点。当然，1900年前后，英国生物学家贝特森（Bateson）及其他人使孟德尔的遗传性状随机分配理论重见天日，也为后来的两性遗传平等论提供了更多证据。

还在更宏观的层面上与遗传和进化科学的理论进展相契合。

通过检视魏斯曼提出种质学说的依据和推理过程,以及观察他对获得性遗传理论的反驳论点,我们可以发现,关于性别遗传平等的假说以胚胎学和细胞生物学的大量发现为依托,而这些发现又都以自然选择进化论为前提。借用魏斯曼自己的比喻,性别遗传平等法则是一个指南针,或更进一步说,是矿工用的一捆炸药,而非砖瓦匠用的一块砖石。我们说性别遗传平等法则的建立完全以种质学说为中心,当然不是说它"仅仅"是一个理论或一种思想的产物,即它不是一种纯粹的空想。相反,我们想要强调的是,在魏斯曼所处的那个年代,性别遗传平等法则的提出驱使人们思考"性别""平等"和"遗传"这三个术语背后的真正含义。

20 世纪的性别遗传平等法则

20 世纪初,越来越多的证据开始涌现,它们共同佐证了魏斯曼的遗传核连续学说。20 世纪中期之前一直采用的生物学教科书中引用了一个生动的例子,可谓是魏斯曼理论的视觉证据。在这个例子中,哈佛大学的研究者威廉·卡斯尔（William Castle）做了一项卵巢移植试验。他将一只纯种全黑母豚鼠的卵巢移植到一只纯种的白化病母豚鼠体内,然后让这只白化病母豚鼠与另一只同样患有白化病的公豚鼠交配。结果,两只白化病豚鼠的后代全是纯黑的豚鼠,它们的后代显然没有受到母体后天环境的任何影响（见图1-2）。科学家认为,这个发现充分证明了魏斯曼理论的正确性:父母双方的配子在具有高度融合性的同时,又分别保持着决定特殊性状的能力。哪怕在普通的哺乳动物身上,无论母体的子宫环境如何,这种现象都始终存在。

第1章 遗传学中的性别不平等问题

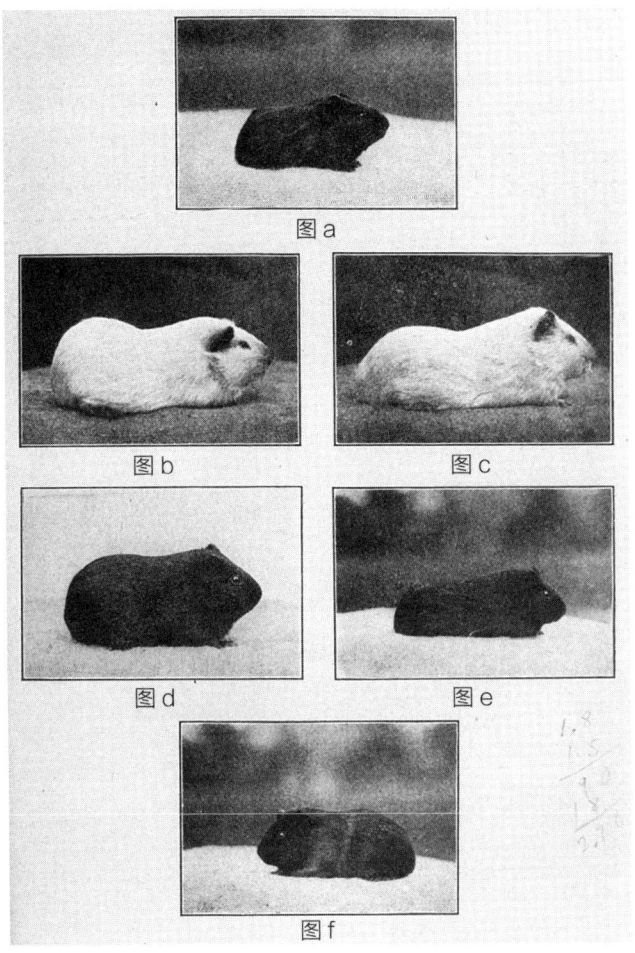

图1-2 豚鼠卵巢试验的结果

一只黑色小豚鼠（图a）的卵巢被移植到一只白化病豚鼠（图b）的体内。这只白化病豚鼠随后与另一种白化病豚鼠交配（图c），生下的后代全是黑色的豚鼠宝宝（图d至图f）。

　　随着科学的飞速发展，科学家开始愈发深入地探究细胞核内染色体在传递遗传性状方面的角色。染色体遗传理论应运而生，这一理论从微观分子层面充分肯定了魏斯曼的种质学说，同时对种质学说进行了更加精确的调整。一模一样的成对染色体来自精子和卵子的细胞核，它们两两配对、交换物质、分离，有节奏地将性状遗传下去，全程无性别之分，且没有留下任何表明父母来源的记号。博韦里的细胞核移植实验结果在许多物种上反复重现，由此证明单凭细胞核物质本身就足以产生一个功能正常的配子。在20世纪的前几年内，孟德尔遗传法则重见天日，证明了父母双方在大多数性状的遗传上能力均等。上述进展使遗传学研究得以突飞猛进，科学工作者就一系列指导原则迅速达成共识，包括核遗传物质的连续性，以及父母双方对后代的均等贡献。

魏斯曼创造的术语"两性融合"原本旨在破除受精过程中的性别差异，却也因此有了新的拥护者。20世纪时，为魏斯曼种质学说辩护的人，用更加直白的语言阐述了父母双方在遗传贡献上的均等性。1896年，学者威尔逊在《发育和遗传过程中的细胞》一文中正式介绍了细胞核遗传理论，他开门见山地引用了魏斯曼的中心论点："父母双方的细胞核物质对受精卵的贡献均等。"

20世纪前十年间，父母遗传贡献的"均等性"像咒语一样，在重大的遗传学文献中反复出现。美国普林斯顿大学的细胞生物学家埃德温·康克林（Edwin Conklin）编撰了一本名为《人类发育的遗传与环境》的教科书，被人们广泛使用。他在书中反复强调，"父母的染色体有着精确的均等性"，"染色体的分裂总是均等的、无差异的"，细胞分裂过程是父母双方核物质"严谨而均等的"分割。同期，哈佛大学遗传学家威廉·卡斯尔编撰的教科书《遗传学与优生学》也有类似内容："当代绝大多数的生物学家或许都赞同魏斯曼的说法，认为遗传过程是染色体内遗传物质传递的过程。"卡斯尔在书中写道："之所以会产生这种想法，一方面是因为（染色体携带的遗传物质）均分成两半已经是一个不争的事实，另一方面是有证据显示，虽然卵子比精子要大得多，但父方与母方在决定后代遗传性状方面的影响力完全相同。"

几十年间，威尔逊对自己的经典论文进行了内容上的修订和丰富，并于1925年发表论文最终版。在这篇文章中，鉴于细胞核物质对遗传过程的重要性，性别遗传平等原则仍然处于中心地位。威尔逊解释道："细胞核经历了完全等同的分裂。"相较之下，精子和卵子的细胞质对遗传的贡献并不均等，这被视为细胞质无法携带遗传物质的证据。威尔逊写道，卵子细胞质的分裂"通常是不均等的，有时甚至很极端。没有证据显示分裂后的细胞质是完全相同的，这与细胞核的分裂截然不同"。威尔逊表示，这类证据将推动当前的学术界"广泛认可细胞核遗传理论"。

与生殖相关的理论不仅仅是一系列科学上的说辞。正如颇有影响力的人类学家卡罗尔·德莱尼（Carol Delaney）指出的那样，这些理论涉及"许多重要话题，如生命的起源在哪里、生命由什么构成、谁或哪些东西是遗传介质、男性和女性意味着什么、人与人之间如何彼此关联"等。魏斯曼被广为称颂的是他提出了细胞核物质遗传理论，但还有一点容易被人忽略的是他推动了现代科学一致同意两性的遗传贡献均等。不同于既往的思想，魏斯曼提出的理论框架深入浅出、焕然一新，它使长达几个世纪关于男女遗传贡献不等的社会和意识形态说辞分崩离析。男性和女性在遗传中的角色并没什么不同，即遗传完全由父母双方生殖细胞同质、等量的核物质组成。由此魏斯曼的理论成为20世纪遗传学和性别科学的神圣基础原则。

在性别政治领域，主要议题也从唯物主义层面适时地转移到关于人类两性角色本质的科学依据上来。纵观人类的科学发展史，科学界长期以来秉持性别差异的观点。但魏斯曼种质学说的胜利,一次性摧毁了包括母体印象论、一元发生说、男性生机论和两性遗传互补论在内的各种旧式生殖理论。尽管今天的人们很少称赞这一点,但性别遗传平等法则的提出,无异于与过去的种种理论——从亚里士多德到盖迪斯与汤姆逊——划清界限。到了 20 世纪中期,细胞核物质遗传与性别遗传平等法则已然成了不容置疑的神圣法则,它是现代科学的基础前提,也是唯物主义论者思考方式的坚定象征。

性别遗传平等法则将一元发生说与带有父权主义色彩的遗传和生殖理论连根拔起。男女在遗传过程中的不均等贡献没有了理论支撑,政治中的男尊女卑意识形态也因此如同无水之萍,公众对男女性别角色的理解也开辟了一片新天地。德莱尼写道,20 世纪遗传学的发展证明"父母双方对后代的贡献同等重要,且具有同样的创造性";"虽然科学本身无法赋予任何意义,但科学可以提供依据";"由于我们的性别观念与生殖、生物学有着如此根深蒂固的联系,以至于生殖与生物学思想的转变,必将带来性别观念的转变。当然,这就是当前正在发生的事。至少有部分女性已经意识到,自己不仅是男性播种的容器,不仅是小生命的抚育者,更是与男性平等(甚至更重要)的生命创造者"。

性别、遗传与母体效应

对于由魏斯曼种质学说衍生而来的性别遗传平等法则,若能抓住其不易察觉的深刻意义,便能体会到此后一个世纪内遗传学家对于复苏的母体效应理论感到的不适。20 世纪的遗传学始终坚持一条著名的"中心法则",即用科学研究探索"一个基因对一个蛋白质"的关联性。同这条中心法则类似，性别遗传平等也是 20 世纪遗传学的另一条基本法则，它不仅被用来指导科研，还是遗传学家设定哪些问题值得探究的公认标准。凡是违背性别遗传平等法则的科学说辞，都会遭到驱逐或被边缘化。

作为性别遗传平等法则的"受害者"，一些声称母体有显著或额外遗传贡献的理论卷土重来。在此后的几十年内，随着遗传学的发展，这些说法也越来越被人们所相信。1958 年，英国生殖生物学家安·麦克劳伦（Anne McLaren）率先证明了哺乳动物身上存在母体效应。她宣称，尽管早期遗传学家"似乎已经拿出了关于性别遗传平等的终极决定性证据"，但如今"关于母体效应"的研究显示，"父方或母方贡献的遗传因素数量并不一定相等"，她由此充分证明"性别遗传平等法则存在例外"。麦克劳伦毫不避讳地表示，关于母体效应的说法标志着一种十分古老的学术和社会进步思想的归来。人类关于性别遗传差异的激烈争论由此展开，遗传种质学说的根基也受到撼动。

尽管性别遗传平等是遗传学的基本法则，也受到一些女权主义者的拥护，但它从一开始就比人们想象的更加困难重重。论及其历史意义，20 世纪初的性别遗传平等法则可谓从长期存在的争论中突出重围。这是获得性遗传理论、母体印象论、男性生机论、一元发生说等各种理论的混战，但无论哪一个都认为雌雄配子在遗传与生殖过程中扮演着不对等角色。此外，20 世纪初的性别遗传平等法则是魏斯曼对遗传与生殖基本理论的重新阐述，它与形而上学、科学哲学存在深度关联。换言之，只有当我们接受魏斯曼的理念及相关假设，认可遗传过程可浓缩成核物质融合的时候，性别遗传平等才真正有意义。

尽管种质学说和性别遗传平等法则很快就成了20世纪早期遗传学主流教科书的中心内容，也被当时顶尖的生物学家所认可，但人们对魏斯曼思想的激烈争论依然存在。共有三个分支的批评人士对魏斯曼的思想感兴趣：一派批评人士坚决支持卵子细胞质在遗传中扮演重要角色，反对魏斯曼细胞核至上的种质学说；另一派批评人士是科学哲学领域的异端，他们对摆在眼前的科学证据视而不见，认为这些证据不过是唯物主义顽固派在遗传与生殖领域兴风作浪的工具，而这种做派的代表正是魏斯曼；还有一派批评人士是进步改革论者，他们深度认同拉马克的主张，即人在进化过程中有"主观能动性"。

事实上，魏斯曼的性别遗传平等法则严重地触动了某些人的神经。19世纪末20世纪初，在大洋彼岸的美国中西部，肖陶扩集会[①]（Chautauqua）和卫理公会（Methodist）连同一些早期的女权主义学者，正在到处传播优生学小册子和禁酒运动文学。此时，欧洲和美洲大陆之间的学术差异，就像两个大陆的地理距离一样大。美国人对母体印象论进行了新的阐释，将母体的遗传影响扩展到整个产前时期，并美其名曰"胎教"（Prenatal Culture）。正如我们将在下一章中看到的那样，胎教论者谴责魏斯曼及其种质学说，称其为冷血的唯物主义，他们否认已经积累的人类经验，主张首要的遗传影响因素是：母体对胎儿发育有意识或无意识的引导作用。

[①] 肖陶扩是半宗教性质的中产阶级成人教育集会，鼓励新思想的传播，类似于现在的TED演讲。肖陶扩运动最早发源于纽约州的肖陶扩县，很快传遍了整个美国。虽然肖陶扩集会经常被认为是营利性的集会，但人们对其倾注了极大的民间自豪感。也正是这些集会，将不寻常的才能与新思想带到了美国农村和边远地区。

第2章
胎教论

　　1911年，芝加哥的福音与科学优生函授学校（Correspondence School of Gospel and Scientific Eugenics）在《体育》杂志上刊登了商品宣传广告，它在字里行间无不流露出一种慷慨激昂的态度："想让您的孩子赢在起跑线上吗？来学习这些知识吧！"该学校自称受到基督教妇女禁酒联盟（Women's Christian Temperance Union）主席及美国克拉克大学著名教育心理学家G. 斯坦利·霍尔（G. Stanley Hall）的支持，其函授内容反映了当时典型的优生氛围，并进一步煽动着民众在这方面的情绪。① 这家学校提出了关于"明智家长和优生后代"的七大原则，其中一条宣称"父母同时欠社会、国家和上帝一个人情，因此应当以生下尽可能优质的公民后代来回馈"。相较于优生时代的民间白话而言，这家学校的主张有一个新颖之处：它热衷于关注父母对胎儿的影响。学校承诺，顾客学完"准父母产前影响的神奇力量"系列课程后，可获得校方颁发的"明智婚姻与家

---

① 这所学校对外售卖优生学和性教育主题的小册子，内容主要是号召年轻人要严格做到"洁身自好"，并在这方面给予指导。这家学校于1912年注册了版权的小册子具体包括：《青春期》《优生学与社会学》《致父母与老师：如何讲好人生故事》《公共演讲者与组织者》《年轻的夫妻》及《适婚年龄的年轻人》。

长"结业证书。

当时，魏斯曼种质学说正日渐获得业界共识，性状遗传被认为仅发生于受精时的细胞核种质传递过程中，且精子与卵子各贡献一半种质。但这家学校的胎教思想与魏斯曼种质学说背道而驰，认为母亲的遗传贡献更大，而帮助母体施加更大影响的正是子宫。1901年，临床医生、胎教论者艾玛·德雷克（Emma Drake）为女性撰写了一份题为《年轻妻子应该知道的事》的建议手册。德雷克在这份畅销手册中写道："根据遗传学法则和上帝在这方面给我们的福音，我们坚信在父母双方中，母亲的影响要比父亲大得多。"19世纪末20世纪初的胎教论者尤其喜欢宣称，母亲在妊娠期给胎儿的影响决定着孩子性格的最终养成，且母亲妊娠期的这种影响要比父亲精子遗传给胎儿的影响更显著。1903年，狂热的优生学家、临床医生玛丽·R. 梅兰迪（Mary R. Melendy）在《从少女、人妻到母亲，完美女性的一生》中写道："母亲能把好的或坏的习惯遗传给孩子。这种力量同时来自女性的身体和心灵，它比男性的影响要强许多倍。"

1880年至1920年间，在众多卷土重来的母体产前遗传影响论中，福音与科学优生函授学校的出现是其中之一。它是美国进步时代的一个缩影，反映着政治与民间科学的深度融合，而这种融合背后发挥作用的正是胎教论。19世纪90年代至20世纪10年代期间，该校创始人玛丽·蒂茨（Mary Teats）一直在基督教妇女禁酒联盟工作，她是"一名国家级的福音布道者"，向整个美国西部的女性教众讲授关于家庭和两性的宗教话题。1906年，蒂茨发表《上帝在婚姻中的美意》，表示怀孕期间的女性有必要学会向胎儿施加精神控制，以"让她心脏下正在发育的小生命处于尽可能优质的文化氛围中"。居住在芝加哥的该校副校长布兰西·埃姆斯（Blanche Eames）

于 1914 年也发表了《优生原则》一书，详细地阐释了胎教论。在她看来，女性应当"在高度易感的时期，让自己接受特殊训练，以便将理想的心理和性格倾向遗传给后代"。这家学校的董事会还包括来自科罗拉多州丹佛市的法官本·林赛（Ben Lindsay）。林赛也是一名优生倡导者，还是"少年犯罪领域的权威人士"。他主张对青少年要慈悲为怀，而非一味惩罚，还主张已婚人士要计划生育，夫妻双方自愿离婚合法化。另一位学校董事会成员温菲尔德·斯科特·霍尔博士（Winfield Scott Hall）是美国西北大学医学院长，曾在 1902 年至 1910 年间短暂地领导过美国医学院（American Academy of Medicine），可惜这个改革运动组织终归是昙花一现。霍尔主张开展性教育，他著有一本生理学教科书和若干本面向普通大众的性卫生和生殖手册，如《霍尔博士的性知识》及《家庭自学性教育课程》。尽管有这么多人为福音与科学优生函授学校站台，但其中最能代表 1880 年至 1920 年间美国胎教支持群体的人，莫过于这家学校的董事长、专业演说家牛顿·N. 里德尔（Newton N. Riddell），其著作《新心理学启蒙下的遗传与胎教》至今仍被认为是胎教论的最详细阐述。

关于遗传的民间科学与胎教论

从一份横跨 40 年的档案材料里，我们得以重现里德尔的职业生涯。里德尔成功地将以下观点推广给美国大众：父母必须从孩子出生前就开始采取优生措施，尤其要注意胎儿在母体子宫间发育的这段时期。里德尔自称是一名科学家、心理学家兼牧师，他先后经历了19世纪颅相学*的盛极而衰,以及20世纪被遗传学策动的优生年代。通过追溯里德尔的思想及这些思想的受众,我们得以见识到升级版的母体印象论在美国进步时代有着怎样光鲜亮丽的文化地位。即使以新的面貌重新出现,母体印象论背后仍旧是长达几个世纪的古老信念:孕妇的心理和生理状况会对发育中的胎儿打下烙印,由此造成遗传性状的改变。

里德尔生于1862年,在内布拉斯加的一座农场长大。小时候的他就对科学及抽象事物抱有不同寻常的兴趣,尤其对当时新兴的电力学更是有着一种特殊的迷恋。里德尔的职业生涯起步于19世纪80年代。当时,他在堪萨斯和内布拉斯加农村地区的几家卫理公会教堂做禁酒运动宣传讲师。1887年,他从纽约颅相学研究院毕业,这项殊荣后来被他称为是在"应用心理学"领域的一次高等培训。他在1895年出版了第一本书——《人性的解释:为人民所著的新版人体科学插图论文》。这本书混杂了颅相学要义以及里德尔本人对心灵科学、脑科学及遗传学的思考结晶,并由此开启了他的讲师生涯。

根据里德尔的定义,胎教指的是"父母后天暂时获得的生理和心理特征如何遗传给后代的法则,尤其是那些在生命形成前、受孕过程中和母体怀孕期间最活跃的特征"。里德尔的《遗传与胎教》向读者承诺,"家长们能够用这些法则改善后代质量",方法是"让父母们通过身体锻炼、大脑建设和心灵成长,为每个孩子赋予良好的身体素质、正常的大脑功能、求知若渴的思想及充满

---

* 颅相学(Phrenology)发源于19世纪初的法国,认为头盖骨的外部物理结构与脑的内部结构和功能有关,主张用头盖骨的形状推断心理官能的发达程度。此学说属于主观臆测,未被科学证实,但其出现对推动大脑机能定位的研究有积极作用。——译者注

美德的心灵，让孩子的出生为这个世界带来一束光"。里德尔反对魏斯曼的种质学说，认为这种"异端邪说"否认了"获得性状和母体印象的效果"。不同于魏斯曼的理念，胎教论宣称"主观选择"在遗传中扮演重要角色。里德尔表示："如果放任遗传学既定法则自行运作，将不可避免地导致'龙生龙，凤生凤'的结果。但因为有了主观选择，我们才有机会极大地改变这些结果。若能聪明地应用主观选择，那么一切不好的情况都可能会得到不可估量的改善。"

里德尔在著述中建议广大父母要有意识地进行自我提升，在"受孕前至少一年"就开始胎教，并建议母亲要"将自我提升一直进行到孩子出生为止"。受孕是胎教的第一个关键时刻。根据里德尔的观点，在卵子受精的那一刻，来自父母双方"生理和心理状况"的"初始印象"就能"改变后代遗传"。但胎教最关注的还是胎儿在子宫里发育的时期。由此，育龄期妇女"甚至得比男性作更充分的准备"。妊娠期内，随着"母亲生理和心理状况的变化"，胎儿将"持续受到母体印象的影响"，"母亲一闪而过的念头、喜悦、悲伤、思想和情绪，都会给发育中的小生命留下印象，从而影响胎儿敏感的身体、大脑和灵魂"。里德尔建议，在胚胎发育的某些特定阶段，妊娠期女性通过对自身生理和心理状态进行谨慎的培养和管理，就能避免给孩子未来的品性留下不良的印记。

从19世纪90年代到20世纪30年代初，里德尔靠四处游历、宣讲和写作为生。从100多篇小镇新闻报道和当时肖陶扩巡回集市的档案记录来看，里德尔把行程安排得满满当当，进行了几百甚至数千场演说。1908年的一篇报道显示，截至该报道发表时，里德尔已开展了3500场宣讲，内容涵盖遗传与胎教、儿童养育、心理学、早教、大脑、禁酒、婚姻、性、个人提升与成功等话题。各地的市政厅、学校、基督教青年会、教堂和小镇上的肖陶扩集会帐篷,都是里德尔的宣讲场所。他还至少写了10本书,并编撰了大量小册子。尽管有人会以为里德尔的听众是白人群体,但是印第安纳州波利斯市的美国非裔群体报纸《自由人报》曾刊出一篇书评,对里德尔的书予以肯定,称赞它是"探讨遗传、生殖、胎教、心理学、心理现象及相关主题的最佳书籍之一"。由此可见,里德尔的受众是多种族的,远不止白人群体那样简单。

"遗传和胎教"是里德尔标志性的卖点。有人称这一主题是里德尔的"特别演讲",还有人表示"该主题只是里德尔先生的爱好"。里德尔自称他在这方面的演讲内容是以科研结果和几千份个人真实案例为依据的。[①]30年来,里德尔一直将演讲作为传播自身思想的主要方式,他主张"遗传因素和产前环境能解决人类文明的许多问题"。1912年,《岩岛阿格斯报》发表题为《遗传心理学:牛顿·里德尔援引诸多实验,堪称史上最佳胎教主题演说》的头条文章。文章写道,"里德尔在演说中反复强调,心理因素是获得性状的遗传媒介。他表示,'改善父母的心理状况,就能使后代拥有成功人生'"。在演讲过程中,里德尔嘲笑了魏斯曼著名的"老鼠断尾实验",并表示已有证据能够推翻魏斯曼的理论。这项证据来自多产的美国发明家、自我吹嘘的"大脑构建"专家埃尔默·盖茨(Elmer Gates)。盖茨在马里兰州雪佛兰大通镇建造了一座所谓的"心理学与心灵艺术实验

---

① 里德尔声称自己在形成遗传与胎教思想的过程中,已经"去过了美国所有的主要城市","与成百上千名教育工作者、医生、狱警、警长、劳改所所长、孤儿院及精神病院院长对话",并"查阅了几千人的心理学与遗传学档案,这些人中还包括500名罪犯"。

第 2 章 胎教论

室",通过用动物试验来研究教育对大脑和遗传的影响。根据里德尔的描述,盖茨的试验结果驳斥了魏斯曼"老鼠断尾实验"的发现。里德尔说,盖茨在试验中成功培养了"六代小鼠,这些小鼠的尾部长度是正常小鼠尾部的 2.5 倍"。

里德尔的胎教演说涉及优生学、禁酒、身心联结、基督教性道德、家庭教育和自我提升等方方面面的内容,为听众编织出一幅完整的知识画卷。他以科学洞见的名义帮助听众解决日常遇到的各种问题。《加尔维斯顿日报》这样报道:"他昨晚以'遗传和胎教'为主题的演说引得现场掌声雷动。里德尔博士表示,凡是插着美国国旗的地方,人们就该有节制。他还赞成优生法则的普及,敦促人们在领结婚证前先去阅读国家发放的优生宣传手册。"里德尔据理力争,他认为"优生学作为一门新科学",发挥效果的最佳方式就是胎教。"随着胎教越来越鲜活地进入大众视野",遗传"决定者"能被"加强"或"校正"。1917 年,里德尔在堪萨斯城爱欧拉县进行的一场演说中笃定地宣布:"胎教不再止步于实验阶段,而是已成了可呈现的事实,且对社会具有至关重要的作用。用不了多久,所有文化人都会明白,父母应当承担教育孩子的责任,且这种教育应当从妊娠期开始。"

19 世纪末 20 世纪初关于胎教的种种思想,不仅是书中的理论,还催生了前述函授学校的出现,并在小镇报纸上、肖陶扩的帐篷里、民间大礼堂内四处传播。由此可见,母体印象论明显存在于美国进步时代的主流思潮中,且其存在范围比一般人想象的更广。社会发展的洪流使公众再次对母体印象塑造后代的特殊力量充满兴趣,由此刷新了优生时代人们秉持的信念:人们相信自助式的哲学理念,认为刻意地培养大脑、身体和种质,能使人获得自我提升;人们延续了维多利亚时代对非物质世界的迷恋，如致力于寻找思想影响身体的证据；禁酒、社会净化*和女性投票权等在内的女权革命运动蓬勃发展，母体与胎儿之间的联系被革命人士援引成一种创造性的力量，用以争取女性的性自由和政治自由。

对魏斯曼种质学说的驳斥使胎教论者团结起来，让他们对共同的事业充满激情。他们认为胎教论是对种质学说的挑战，他们控诉魏斯曼忽视了环境因素和思想在改变或克服遗传命运方面的力量。胎教论者们一边为母体印象论辩护，一边在更广泛的意义上反对后魏斯曼时代生命科学中日渐顽固的唯物主义。

优生学与胎教论

胎教论是民间科学教条的第一个例子。它使母体印象论以新的面貌出现，更好地顺应了优生时代的潮流。[1] 20世纪初的优生思想主张的是旨在推动人类进步的各种生物医学指导原则，包括备孕期健康、产前产后的婴儿环境管理等。许多优生时代的作者和专家都强调社会和环境改革的重要性。他们坚称，优生的实现要求家长负起责任。为了生出理想的后代，准父母除了要懂遗传科学知识，还要

---

* 社会净化（Social Purity）是19世纪末英美国家开展的一项社会运动，旨在禁止卖淫及其他基督教传统美德认为不道德的性活动。这场社会运动对当时的女权主义、优生主义和计划生育运动产生了重要影响。——译者注

[1] 民间科学（Vernacular Science）指的是专业科研方法以外的为公众所接受的科学言论。该领域吸纳及传播的科学思想，并非与科学毫无关联。相反，它在一定程度上助长了科学知识的产生，成为科学知识的组成部分。因此，民间科学是科学史的一个重要维度。

维持自身健康，远离酒精之类的"毒品"，并培养孩子的宗教虔诚和公民美德。胎教论者宣扬通过产前调理来改善遗传质量，这一重获生机的哲学理念本质上是环境论的一个分支，是拉马克学说在优生时代下的新变体。

事实上，优生时代远不止公众接受一种谬论那样简单，它更应该被理解为一个躁动的时代。在这个时代里，各路思想流派和不安分的医学权威百家争鸣，同时生命科学领域正经历颠覆性的变化。19世纪90年代至20世纪20年代间，美国科学、医学和公共卫生研究的基础设施大幅扩充。大学和医院开设了各种新兴专业学科，相关研究资金和酷炫的新实验室如雨后春笋般涌现。"科学家"成了一种职业，生命科学家作为权威的象征，在学术和政治领域充满话语权。社会对科学家的期望与日俱增，科学家的知识不仅要用来治病救人，还要用形而上学来调解社会纷争、激发经济发展和治理复杂社会。

胎教论的出现和流行恰逢基因遗传学改变生物医学领域之际。染色体、基因和孟德尔遗传定律的强大作用被揭示。拉马克学说——即关于父母的获得性状能够遗传给下一代的主张——受到严重抨击。新的遗传学观点与魏斯曼的遗传理论一脉相承，坚信种质内包含一切遗传因素，因而个人在后天环境下的获得性状不可遗传。这些科学发现很快开始进入公众的日常生活，为人们提供从农业繁殖到计划生育在内的各方面建议。包括产科在内的医学专科快速发展，儿科和产前保健也在这些年里出现，胎教论极大地改变了生殖生物学领域的权威科学论调，并扭转了民众关于公民生殖责任的观念。

面对"基因决定个人性格"的传统观点，许多支持魏斯曼的科学家和社会改革家为此争得面红耳赤，他们主张未来的人类文明要靠积极运用遗传法则进行社会改良而实现。随着移民潮的出现、流行病的发生、城市化和工业化进程的推进及性别自由运动的开展，利益相关方利用这些新兴的遗传观点，为人们规划出关于人类潜能和社会未来的图景。其中，胎教论代表了优生时代的一个独特分支。它用脑科学和遗传科学的新发现重新包装了母体印象论，为人们提供了一种所谓的科学生活方式，保证以此能生出身体健康的理想后代，并让父母和孩子的心灵、道德观在此过程中得到升华。尽管美国胎教论发端于各种学术和文化思想，但它有两个互相结合的前提，以此将胎教论与优生时代的其他思想区分开来。

第一，胎教论坚信妊娠期对人类种族质量改善有无可比拟的重要性。胎教论者反对那些受魏斯曼种质学说影响的优生学家，他们将关注点放在如何限制不适宜人群的生育上，鼓励具备理想条件者进行生育，以改善人类种族质量。他们强调母体子宫对实现优生目标的重要作用。1897年，美国中西部优生学家、社会改革家查尔斯·J.拜耳（Charles J. Bayer）将胎教描述成"遗传强大的孪生姐妹"；相较于"龙生龙，凤生凤"的遗传，"母体印象是母亲在产前的思想状态"，它能催生变化，使后代的质量"提升"或"倒退"。

胎教论者普遍赞同一个观点，即除基因遗传外，母体环境高度影响着孩子人生的开端，而母体环境又是父母（尤其是母亲）人为选择的产物，是造成后代质量高低差异的关键所在。1882年，加利福尼亚州的女性投票权倡议者、教育改革家乔治安娜·布鲁斯·科尔比（Georgianna Bruce Kirby）在《通过母体进行遗传或性状改变》中写道："周边环境条件持续影响着孕妇。因此，如果能使这些条件朝更好的方向提升，将使孕妇生出来的孩子比父母更加优秀。"1897

第 2 章 胎教论

年,盖茨在胎教主题文章《抚育后代的艺术》中宣布:"我认为,我们可以期待迎来某种抚育后代的艺术,这就是优生学!到那时,文明世界的母亲们将在生物学和心理学的启迪下掌握相关数据,从而科学地管理人类最神圣的生理功能。"1902 年,顺势疗法的支持者斯温伯恩·克莱默(Swinburne Clymer)在《如何借助优生艺术或胎教影响生出完美宝宝》中写道:"个人乃至国家、全人类的命运,都取决于孕妇及其为孩子安排的产前环境。"

第二,胎教论者谴责魏斯曼的遗传理论,并一直为获得性状遗传论辩护。他们认为,胎儿在子宫内发育时形成的性状,是获得性状的一种形式。这些性状不仅会由母体遗传给下一代,还会影响到之后的直系血亲。"一切生理和心理特征的改变,都在胎儿发育期发生。"科尔比写道。胎教论者、优生学家马丁·路德·霍尔布鲁克(Martin Luther Holbrook)在 1899 年的文章《同源生殖:更明智地改善后代质量》中写道,在"妊娠期,胎儿可能从母体那里继承了许多特征"。他说,"这个真相弥足珍贵,因为女性的行为不仅影响着自己的人生方向,还影响着她未来的孩子,甚至可能影响往后的世代子孙"。通过引用大脑发育和胚胎进化的相关理论、教育心理学原理、基督教教义和当时受新思想影响的形而上学观念,胎教论者坚持认为,成人行为的改变能使某些性状在受精卵形成至胎儿发育期间得以重新塑造,且这样的性状还会遗传给往后的几代人。

胎教论者对获得性状遗传的教条深信不疑,他们认为如果改善生育质量的行为能代代坚持下去,那么胎儿出生前发生的心理特征改变也将具有遗传性。胎教论相关文献经常援引盖茨的实验发现,称这是证明胎儿大脑可塑性及母体印象遗传潜力的直接证据。盖茨本人总是说,刻意训练人体机能将使"脑细胞大量增加",而这种器质结构上的收益能传给未来的世世代代。前文提到的临床医生、优生学家和多产的女性健康文章作者梅兰迪写道:"如果将人类这个种族比作赛马,那么相当于赛马的奔跑速度变得越来越快,质量变得越来越好。在英国,养殖场主殚精竭虑地研究如何通过明智而审慎的交配及繁育活动来改善动物质量。日本的杂技演员之所以是全世界最好的,就是因为他们祖辈都是从事这个行当的专家。"1904 年,梅兰迪在《维维洛尔》一书中宣扬了同样的理念,称胎教"是每个母亲都有的力量",它能创造出"远超当代人的人类种族"。

大多数胎教论者自己不做实验,更别提发表实验结果,他们也没参与过任何学术机构的研究项目。胎教论既不是一项正统的科学理论,也不是一个有组织的思想学派,只是在美国进步时代经常被宣扬的一个理念。它被一些人用来做文章,向广大读者提供有关遗传、性、婚姻、为人父母、早期教育、自我提升和成功方法的实用建议。但在这方面,胎教论者也有其特殊之处。大量社会医学文献采用类似的形式,在日常经验中混杂推测性的科学结论,专给什么也不懂的民众看。这些文献还被刻意包装成有理有据的样子,引用看似权威、确凿且系统的科学理论,有的甚至还公然引用魏斯曼的理论。

在 20 世纪初,宣扬胎教论和母体印象论的,有时甚至是那些颇负盛名的科学家和医生。然而,正如我们接下来看到的那样,胎教论和母体印象论也引起了顶尖优生学家的注意。这些优生学家批评胎教论者的文章,谴责他们宣扬非科学的迷信和危言耸听的优生目标,使女性服从胎教论教条,而非选择一个更优质的人生伴侣。因此,在优生时代,虽然许多胎教论者只是门外汉,但他们的工作成果产生了显著的影响。作为前后一致、条理清晰的民间科学教条,胎教论在相信"人生有无限可能"的进步时代找到了肥沃的生长土壤。

胎教论的起源

在面向美国女性的建议书、性教育材料、胚胎学和生理学教科书、婚姻与儿童养育手册，及遗传学、优生学文献中，都能见到胎教论的教义。纵然母体印象论从巴雷和笛卡尔时代一直绵延到 20 世纪初，但胎教论绝不仅仅是母体印象论的粗糙移植。它是母体印象论在 19 世纪经历了一系列变化后，顺应优生时代潮流而成的特殊版本。

自 18 世纪起，哪怕是最粗糙的母体印象论，也越来越多地受到顶尖科学家的排斥。但这并不意味着母体印象论一夜之间成了没文化的人偷偷交流的"民间土法"。相反，母体印象论本身发生变革，逐渐进化成了 19 世纪和 20 世纪初美国白人群体关于人类遗传、子女养育、身体、心灵、大脑和两性规范行为的信息来源。对于 19 世纪的许多人而言，母体印象论是毋庸置疑的真理，他们认为后天的获得性状的确可以遗传给后代。与母体印象论相交融的，还有当时美国社会的乐观情绪，人们认为胎教能够影响后代的身心健康，并因此使道德和社会获得提升。

在 19 世纪的美国，颅相学是支持获得性状遗传、母体印象论等优生学观点的活跃中心。同样处于该中心并推动颅相学传播的，还有与颅相学观念一致的自助手册，以及关于健康、教育、社会改革和身心健康的各类文献。19 世纪末，在优生学诞生前，颅相学是传播最广的大众信息源，它向民众散播关于人类遗传和优生的观点。

借助光鲜亮丽的检测室、小镇上的巡回演讲和到处分发的小册子，颅相学家向大众呈现出一种吸引人的身心健康创新理论。这个理论融合了获得性状遗传论的内容，并宣称道德和智力特征是大脑特定区域的产物，有其自然生长、衰落的过程，而且能像其他有机、有形的性状一样遗传给下一代。

美国颅相学严格继承了苏格兰颅相学家乔治·康布（Gerorge Combe）最早提出的一系列观点。不同于普通意义上的滑稽漫画，颅相学的脑功能分区图展现的并不是一个天生如此、一成不变的大脑。根据康布颅相学的要义，大脑是"一个'培养'或'训练'人体器官的思想系统"，它的作用是"正面地影响一个人的特征"。1829年，康布在《人体构成》一书中言之凿凿："只要擅用关于人体身心法则的生理学知识，必将使全人类获得进步。"他认为，后代的各种特质，在很大程度上取决于父母结合前及结合时的状态。通过刻意塑造自己的身体和心灵，一个人就能提高自己的遗传质量，克服祖辈传下来的不利因素，最终将整个人类种族提升至完美的新高度。

尽管今天颅相学已被贴上"伪科学"的标签，但在当时，它使人们意识到，或许真有这样一门关于教育和自我提升的科学，能对人类本质和脑生理学有着正确的认识。正是这种可能性驱动了后来心理学相关学科的发展，颅相学的某些观点至今仍被当代心理学所认同。自由派教育改革家贺拉斯·曼（Horace Mann）对颅相学观点赞誉有加，称它们是他从事儿童潜能开发和教育事业的科学指导原则。不仅如此，颅相学还影响了遗传学领域的思想。19世纪后期遗传学领域的主要人物，如赫伯特·斯宾塞与弗朗西斯·高尔顿，均表示受到了康布思想的启迪。他们支持优生观点，援引颅相学遗传论的中心要素，即男女通过正确结合、优化生殖结果，可以推动人类种族的进步。

美国是颅相学观点及其思想流派扎根时间最久的地方。颅相学主张借助关于脑功能的科学知识改良个人与社会,这种乐观理念与当时社会改革家们的救世冲动、崛起的中产阶级个人主义理想不谋而合,他们共同形成了一种关于自助、健康的强人民间哲学理念。在19世纪的美国,颅相学就人类如何从本质上更好地解决当前的问题进行了思考,并向大众就育儿及成人自我提升方面提供了非宗教性的、基于大脑功能的建议。颅相学家为女性平等与投票权、节制与优生、性教育、婚姻制度改革奔走呼号,敦促社会在后代养育及教育上变得更加自由。

在整个19世纪,各种颅相学思想流派共同提供了以现代科学为指导的建议。这些建议事关两性、婚姻和父母,为渴望进步的男男女女详细阐述了母体印象在遗传与胎儿发育过程中扮演的角色。例如,1870年,美国颅相学家奥森·斯夸尔·福勒(Orson Squire Fowler)在《创造性的性别科学》中建议,"在产生拥有优质或劣质身心健康的后代方面,产前因素比所有产后因素的总和还要重要一千多倍"。有位母亲向福勒提了这样一个问题:"我在怀孕期间应该怎样做,才能把仁慈的上帝赋予我的高超智力和道德感,以最好的方式传给具有可塑性的宝宝呢?"对此,福勒给出的回答详尽地描述了母体状态(甚至包括母体转瞬即逝的念头)对后代发育的严重影响。他说,"每个胎儿对于母亲情绪和状态的所有细微变化都会照单全收",就连"母亲妊娠期暂时性的状态,也会完全刻进胎儿最早的生理和心理特性中"。母亲"在妊娠期间的思想和感受,哪怕是细微的阴晴、明暗变化,都会被胎儿原封不动地记下。这种影响将伴随孩子的一生,并随着孩子的成长而日渐变得清晰、深刻"。

英文中最早使用"胎教"一词，可追溯至 1879 年一本题为《胎教：关于父母如何用系统的方法在孩子出生前塑造其性情的建议》（以下简称《胎教》）的书。这本书由美国华盛顿特区的道德教育学会（Moral Education Society）出版，其第一章"胚胎塑造法则"开篇就说："妊娠期的母亲可以用自己的心理和生理行为，有意识或无意识地向胎儿施加影响，从而决定胎儿的品性。这在知识分子群体中已是一种常识。"[1]

《胎教》用心灵学和颅相学知识来佐证孕妇可以塑造后代生理机能。1864 年，心灵学家萨缪尔·布里坦（Samuel Brittan）在其著作《人与自己的关系》中提出，每个人都有"电铸"（Electrotype）的能力，即将自身及他人的思想完美复刻下来的能力。《胎教》援引了布里坦的概念，表示"母亲突如其来的心理波动能极大地影响未出生的孩子，这种影响绝佳地证明了生命形式的敏感表面可以被'电铸'"。正如以前许多人认同的那样，按照近代颅相学的观点，思想或心灵由多种不同的官能组成，每种官能在大脑中都有一个单独的位置或"器官"。由此推断，如果母亲能在妊娠期间保持脑中一个或一组器官的特定活动，那么胎儿脑中的相应器官或器官群就能发育得更完善，从而使胎儿脑中器官对应的心灵官能朝想要的方向发展。

《胎教》别有用心地提出了一套由母体向胎儿施加产前影响的方法论，目的是"有针对性地使后代的性状和特质满足需求"。这本书

---

[1] 1890 年至 1910 年，法国也有类似的社会运动，名为"育儿法运动"（Puericulture Movement）。这场运动由产科及儿科医生阿道夫·皮纳德（Adolphe Pinard）发起，主张为了改良人种而开展产前及产妇护理。

还警示读者，如果没有母亲"自愿且明智的指导"，那么孩子只会拥有"父母或祖辈随机遗传下来的、不知好坏的性状"。正因如此，胎教使人们有可能克服父母的遗传限制，并降低随机因素影响胎儿发育的可能性。书中还称，就像"古代斯巴达女性坚持健身，使体能和精力始终处于巅峰水平"一样，"母亲在产前为胎儿做的预备性训练"可能在今天这个时代实现"复兴"，用以增强后代的心理素质和道德感。

《胎教》一书打着"胚胎培养法"的旗号，为父母们提供了"一种自我训练方法和养生之道"。为了"增强肌肉力量"，孕妇应当"在妊娠期的合适阶段"多走路和从事"轻量级运动"。此外，孕妇还应多进行"算数练习"，以发展其未来后代的数学能力；只有这样，孕妇才能"增强胎儿大脑相应计算器官的分子沉积"。孕妇从事的活动应当有方向性，以抵消父母辈的遗传缺陷，"母亲在考虑用怎样的心理和生理行动培养胎儿时，应该注意自身、配偶甚至夫妻双方均缺乏的理想化特质、官能或遗传倾向"。

上述胎教方法论在生理健康和高尚道德之间建立了一种紧密联系，它强调正确的生活方式、良好的心理素质和道德约束能力是有机体进行自我提升的方法。母亲应当避免"一切消极的情绪，如愤怒、羡慕、嫉妒、憎恨、报复、贪婪或任何性质的错误渴望，因为一旦沉浸在这些情绪中，母体将可能向胎儿植入不易察觉的种质"。此外，母亲还应当有意避免"不好相处、不能带来益处的同伴"，因为这些人可能会"通过母亲给正在发育的胎儿带来精神和道德上的不良影响"。良好的行为能让父母"停止滋养那些从祖辈继承而来的、可导致身体疾病和道德败坏的种质"。反之，父母健康的饮食和生活作风，能帮助他们戒除"不纯粹的思想习惯和感受"。

尽管胎教论表面上秉承的是一种乐观主义的人生哲学，宣称"为所有人带来希望"，但是暗地里想要吸引的却是有钱、有闲且自由的读者群遵循其建议。对于那些能够自由选择与谁相处的人而言，遗传缺陷是能够被克服的；通过有意识地培植，遗传性状是可以被改变与改善的。《胎教》向读者承诺："尽管我们的疾病和缺陷可能源于好几辈前的祖先，但我们没必要觉得束手无策。因为个人和全人类的提升是有可能的。这个带来净化和重生的帮手，就在我们身边。"

育儿思想

"胎教"一词的产生，可能是受到了"育儿"（Child Culture）思想的启发。育儿思想最早在19世纪末20世纪初风靡一时。在那个时代，优生观念、幼儿园体系、母亲的科学育儿法及儿童福利社会改革运动可谓百花齐放。1909年，当时的美国联邦儿童事务管理局全国童工委员会发布了一份报告，称"育儿"一词来源于法语："其他国家已经觉醒，意识到有效监护儿童的重要性。它们收集了专业信息，并在专家的指导下使用这些信息。法国人称这是'育儿'领域的进展，暗示他们希望借助科学思想、专业力量、部门配合及国家保护，为孩子创造被充分监护的童年，以此实现提升人类种族生育质量的终极目标。"对于胎教论者而言，这些努力应当在孩子出生前就开始了。

"育儿"思想的出现，意味着人们开始用一种现代、科学、个体化的、以儿童为中心的方法，来解决如何正确抚养孩子这一社会问题。其支持者相信，教育应当扎根于心理科学、脑科学和进化科学的知识中。因此,"育儿"的教育理念主张成人重新认识儿童,将儿童视为有道德学习能力且值得与成人享受同等权利的个体。但要说19世纪末最具影响力的"育儿"思想传播,还得是当时英语国家如火如荼的幼儿园运动(Kindergarten Movement)。1880年,《巴纳德育儿经》这一大部头的出版使幼儿园运动家喻户晓。这本书建议采用与儿童发展阶段相适应的渐进式早教法,以培养小孩子的道德与心理素质。在19世纪末面向母亲群体的科学手册(如《在家育儿:给妈妈看的育儿书》)中,"育儿"这个术语指的是一种有科学依据的系统育儿方法,它专供女性使用,其内容与现代儿童早期教育理论相一致。

颅相学领域的大量心理自助书籍也采用了"育儿"的说法,用来指代婴儿大脑发育初期及其习惯、性格训练方面的实操建议。19世纪90年代,《颅相学期刊与健康科学》杂志开设"育儿"专栏,定期展示有教养的儿童案例,这个专栏一边描述他们的父母如何遵循颅相学建议,一边细致地解读这些孩子的样貌(配图是父母向杂志寄来的孩子照片)。这本杂志"育儿"板块的前言这样写道:"最好的母亲会研究每个孩子的个性特征,然后以自身训练有素的判断力,对目前所能收集到的信息作出行动。"20世纪初,女性主义者夏洛特·柏金斯·吉尔曼(Charlotte Perkins Gilman)就三口之家的育儿方法有过经典的谴责,并呼吁大家要学习育儿理论。她表示,尽管有关儿童日间看护、共享居住空间的专业建议已经不少,但在"提前做好育儿准备"方面,各个小家庭彼此孤立,低效和奴役随处可见,还经常出现全职妈妈育儿不力的现象。

牛顿·里德尔不仅是所谓的遗传学专家,他还在其1902年出版的《胎教》一书中自称是育儿心理学和教育心理学方面的权威。此外，他还在《幼儿园初级杂志》中发表过数篇文章，并借助著名教育心理学家 G. 斯坦利·霍尔的书面推介，来宣传其自己编撰的育儿小册子。在 1907 年科罗拉多州的一次肖陶扩教师集会上，里德尔与霍尔同台演讲，主题包括"儿童研究与教育的特别意义"以及"遗传、胎教及其他各种儿童阶段性训练的问题"，由此使这次集会成功登上地方报纸杂志的头版头条。

在 19 世纪末 20 世纪初，强调教育的力量和儿童早期发展阶段大脑可塑性的人，往往对遗传学领域的新发现持反对态度。在这些反对者看来，魏斯曼否定获得性状遗传论，就是否定刻意练习、自控和教育对一个人或其直系后代的改变能力。例如，1907 年，美国科普作家、园艺学家、新拉马克学说的支持者路德·伯班克（Luther Burbank）在其育儿主题文章《人体训练》中表示，健康的环境和温和的指引能修饰、改善遗传性状，且效果将随着代际的遗传而不断增强。伯班克还将这种行为比作培育植物的新变种，认为早期发展阶段的儿童仍然具有可塑性，在这个阶段开展儿童教育，将能最大限度地改善跨代遗传性状。尽管伯班克的关注对象是儿童，但他也表示，在"神秘的产前期"或许能使教育的效果"加倍"。[①]

大脑塑造

支持胎教的作家们将自身的理论包装成一种新式教育理念的延伸。里德尔这样解释道："如果说教育是大脑塑造和心理发展的因素

[①] 虽然伯班克的理论被其他胎教思想家广为引用，但他本人反而用文字热情地表达过对蒂茨胎教研究的支持。

之一，那么教育应当伴随大脑的形成期同时开始。"

对于胎教论者而言，最应在产前受到训练的对象就是大脑。优生学家T. W. 香农（T. W. Shannon）和W. J. 特鲁伊特（W. J. Truitt）写道："借助合适的手段，孕妇能在很大程度上将思维倾向和大脑构造遗传给孩子。"许多胎教作家称这是心理学的一个新分支，为人们提供了关于如何"塑造大脑"的理念。这门新兴心理学融合了进化论、胚胎发育学和脑生理学的知识，形成了一套刻意练习的方法。[①] 对于胎教论者和像霍尔这样的教育心理学家而言，大脑就像其他任何一个身体部位一样：各个组成部分都能通过反复练习而获得提升。里德尔在相关著述中写道："大脑塑造的方法与肌肉锻炼的方法如出一辙，即需要系统化的日常使用。"

同上一辈的颅相学家一样，胎教论者也认为某些技能、才才特质和性格要素都位于大脑的物理器官中。盖茨表示，"每次有意识的经验都会在大脑的某个部位建立一个明确的结构"。不过，胎教论者又将自身与狭隘的颅相学家区别开来。盖茨写道："颅相学对每个心理官能进行了错误的大脑定位。而母体印象论用神经细胞、灰质、白质、电生理反应和反映进化程度的发育阶段来描述大脑。"胎教论者引用新的证据，证明大脑对训练或损伤能够作出变化，出生前的胎儿大脑尤其具有可塑性。

---

① 正如"大脑塑造"一词所暗示的那样，"体育论"影响了胎教论者，使他们相信"体育"锻炼塑造身型，或是有针对性的训练可以刻意地提高某方面的身体素质。胎教论文献中可见大量的对体育相关内容的引用和赞同。《体育》杂志编辑伯纳尔·麦克菲登（Bernarr Macfadden）曾为蒂茨1906年的书作序，他在序中推荐广大男女在产前借助合理的机能训练培养更坚韧的性格。他写道："在玛丽·蒂茨女士的心中……体育就是她信奉的宗教。"

拜耳提出，母体印象通过影响大脑和"出生前胎儿的神经系统"起作用。神经细胞和大脑解剖结构（即"发育中胎儿的可塑大脑"）是母体印象的物质结构基础。拜耳推测，"母亲思想施加的任何印象，都会拖后或加速胎儿脑细胞的正常生长进程"。在证据方面，拜耳援引了癫痫的研究结果，证明大脑的变化会导致相应的病理症状："临床发现，癫痫患者大脑灰质中存在大量小纤维团。"他表示，关于"神经细胞被压缩或膨大"的科学研究有望延伸至相似领域，以此探明母体印象如何使"神经细胞在发育过程中变化、损毁或被劫持"。

1896年，盖茨在著述中提出，母亲的精神状态会使血液产生"毒素"，由此影响胎儿的大脑发育。这个观点与今天的母体激素论有点儿类似，即母亲精神紧张会改变体内激素水平，从而使发育中的胎儿容易患上某些精神疾病。盖茨表示，"暴躁易怒、心肠恶毒和心情抑郁的孕妇，体内会产生有害的化学物质，有些甚至毒性极大"，而"友善、快乐的情绪能产生有营养的化学物质，进而刺激胎儿神经细胞生长"。

梅兰迪也将胎教描述成一种大脑训练形式。她引用威廉·詹姆斯（William James）等当代心理学家在心理训练和脑生理学方面的研究，认为思想、习惯、印象和意识都镶嵌于细胞和大脑结构中，甚至能通过显微镜观察到。梅兰迪说，"前不久就有关于人脑运作机制的研究发现"，"脑神经细胞"存在专业化分工，且"一个人的不同官能有多强"，其对应的"脑区就有多大"。

胎教论者认为，大脑在胚胎和胎儿发育期尤其具有可塑性。此外，他们还对此前的母体印象论作了进一步延伸，强调妊娠期妇女能够主动而非被动地控制、调节性状遗传。里德尔写道："母体印象在产前对胎儿的影响比产后更强。当胎儿的脑区正在形成时，母亲通过刻苦锻炼自己的心理素质，可以达到大幅改变遗传倾向、改善后代心理素质的目的。"拜耳也在《母体印象》一书中表示："妊娠期妇女有能力按照自己的愿望生成胎儿的大脑与身体。限制她的只有她自己的心理素质，以及大自然既定存在的某些限制。"通过孕妇自身的努力，当她"掌握母体印象方面的知识"后，甚至还能对父亲那方的遗传性状进行"改变或修饰"。

女权主义与胎教领域的"创造科学"

"每个孕妇都应当被视为一座实验室，腹中的小生命就是实验室正在培植的东西。"临床医生安妮特·斯洛克姆（Annette Slocum）在其1902年的胎教建议手册《致妻子和母亲：年轻母亲的生产科学知识》中这样说。近代作家曾将子宫比喻成一座手工作坊，如今子宫又成了"一座实验室"，"数百万的未来公民正在其中形成，等待降临在这个世界"。在怀孕期间，孕妇不仅要修建包括运河、蓄水池、水泵、汽缸、飞行器、柱子、拱顶、地窖、蒸馏瓶、熔炉和各种先进设备在内的化学与机械实验室，还要搭建望远镜、电报机和电话通信系统。

对胎教论者而言，母亲集科学家、建筑师和艺术家的身份于一身，胎儿就是她创作的作品。梅兰迪的书中就有一个章节名为"艺术家母亲（胎教）"。克莱默对此也有类似观点，认为"为了把新生命塑造成人类种族的完美典范"，孕妇"必须是一个艺术家"。"发育中的胎儿像一张白纸，孕妇在这张纸上画些什么，孩子以后的人生就会朝哪个方向发展。最重要的是，藏在孕妇心底和灵魂中的想法与渴望会镌刻在胎儿身上，使孩子成为母亲想要其成为的人。"

胎教论者坚定地认为，女性在对下一代的塑造上扮演着至高无上的、富有创造性的主动角色。面对当时正在兴起的进步运动，胎教论者投身其中，敦促社会和政治领域给予女性更多的平等权利。他们尤其喜欢将母性的力量与后代性状的塑造联系起来，借此呼吁女性获得更大程度的性自由、家庭自由、受教育权，以及要求社会对女性的智力水平和思想的独立自主性给予更多尊重。

1882年，科尔比就母亲在遗传中的角色发表专题论文，公开展示出母体印象论对女性主动角色的认同，这其中甚至带有原始女权主义（Proto-femimist）的色彩。科尔比写道："大多数人从古至今一直认为母亲处于从属地位，其角色相对来说不是那么重要。'人们经常想当然地认为，父亲提供种质，而母亲只提供营养'。"科尔比控诉道，即使当母亲的角色受到承认后，人们关注的重点仍一直放在母亲对胎儿的危害上，而忽视了母亲对胎儿的提升作用。科尔比在论文中表示，"人们看到的总是爱生气的孕妇会对孩子的脾气和秉性造成负面影响，却忽略了她们也能赋予孩子宁静、甜美的性格"。科尔比预测，随着社会越来越深刻地意识到女性在性状遗传方面的"伟大母性力量"，"母亲的心胸会变得更宽广，思想会变得更宏大"，由此"她和她的兄弟将再无尊卑之分"。科尔比认为女性通过"自控"和"意志训练"，能防止不好的性状继续遗传下去。科尔比敦促女性要"主动"训练自己的抽象思维能力，在妊娠期每天坚持做几何题、听编曲复杂的音乐作品，不要总是做"无聊的家务琐事"，如"做果酱"和"缝衣服"。

这当中潜在的逻辑并非什么新鲜事物。长期以来，原始女权主义中的唯物主义分支就一直赞同女性的母亲角色具有重要的社会意义，并以此为女性争取政治和学术自由。[①] 历史上，虽然女权主义者内部就该策略有过激烈争论，但将母性作为女性自由和平等的依据，常常被证明是一种行之有效的做法，它也在历史上推动了女性事业的发展，如为美国女性争取投票权等。

19世纪中期，颅相学家、早期女权主义者海斯特·潘德莱顿（Hester Pendleton）在《父母指南：用胎教和遗传倾向推动人类发展》一书中提到，儿童同时从父亲和母亲那里继承特质。因此，当"白发苍苍的老父亲"发现自己孩子的恶习与愚钝时，注定会懊悔为什么"年轻时没有培养好妻子的心理和道德官能"。最常出现的情况是，父亲们声称"教育对女人无益，我宁愿自己的女儿知道如何做出好吃的布丁或牛排，也不愿让她们学习如何解决问题或写文章"。这种观点极为短视，因为女性比男性更能在教育和学术上有所建树，以"专心地实现自我提升"。潘德莱顿坚信，女性比男性更能给后代带来高质量的思想，因而为国家输送更多"天才"。

随着19世纪的发展，一种更加进步的唯物主义开始与母体印象论结合。1869年，临床医生约翰·科旺（John Cowan）在其有关母体印象的《孕育新生命的科学》一书中，也举起了潘德莱顿观念的大旗。科旺认为胎教具有强大的力量，女性应拥有与男性平等的思想

---

① 学者拉德-泰勒（Ladd-Taylor）对母性女权主义（Maternalist Feminism）有过研究。他认为19世纪的母性女权运动和20世纪初有所不同，前者是"煽情的"，而后者是"进步的"。他用"母性主义者"（Maternalism）一词特指某个特殊的意识形态。母性主义者支持的主要观点包括：女性拥有基于关怀与养育而建立的独特价值体系；母亲通过培养社会公民工作者为国家作贡献；不同阶层、种族和国籍的女性，因为共同存在的母性而团结起来，并因此共担抚育全世界孩子的责任；理想情况下，男性应当是家里的收入来源，这样才能支持"依赖他们的"妻子和孩子。

和行动自由，以及人权和财产权，这对于人类的进步至关重要。他写道："但凡对此有过认真研究的人都知道，孕妇对后代命运的影响是巨大且几乎无边无际的。我们必须正确理解这些至关重要的事实，给每位女性投票权、人权和财产权。行使这些权利会给女性带来影响，当她以后想做母亲时，这些影响又将伴随孩子的一生。"

不过，要是父母本想通过胎教培养未来的诗人、木匠或商人，却不小心生出个女孩该怎么办呢？科旺建议，广大家长无须担心让女宝宝"在男性主导的领域拥有天赋"。毕竟，这个女孩子或许生来就注定要做这份工作。男人能做的事，女人当然也都能做好。科旺说："她将会因为自己的天赋和后天努力受人景仰。"

这个版本的女性主义在 19 世纪末 20 世纪初达到了顶峰。它不再要求孕妇最大限度地保持健康、多才多艺，而是鼓励父母培养出能够自给自足的女儿。在谈及如何在妊娠期的各个阶段最大化地发挥母体印象的力量时，里德尔本人给出的建议大部分都在强调女性要施展自己的思想和才华。为了"使她自身的特殊才能传承下去"，女性"必须在妊娠期运用这些才能"。因此，里德尔倡导女性的"绝对自由""天性释放"和"独立自主"，他称这些是女性培育优质后代的关键方式："如果母亲自己就是一个奴隶，她的意志被迫服从于丈夫的意志，那么她的孩子无疑也将是一个奴隶，无法自给自足，没有自由意识，缺少一个有教养的人应该获得的尊重和尊严。"由此，孕妇"应当积极主动地培养自身性格的韧性。她要相信，'我是充满生机的，我是自由的''我无惧任何人或事'，以及'我会克服一切阻碍'。"德雷克同样敦促孕妇要"贯彻个人主义的作风，学会独立思考、独立行动，做到自给、自足、自律"。为了最好地发挥胎教效果，梅兰迪也建议孕妇"最重要的就是多读书、多学习。谨记，母亲在音乐、艺术或任何研究领域的优秀教养,都必须在妊娠期内加以训练,才能对后代造成影响"。

当然,上述以母性为中心的意识形态也存在争议和冲突。尽管梅兰迪呼吁更多女性"主动为争取全国女性的权利而奋斗,为伟大的政治、慈善或道德事业而战",但她也同时警告广大女性,不要背弃自己主要的家庭责任。只有通过履行家庭责任,"让家庭生活蒸蒸日上,让人一进家门就感到平和、宁静",女性才能"帮助净化社会,保障社会赋予女性的权利"。尽管胎教论者喜欢煽动母性的至高影响力,但并非所有胎教论者都积极拥护当时日益高涨的女性投票权、高等教育权和外出就业权运动。拜耳写道:"知识女性是不可或缺的。但知识指的并不是今天的高等教育,而是知道自己在怀孕时肩负着怎样的义务、具有怎样的能力。"克莱默也劝诫道:"女性只需通过自己的亲生儿子统治世界,无须自身成为职业女性,无须赢得社会、政治或国家事务方面的荣誉。"

尽管如此,许多世纪之交的改革家都借助母体印象论来敦促社会支持女性事业。鉴于女性对未来公民的孕育能力和影响力,这些活动家们认为,女性必须脱贫、避免重体力劳动、享受现代医疗保健乃至避孕措施。英国计划生育倡导者玛丽·斯德普斯(Marie Stopes)自称召唤了一个孩子的魂魄。由于孩子的母亲没有做好心理准备,惊恐之余想要堕胎,于是这个孩子就被流产了。在斯德普斯看来,这是一个本可通过避孕措施避免的结果。① 女权主义者、基督教

---

① 斯德普斯写道:"如果强迫不想要孩子的孕妇生下孩子,那么可想而知,这位妈妈产前的身体和心理状态都会遗传给孩子。此外,整个家庭的氛围也会进一步影响婴儿的发育乃至孩子上学以后的表现。因此,妈妈产前拥有良好的身体和心理状态,以及整个家庭拥有良好的氛围,都是人类种族繁衍生息的必要条件。试想,不情不愿、被强迫或唯利是图的妈妈,会生出怎样的孩子呢?"

妇女禁酒联盟（WCTU）的创始人兼主席弗朗西斯·维拉德（Frances Willard）是一名主张女性节制的女权主义者，同时作为美国禁酒党（National Prohibition Party）的党首为女性争取投票权奔走呼号，并高调地与另一个女性伴侣组成家庭。在为女性争取离婚自由时，维拉德摆出的依据就是孕妇的行为和所处的环境对后代有着重要的遗传影响。支持胎教论的女权主义者希望社会不再"谈性色变"。她们指出，如果孕妇受到心理压力，就会给腹中的孩子带来严重后果。于是，她们支持已婚女性勇敢拒绝丈夫的性要求，宣扬以爱情为基础的婚姻自由，反对包办婚姻，并致力于保障女性在自认为合适的时间和空间怀孕。她们甚至还用胎教理念来争取女性的求婚自由——里德尔就曾因公开提出该建议而上了全国报纸的头条（其中一篇报道名为《来个丈夫！》）。

人类认知的局限

胎教论者宣扬女性通过自律行为提升人类种族质量的观点，激起了许多建制派科学优生学家的强烈反对。1915年，《遗传学期刊》的编辑们专门对打着"胎教"招牌复兴的母体印象论进行了抨击。这些编辑们写道，如果说胎教是"实现种族优生的捷径"，那么将"使女性有理由和本身品性很差的男人结婚，最后通过胎教力挽狂澜，使孩子免于遗传父亲那些糟糕的性状，从而不至于遭受命运的毒打"。女性应当明白，种族优生的目标只能通过她们与男性强强联手来实现，这样才能确保后代有好的遗传基因。否则，人类这个种族的未来危在旦夕。编辑们表示："我们长期以来一直忧心的是女孩出嫁后无法改造自己的丈夫。但试想，一个优秀的女孩，

第 2 章　胎教论

如果脑袋里装着函授学校教的胎教知识,这将意味着什么?——这里点名的不是其他学校,正是蒂茨和里德尔的学校——这意味着要让女孩嫁给一个男人,然后改造他的孩子!"最后,编辑们总结道:"我们在此宣布,没有人像优生学家这样心系人类进步。因此,为了每位优生学家着想,我们应当将母体印象论这种迷信思想彻底摒弃。"

加利福尼亚州的优生学家保罗·波普诺(Paul Popenoe)在其1918年出版的教科书《应用优生学》中,也对胎教论有过类似的谴责。他表示:"想要通过'胎教'影响孩子生理或心理遗传天性的尝试注定会让人失望,因为孩子成长的潜能来源于互相结合的两个生殖细胞。这种发育过程不会因为母亲的任何行为或态度而发生变化。母亲在此过程中唯一需要注意的,就是保持良好的个人卫生。"

围绕魏斯曼开辟的新遗传学是否证明了母体印象论纯属迷信这个问题展开的争论,是与胎教论相关的争议中最为剑拔弩张的,其激烈程度甚至超过了其他同样存在争议的主题,如胎儿大脑发育、女性在遗传与生殖过程中的主观能动性等。从这个角度来看,19世纪末20世纪初有关胎教论的各种文章,想必也被认为是对魏斯曼追随者反形而上学遗传主义的井喷式抵制。在这种反形而上学遗传主义中,魏斯曼的追随者否认造物主的神奇和人类在遗传上的主观能动性。对于胎教论者而言,学术界如此强烈地反对母体印象论,恰好反映了那些追随魏斯曼的科学家冷血无情、奉行精英主义、否认常识和缺少亲身经验。胎教论者坚信,真正的科学家会检验母体印象论的可信度,而非一味地流于表面,断定胎教论是不可能的理论,或将胎教论定性成女性无法解释的信念。

"当今时代的科学家们一直忙于研究他们那套遗传现象解释理论，什么'遗子''遗子因''芽球''生理单位''生原体''种质'之类的。这些都是徒劳。"里德尔写道。在他看来，将母体印象论贬为"巫术和迷信"的科学家，"满脑子想着无意义的学术废话，身上充斥着经验主义和后天养成的书呆子气"。哪怕是一个普通的"知识男性或女性"，也能"与教授抗辩，告诉他一些从书本和理论研究中学不到的知识"。真正放弃追寻真理的，不是胎教论者，而是这些理论科学家。"在成千上万个真实案例面前，倘若这种强调物质基础的遗传理论还是不承认母体印象的存在，那么一个诚实的人只能接受现实，'改变自己的信条'。"1913年，里德尔在爱荷华州锡达拉皮兹市的一次演讲中，将支持魏斯曼遗传学说、否认母体印象存在的人比作井底之蛙："这只蛙又对世界了解多少呢？它以为世界是垂直的，形状似管道，水在底部，天在上方，边缘长满苔藓。它和另一只蛙的世界观大不相同，另一只蛙在六月早晨的清甜土豆田里跳来跳去。"

对于那些否认母体印象存在的科学家与医生，拜耳的污蔑之词甚至更加刺耳。他控诉道，职业科学家是"有偏见的，充满了先入为主的想法。他们透过解剖光学镜，仅从一个角度——物质世界的角度——来研究人体"。同里德尔和其他胎教论者一样，拜耳指责科学家们排斥母体印象的原因纯粹是因循守旧，没有对"时间流逝在大脑上留下的沟壑起伏"进行实证研究。拜耳斥责道，"遗传是一块过度雕琢的玉"，被用于"掩盖无知"。拒绝母体印象论的科学家则是"一群鹦鹉学舌的哲学家"，得了"喜欢和已死的学术理论通灵"的病。

1897年，拜耳就母体印象发表文章，将自己与"紧抓旧理论不松手"的科学家区别开来，展现出一种兼具民粹主义*和清教主义**的经验主义形象。他在开篇写道，"这份研究报告不会因为任何人所处的地位，就接受他的教条或定论"，报告中呈现的母体印象案例仅由"常识、逻辑和日常观察"得出。拜耳驳斥魏斯曼的科学哲学理念，认为两性结合的生理机制的确有尊卑之分，这从人们观察到的点滴事实即可看出。他呼吁一门新科学的出现，这门科学应当纯粹地用门外汉的经验研究母体效应："我敦促大家放下所有先入为主的思想，转而检视事实，独立思考，对收集来的事实加以解读，最后得出自己的结论。"他还说，尽管有人会以"抽象推理""教条定论"和"学院派的废话"来否认母体印象的存在，但"据我观察，这世上没有哪位母亲不知道这是事实"。

事实上，胎教论者维护的不仅是普通人通过自身的科学推演能力获取知识的权利，还有女性本身获得这类知识的权利。伊姆斯公开谴责那些否定妊娠期妇女知识的人，称这些人不知道这些知识"经受了实践的检验"，并见证了结果的发生。伊姆斯说："她们宣告自己的努力没有白费，这些都被他人看在眼里。公平起见，我们能做的就是承认母体印象确实存在且行之有效。按照戴维·斯达尔·乔丹（David Starr Jordan）博士的说法，'科学就是经过检验，然后按顺序排列的人类经验'。如果这句话是真的，那么当一位母亲能够梳理、分析自身经验时，她就可以称得上是一位真正的科学家了。她研究的不是科学理论，而是科学事实，后者才是科学真正要研究

---

* 民粹主义（Populism），又称平民主义，强调人民大众的价值和理想，反对精英统治。——译者注
** 清教主义（Puritanism），即清教徒遵循的极端拘谨的道德观，尤其强调禁欲和自律。——译者注

的对象。她在母体效应方面的知识绝不亚于男性,就算是男性科学家也不例外,因为男性并不能真正地了解这些知识。男性只能站着干等,女性却能有亲身经验。"[1]

在 19 世纪末 20 世纪初的医学界,母体印象论也挑起了业界就科学知识本质的争论。一位临床医生在《美国医学会期刊》上发表文章写道:"无论母体印象是否影响胚胎发育,这都不是我们医生能够回答的问题。尽管我们尚不能解释母体印象是如何发生的,但毋庸置疑的是,母体印象肯定是存在的。"为母体印象论辩护的医生们希望业界对科学尚未探明的知识持开放态度,呼吁大家尊重每份朴素的真实案例报告,并从中欣赏母体和婴儿之间那无法言喻的复杂关联性。

1903 年,一名医生发表文章,公开反对"将母体印象论贬为医学领域无人问津的杂物室",他称这样的人纯粹是"异想天开"。"在整个胚胎发育期,母亲和胎儿之间都有一种不易察觉且可能互相影响的关系",他说,我们必须承认,孕妇的"身体构造很复杂",因此可能并不按科学已知的正常法则运转。"她本身就是一个问题,而且是一个不能用简单的数学法则来解答的问题。"

---

[1] 相较之下,女性质问科研诚信和母婴关系论中的厌女观点有着更悠久的历史。1797 年,玛莎·米尔斯(Martha Mears)在《自然的门徒:助产士给女性的诚恳建议》中,质问科学界是否准备好否认女性在母婴关系中的体验:"'现代人'(即男性科研从业者)否认母亲与胎儿之间存在神秘的共识,因为这种共识不能用机械论原则加以解释。那他们是否也会以同样的理由,否认身心之间存在的相互影响呢?医生或解剖学家因为解剖工具或显微镜还无法让我们看清淋巴和腺体,于是就此否定它们的神奇功能。同理,他们是否也会因此否认胎盘这一母婴之间的交流介质具有吸收力和过滤性呢?"

还有一位产科医生于1903年在《柳叶刀》杂志上发表文章，也对那些"鄙视"和"否认母体印象存在"的人予以谴责。他自称"和其他人一样，面对如此众多的真实案例，不得不相信母体印象的确存在，而有时母体印象的确是导致畸胎的原因"。在他看来，科学可能给不了最终答案。他得出结论：即使"从病理学上无法解释"，但母体印象必须被认为是真实存在的。他还搬出莎士比亚的警世名言："天地之间有许多事情，是你的睿智无法想象的。"

堪萨斯的一名医生埃德温·泰勒·谢利（Edwin Taylor Shelly）对上述文章进行了回应，慷慨激昂地抨击了母体印象论。他表示，"打开现在广为流传的产科学教科书，看到20世纪颇负盛名的产科权威仍在维护、支持这种理论，不得不说是一件令人失望的事"。谢利批评母体印象论是医学领域遗留"封建迷信之风"的证据。对此，他将原因归结为"经验主义的阴魂不散"。他认为医生们在"非理性经验主义的奴役下"，靠有限的治病经验妄自得出结论，这样很容易被母体印象论之类的歪门邪道洗脑。谢利号召医生同事们"大声地喊出自己的诉求，让医学界停止被这种理论迷惑，让我们的产科学教科书不再荒谬下去"。在文章结尾处，谢利强烈谴责母体印象论给孕妇施加的沉重责任。他说："还嫌每个普通的准妈妈要承受的负担、焦虑和病痛不够多吗？她们不需要母体印象论向她们灌输错误的观念，让她们误以为自己必须承担起可怕的、压迫性的责任。"

在接下来的第3章中，我们将看到，像谢利这样的批评观点最终还是占了上风。到了1920年，胎教论退出了历史舞台，沦为一种无人问津、仅供参考的保健建议。同时，给广大父母的产前指南也发生了剧烈的转变。之前，这些指南关注的是孕妇对胎儿的种种影响，而现在的关注重点则转移到备孕期精子和卵子的健康上来，由此形成了文化和科学观念上的明显转折，人们对产前男女的生育风险与责任就此改观。

第3章
种质卫生

"为了在孩子出生前决定孩子的性格,父母能做些什么呢?据我们所知,除了让种质细胞保持健康外,父母什么也做不了。胚胎一旦形成,就会静悄悄地吸收营养生长。"斯坦福大学遗传学家、直率的优生学家戴维·斯达尔·乔丹(David Starr Jordan)曾在1914年的《遗传学期刊》中这样写道。根据这种观点,种质包含遗传的一切,胎盘几乎能使胎儿免受最严重的暴力攻击。乔丹的支持者还为他的观点增添了更加狂热和严格的色彩,但这些都是后话。

本章将带领大家回到一个非常不同于今天的世界。在那个世界里,人们认为男性和女性一样,也需要承担产前的生育风险。将畸胎和祸害的责任全推到女性身上的旧理论已一去不复返,取而代之的是新的、与众不同的生命政治学(Biopolitics)。它事关性别与生殖话题,用一位临床医生兼优生学家的话来说就是——它关注的是"作为种质细胞托管人的现代个体观",即人体如何通过正确的护理以最大化地发挥种质的潜能。

此前,胎教论者认为孕妇能主动改变后代的遗传性状,并使该性状世代相传下去。然而,具有科学和医学背景的优生学家们否认了这一观点。在他们看来,父母双方的确有主观能动性,但这种主观能动性主要体现在使自身的种质细胞保持健康,尤其是在种质细胞结合前避免受到有害毒素的侵扰。20世纪初，优生学家们主动站了出来，从优生学角度为广大父母提出产前建议，强调种质应避免接触酒精、肺结核或梅毒之类的"种族毒素"。威斯康星大学优生学家麦克尔·盖耶（Michael Guyer）写了一本名为《生出好孩子》的畅销书。在"产前影响"这一章节中，盖耶的建议是："别污染了好的种质。"

本章探讨的正是这类科学优生学家的观点，其代表人物除盖耶外，还有奥古斯特·福雷尔（Auguste Forel）和卡勒布·萨利比（Caleb Saleeby）。他们继承了魏斯曼的观点，并尤其关注遗传过程中的早期环境风险暴露。科学优生学家主张环境因素会影响遗传和发育，而在备孕期和胚胎形成的极早期阶段，生殖细胞及其种质所接触的环境是决定下一代健康的关键因素，且以父亲这方的作用尤为重要。相较之下，胎儿在母体子宫内发育的时期则没有什么决定意义。

反迷信：20世纪初的子宫环境影响研究

1906年，临床医生阿奇·迪克森（Arch Dixon）在《外科及妇产科期刊》上发表题为《所谓"母体印象"的真相》的文章。在这篇文章中，迪克森驳斥了母体印象论，称之为"黑暗时代的残余及封建迷信的产物"。他表示，自打受精卵形成的那一刻起，胚胎就有了自己的意志，按照自身的主观能动性进行发育，完全不受母体的影响。他认为，胎盘在母体和胎儿之间筑起了一道坚实的屏障："胎儿的血液与母体的血液并不混合，因为当我们剪断脐带后，母体自身的血液不会有任何流失，胎儿的血液也不能流进母体的血管系统，反之亦然。"1907 年，谢利在《美国医学会期刊》中写道："其实，从生理学意义上说，母亲与腹中胎儿的关系，与母鸡和正在被耐心孵化的小鸡没有什么本质上的不同。"

相应地，面向孕妇群体的科学建议也有了风向上的改变。1912 年，霍普金斯大学产科学教授莫里斯·斯莱蒙斯（Morris Slemons）在《给准妈妈的妊娠期手册》中，称母体印象论纯属"迷信"。他写道，"科研结果已经证实，胚胎发育异常往往在怀孕的头几天内发生。此时，孕妇的某些生理过程会发生异常，而正是这些生理过程决定着一团细胞如何有了人体的雏形"。无论如何，早在母体经历能够影响儿童发育的某些方面之前，胚胎的未来就已经被决定了。①

1913 年，当时刚成立不久的美国儿童事务管理局发布了首份《产前保健手册》，它堪称产前临床医学（20 世纪 30 年代才真正开始普及）发展史上的标志性事件。这份薄薄的小册子是写给新手母亲看的，它上面记录着："如今，医生及其他科学工作者已达成共识，母体印象论没有任何事实依据。"手册还援引了科学证据，证明"母亲与子宫里的胎儿没有关联性"，以及"母体的血液不会进入胎儿体内"。最后，它总结道："大自然之所以要在母体和胎儿之间竖起一道屏障，就是为了保护胎儿免受各类损伤。"无独有偶，1916 年，纽约社会工作者、优生学家玛丽·里德（Mary Read）在《做

---

① 斯莱蒙斯提到，他自己的许多病人都表达了对母体印象的强烈担忧。但他认为，遗传学能为病人提供"进一步的证据"，让病人知道母体印象论是不真实的。斯莱蒙斯写道："任何人，不管他有没有专业医学知识，都倾向于把胎儿的异常发育归咎于母亲怀孕时曾听到、想到、梦到或经历过的东西，这不得不说是一个让人感到惊奇的现象。只可惜，许多人竟然真的这么想。"

母亲的艺术手册》中向读者宣称:"随着两个种质细胞的融合,后代天生的个性特征就已被决定了,此时'天赋的大门就已经关上了'。"1922年,纽约市公共卫生管理局健康事业处处长S.达娜·哈巴德(S. Dana Hubbard)也出了一本建议手册,她表示:"我们要远离没有意义的恐惧。世上根本不存在所谓的'母体记忆'。母体印象论鼓吹孕妇对胎儿的有害影响,但只有无知的人才会相信这套理论,而且这套理论也无法从科学上加以证实。"

在审视上述观点的过程中,我们有必要承认,20世纪40年代以前,有关哺乳动物母体印象的生理学实验的确少之又少。19世纪末,描述胚胎学(Descriptive Embryolog)已经在德国发展起来了,它能够对哺乳动物的胚胎解剖学结构及生理学机制进行生动而准确的刻画。根据描述胚胎学的研究,胎盘是一个器官,它几乎能够为子宫里的胎儿缓冲来自母体环境的一切风险因素。迪克森、斯莱蒙斯等科班出身的产科医生们,将描述胚胎学的研究结果作为反对母体印象论的确凿证据。直到20世纪30年代,科学家才开始发现激素在调控生理机制方面的作用和胎盘在哺乳动物生长发育过程中的角色,由此揭示出母体与胎儿之间存在更加复杂的相互影响,且这种影响比许多母体印象论的反对者想的大得多。此外,如果想用实验证明产前影响的合理性,科学家就必须操控哺乳动物的生殖生理机制,其中卵子移植这项精细而复杂的技术最为关键。但在20世纪初,当时的科学家还远远无法达到这个水平。正如我们将在下一章中看到的那样,直到20世纪四五十年代,卵子移植技术才有了突破性进展。

实验技术只是其中一个问题。20世纪中期以前,美国公共卫生领域的关注重点一直压倒性地放在胎儿出生时及紧接着的产后阶段。这在当时产妇和新生儿死亡率居高不下的美国,显然具有十分重要的公共卫生意义。据产科医生、医学史专家厄文·劳顿（Irving Loudon）记载，1900 年至 1930 年间，美国产妇与新生儿死亡率实际上不降反升。每 10 万名新生儿出生，就有近 800 名产妇去世，有近 1/10 的新生儿在 1 岁前死亡。

尽管"产前保健"这一概念最早可追溯至 20 世纪初，但随着越来越多的产妇选择在医院生产，提供产前保健服务的诊所直到 20 世纪 30 年代才广泛出现。可即便在这个时候，市面上也几乎没有任何经过实验证明的、有效的产前干预或检测手段，就连妊娠期指标化验都没有。当时产前保健的重点是对孕妇进行医学监测。此外，研究人体产前影响所需的大量资源和大规模流行病学调查方法，还要过几十年才会出现。

总之，在那个年代，人们坚信"胎盘"这道母婴屏障是坚不可摧的。同时受研究各人群产前影响的实验技术限制，与当时的美国社会不得不优先关注产妇及新生儿健康的情况，这在一定程度上共同解释了为什么当时的科学家如此不关心母体环境对胎儿的影响。同时，遗传学家与科学优生学家对魏斯曼种质学说的广泛认可，也使当时的研究热点聚焦到精子和卵子的健康上来。

科学优生学与产前影响

随着优生学被越来越多地用于研究父母向后代的性状遗传过程，20 世纪初的科学家和医生们凭借自身日益增加的社会与知识权威地位，重塑着公众对母体印象论的认知。历史学家汉密尔顿·克雷文斯（Hamilton Cravens）曾对 20 世纪初遗传主义思想的井喷式发展有过评价，称科学优生学这门新的生物学旨在用现代实验手段充分解读关于遗传过程的实质。这样，错的不仅是母体印象论，还有其他异端邪说与反科学论调——这些都被定性成迷信思想。

当时的科学优生学家坚信，人类生殖细胞的种质是决定所有遗传性状的关键。包括普林斯顿大学生物学家埃德温·康克林（Edwin Conklin）在内的科学优生学家建议，女性要向母体印象论者喜欢的"黄脸婆"故事说不。1915年，康克林出版了《人体发育过程中的遗传与环境》一书。这本书是20世纪初优生学领域的一本重磅书籍，至少再版了5次，它既是高校采用的教科书，也是面向大众的科普读物。康克林在书中写道："已有细致的研究结果表明，所谓生理、心理或情绪方面的'母体印象'都不存在。"他还说，"自受精卵形成的那一刻起，这个有机体就在种质的决定下成为一个与众不同的个体，有着鲜明的个性特征"，"遗传仅通过卵细胞和精子细胞发生，而不受母体环境的任何影响"。

这场优生学运动的幕后推手，是白人群体对未来文明的愿景，它强调种族净化、进步与阶级制度。康克林写道，"我们必须培育出更好的人种，让这个种族具备更强的遗传能力"，这便是典型而直白的种族主义言论。可就算是当时不那么激进的优生学家，也丝毫不隐藏改造人类基因的野心。

正如第2章提到的，优生学运动内部有着多样化的观点，就连支持魏斯曼的优生学家群体也不例外。《遗传学期刊》的编辑保罗·波普诺（Paul Popenoe）是美国加利福尼亚州人种改良基金会（Human Betterment Foundation）的创始人之一，也是导致20世纪中期约60万加利福尼亚州精神病人被"净化"的主要政策倡导者。波普诺认为，父母双方注重产前保健，这与优生学宣扬的人种基因库改善目标背道而驰。1918年，他在《应用优生学》中写道："毫无疑问，个人卫生、产前保健以及用科学指导母婴健康真的都很好。但研究也显示，这些措施会导致劣质的孩子存活下来，而这样的孩子会直接或通过自己的后代拖累整个种族。"无独有偶，强硬派的乔丹也认为，孕妇饮酒可能是一种优生学意义上的救赎：酒精可以毒死不好的种质，从而使下一代少一些酗酒成瘾者。

但还是有一些优生学家认为，产前影响是优生学需要考虑的重要干预措施之一。为了还原当时科学优生学在产前影响方面的观点全貌，我分析了 30 本厚厚的优生学书籍，它们均由历史上顶尖的优生学家写作而成。1869 年加尔顿的《遗传天才》完全没有提到产前影响的任何内容。1911 年查尔斯·达文波特（Charles Davenport）的《优生学遗传问题》只提到了一次相关内容。不过，共有 1/5 的文献的确提到了产前影响。它们不约而同地传递出一条无比清晰的信息：产前影响是人种改良的潜在干预点之一。在 20 世纪的前几十年内，处于大众科普鼎盛期的英国与北美科学优生学，在提到产前影响时几乎一边倒地认为，父母双方均有责任保护自身种质健康，而不应过分关注孕妇对胎儿的影响。

本着研究的精神，我和研究助理共同查阅了上述 6 本书共约 6 万行文字，分析了其中论述产前影响的详细内容（见表 3-1）。分析结果按以下三个维度归类呈现：①文献以多少篇幅讨论产前影响；②相关段落关注的是子宫健康还是配子健康；③是否就父方、母方或双方行为给出建议。结果显示，首先，在产前影响方面，比起子宫内的环境风险因素，科学优生学家更关注配子面临的风险。在所有被分析的文献中，约 70% 有关产前影响的内容重点讨论的是配子，而只有约 24% 的内容讨论的是子宫内环境风险暴露的产前影响（还有约 6% 未明确提及任何内容）。不同文献对于有关内容的提及程度也不一样：在卡斯托（Castle）的书中，约93%有关产前影响的段落内容专门讨论的是配子面临的潜在风险，而莫特（Mott）的《心理发展的本质与培养方法》提及配子风险的内容最少，仅占约55%。不过，这些作者的共同点是，他们都更多地关注配子健康，而非子宫内环境健康。

表 3-1　关于产前影响的科学优生学文献分析 *

关于产前影响的科学优生学文献	提及产前影响的整体内容篇幅 文字行数（占全行数比例）	产前影响：子宫与配子 子宫内环境	配子	产前影响：父母性别 母方	父方	双方
Castle, W. E. *Genetics and Eugenics*. Cambridge, MA: Harvard University Press, 1916.	224.5（2.0%）	6.7%	93.3%	9.6%	5.1%	85.3%
Conklin, E. G. *Heredity and Environment in the Development of Man*. Princeton: Princeton University Press, 1915.	517（4.2%）	34.5%	65.5%	17.8%	1.7%	80.5%
Forel, A. *The Hygiene of Nerves and Mind in Health and Disease*. Trans. Aikins. New York: Putnam's Sons, 1907.	536.5（5.3%）	15.5%	84.5%	5.3%	0.8%	93.9%
Guyer, M. F. *Being Well-Born: An Introduction to Eugenics*. Indianapolis: The Bobbs-Merrill Company, 1916.	615.5（5.6%）	27.0%	73.0%	19.4%	5.0%	75.7%

---

* 为便于读者查找，相关文献保留英文原文。——译者注

续表

关于产前影响的科学优生学文献	提及产前影响的整体内容篇幅 文字行数（占全行数比例）	产前影响：子宫与配子 子宫内环境	配子	产前影响：父母性别 母方	父方	双方
Mott, F. W. *Nature and Nurture in Mental Development*. London: J. Murray, 1914.	405.5（8.7%）	45.2%	54.8%	46.8%	17.7%	35.5%
Saleeby, C. W. *Parenthood and Race Culture: An Outline of Eugenics*. New York: Moffat, Yard, 1909.	844.5（7.3）	20.1%	79.9%	24.2%	11.6%	64.2%

其次，关于产前影响的科学优生学书籍，其提出的建议并不只是针对母方，而是同时面向父母双方。在康克林的教科书《遗传与环境》中，约81%有关产前影响的内容同时适用于父母双方，约2%仅针对父方，还有约18%仅针对母方。在卡勒布·萨利比的《为人父母与人种培养》中，约64%有关产前影响的内容同时适用于父母双方，约12%仅针对父方，还有约24%仅针对母方。在奥古斯特·福雷尔的《神经与思想卫生》中，约94%的产前影响相关内容同时适用于父母双方，剩下分别有约1%和约5%的内容仅适用于父方或母方。莫特的书尤其强调母方因素，适用于父母双方的内容仅占约36%，另有约18%仅针对父方，但针对母方的建议约占47%。

总而言之，科学优生学家在向读者提供产前影响方面的建议时，他们会同时关注父母双方在受孕前保持精子和卵子健康的责任。正是在这里，优生时代的遗传学家看见了环境直接影响遗传与发育的可能性，只不过他们的立意有好有坏。

"种族毒素"

"种族毒素"（Race Poisons）一词最早由英国优生学家、产科医生卡勒布·萨利比提出。萨利比主张白种人是更高等的种族，并公开大肆宣扬"物种净化"。他认为，种质被毒素破坏对整个直系血亲遗传来说无异于灭顶之灾，其危害与欧洲人同非洲黑人"杂交"一样不相上下。萨利比还是一名多产的作家，他的作品《为人父母与人种培养：优生学简史》被某历史学家称为"史上第一部系统讲述优生学的书籍"，这本书曾在英国"好几年内被用作优生学的基本教材"。萨利比由此一跃成为优生学领域的先锋人物，倡导公共卫生改革，主张保护种质免受环境破坏。

萨利比热衷于参与禁酒运动，他担忧性病、酗酒之类的"种族毒素"会破坏人类的潜能。他慷慨激昂地抨击了所谓的母体印象论，坚定地认为母亲与孩子之间"不存在什么精神上的联系"。但他也不认同同时代其他优生学家的观点。后者代表如波普诺、乔丹，他们认为产前影响根本不值得关注。萨利比驳斥道，每个孩子都应当有机会发挥他们与生俱来的潜能。他觉得，比起限制生育的严苛政策，通过环境干预保障种质卫生更能推动人类实现优生目标。

其他同样关注"种族毒素"的优生学家还包括奥古斯特·福雷尔和麦克尔·盖耶。福雷尔是苏黎世大学的心理医生，人称"瑞士精神分析学之父"。他也是一名支持禁酒运动的活动家，还是国际优生学运动的领军人物。1890年，福雷尔创立"禁欲会"（Abstinence Society），该组织是后来"国际抗酗酒协会"（International Society for Combating Indulgence in Alcohol）的前身。福雷尔在欧洲大陆上四处演说，宣扬自己在优生学与遗传方面的观点，并因为讲述自己如何与酗酒抗争的回忆录而名声大噪。但福雷尔本人也是一名狂热的优生学家，他相信人类必须尽早捍卫种质健康，他甚至支持阉割酗酒的男性，以免人类种质被"毒素"污染。①

福雷尔表示，"卵子和精子是我们身体的一部分，但它们无法顾及自己的卫生"。他认为，生活习惯和疾病能导致种质"退化"，"种质每受到一次毒害或损伤，就会让健康的种质库里多了一些可遗传的弱点"。福雷尔写道，"这就是种质腐化"。在保障种质健康方面，父母双方的责任均等。"母亲体内营养物质的均衡，无疑对胚胎的健康和正常发育很重要。但这些营养物质并不能决定后代的遗传性状，因为尽管母亲起着非常重要的作用，但后代的性状同时来自母亲的卵子和父亲的精子。"

福雷尔最主要的担忧，还是在饮酒对种质的不良影响上。他认为，酒精能损伤精子和卵子，造成社会毒害与倒退。他写道："尤其是急性或慢性酒精中毒，必将影响人体性腺的正常功能，造成种质退化，从而使下一代或多或少地残疾。但具体的残疾程度，还取决于'社会毒害'的范围有多广。"

与此同时，遗传学家、威斯康星大学动物学系主任盖尔因其于1916年出版的《生出好孩子》一书而广为人知。在北美大陆上，盖尔扛起了防止"社会毒害"事业的大旗。《生出好孩子》这本书代表了当时遗传学的基本观点，其受众之广，使之成为当时美国高校普遍采用的生命科学教科书。

盖尔的优生学观点较为温和，强调社会改革的重要性，宣扬自

---

① 后来，福雷尔又公开谴责了部分优生学家的种族主义观点，称他们干涉个人自由。

然与后天干预对人种改良的重要作用。在产前的"种族毒素"方面，保障种质卫生同样居于盖尔理论的核心。他教导广大父母要承担起"保卫种质不朽的神圣责任"。他写道："确保自身种质尽可能地不被恶性或不健康的居住环境拖累，是每个人应尽的神圣责任。"在他看来，父母双方分别是精子和卵子的"托管者"，因此有责任"避免营养不良、毒素或恶习，以交付质量最上乘的种质"。

遗传与环境的直接影响

萨利比、福雷尔和盖耶都强调受孕前种质面临的环境风险。虽然他们因为喜欢公开发表意见而名声在外，但他们其实仅代表一小部分优生时代的科学家、医生和公共卫生改革家的观点，后者同样关注着种质被环境毒素污染的各种可能性。美国科学优生运动的关键组织——冷泉港实验室（Cold Spring Harbor Laboratories）出了一位名叫罗斯威尔·约翰逊（Roswell Johnson）的优生学家。1909年，他发表了题为《环境直接作用》的文章，呼吁优生学界"承认环境的确有改变种质的能力"。他表示，拉马克学说曾推动了旨在改善环境、防止个人自我虐待的社会立法。尽管拉马克学说如今已被推翻，但这类公共卫生事业的根基"已被'环境直接改变种质'的新理论所替代"。在约翰逊看来，环境暴露的形式多种多样，包括酗酒、通风不良、过度疲劳、吃不饱和饮食不均衡等。这些暴露"能给种质带来负面影响"，必须通过"限制性的、改良性的"社会改革才能解决。受约翰逊观点启发，1911年《遗传学期刊》的一名文章作者公开宣称，"环境对配子细胞的直接作用"是"美国优生学领域有史以来最重要的研究成果"。

第 3 章 种质卫生

阿道司·赫胥黎（Aldous Huxley）在 1932 年发表的经典名作《美丽新世界》讲述了一则未来基因改造的警世故事，它如今已是高中语文课堂的赏析作品。这部反乌托邦小说描绘了一个由优生工程师们统治的种姓阶层社会。但我们需要记住的是，赫胥黎想象中为了实现某些社会功能而出现的大批量造人方法，与我们今天所熟知的"基因工程"其实并不是一回事。现代基因工程研究的是如何选择或抑制某些遗传性状的基因表达，但赫胥黎笔下的优生技术工程师们采用的方法却是经过周密计划的配子结合及早期胚胎环境暴露。

在《美丽新世界》的开篇，虚构的生育与培育中心主任福斯特先生就说，胚胎克隆"仅仅是对大自然的粗劣模仿"。"人类干预"的方式是产前操纵卵子、精子与胚胎所处的生长环境，这样可以"预设"它们成为"未来的管道工或未来的生育与培育中心主任"。福斯特先生自豪地展示了孵化舱是如何通过减少大脑供氧量，制造出最底层的"爱普西隆人"的。其他生来注定要成为热带矿工的胚胎，被设置"热条件反射"，以便他们将来"能在炎热的环境中活得很好"。在这些胚胎"仍然长着鳃"的阶段，它们就会被注射嗜睡症等热带疾病的疫苗。未来的化学工作者则被注射了"铅、烧碱、沥青和氯"。还有那些天选之子、注定要成为航天火箭工程师的胚胎，则被放进旋转的容器里"以提高其平衡感"。尽管以上都只是虚构的内容，但放在今天，我们有理由怀疑，赫胥黎说不定是受到了当时社会某些实验的启发，才产生了这样的未来主义愿景：通过早期的化学与物理暴露，被科技操纵的人类公民社会天生就有事先计划好的强弱之分。

对于科学优生学家而言，产前影响的问题不在于孕妇对胎儿的影响，而在于种质本身暴露于毒素之中。大量胚胎学与遗传学研究

母体记忆

调查了环境对精子、卵子及胚胎早期发育阶段的直接作用（请注意，这里的"种质"有两种含义，一种是父母双方生殖细胞中此前分别存在的种质，另一种是已经融合并传给后代的种质。但无论哪种种质，都应当受到保护和滋养）。康克林在《遗传与环境》一书中以阵列的形式总结了当时已有的科学证据，以证明这些刺激会对种质造成影响：

1. 各种物理刺激，如机械刺激、热刺激、电刺激、辐射、光照、介质密度、重力及向心力等。

2. 各种化学刺激，包括自然界可见的物质，如氧气、水、食物、内分泌腺体的分泌物等，以及人工合成的物质，如各类盐、酸、碱、酒精、乙醚、烟草等。

魏斯曼提出种质学说后，科学家从青蛙、昆虫和豚鼠体内取出卵子和精子，把它们置于热、冷、酸、酒精及各种人类可想象到的环境暴露因素中，以观察受精和胚胎发育在这些环境下所受的影响，并评估环境对种质造成的损伤能否传给后代。[1]

许多像雅克·洛布（Jacques Loeb）和保罗·卡默勒（Paul Kammerer）这样的优生时代著名人物也通过实验发现了环境对生殖细胞的直接改变作用。尽管他们是反对魏斯曼的新拉马克主义者，但他们的发现未必与魏斯曼的种质学说相冲突。正如魏斯曼1885年在有关种质连续论的文章中所写的那样："我远远不能断定种质是绝

---

[1] 赫胥黎在创作小说时可能是读到了洛布等人的实验结果。他们将青蛙的精子浸在质量浓度为0.3%的水合氯醛中，以此诱导后代出现异常性状。

对一成不变的,也不能断言种质在有机体内变为生殖细胞时,完全不受环境中各种外力的影响。有机体的确有可能影响并改变自身的生殖细胞,这个过程甚至在某种程度上是不可避免的。"

事实上,环境直接作用导致的种质突变,构成了魏斯曼种质学说中有关自然选择与环境适应性进化理论的关键要素。他写道:"如果将代代相传的所有永久性遗传性状变化追溯到最初的种质数量变化,我们就会发现,这些性状的改变源于胚胎发育初期种质所暴露的各种外部影响因素。"

魏斯曼还提出,"环境对生殖细胞的直接影响"是造成所谓"获得性状"遗传的唯一途径。他推测,环境中的热源、病原体或化学刺激能改变生殖细胞,从而解释了为什么有些病例显然属于获得性状。19世纪80年代,魏斯曼在一篇文章中援引了部分证据,证明梅毒、肺结核等疾病可通过生殖细胞本身进行遗传。[1]

需要澄清的是,魏斯曼摒弃了大多数同行关于环境直接影响的观点,如"可疑且研究不充分的"以及任何"证据很弱"的病例研究。他认为,环境的直接作用最可能导致有机体整体损伤甚至死亡,而非造成有机体仅仅获得某些遗传性状。魏斯曼写道,或许我们可以说"外部影响"能使生殖细胞"在生长过程中被绑架",但"这其实与另一种观点非常不同。另一种观点认为,外部刺激导致有机体发生变化,这种变化会传给生殖细胞,并同时在父母和下一代的同一个身体部位上重现"。

正如进化生物史学家彼得·鲍勒(Peter Bowler)认为的那样,

---

[1] 今天,人们已经认识到环境同时影响着体细胞与生殖细胞。这种同步施加的跨代际遗传效应在专业上被称为"平行诱导"(Parallel Induction)。

20世纪初的实验结果只能证明"有害的外部影响仅在某些方面破坏种质",这"与拉马克学说的原始观点存在很大的不同。拉马克学说认为,成人机体为了适应环境,能在种质中建立起正向的新性状"。例如,康克林在1915年写道,尽管"种质非常稳定,但种质的构成也能在某些罕见情况下发生改变"。这种观点在本质上没有挑战种质学说,因为种质学说"是被绝大多数生物学家接受的"。

无论如何,环境直接影响种质的可能性仍在,从而使"种族毒素"论者得以自称是正宗的魏斯曼支持者,并宣扬种族毒素暴露可能造成跨代损害。在这方面,他们可谓是八仙过海,各显神通。

福雷尔专门提出了胚种变性(Blastophthoria)一词,用以指代种质污染之意。他认为,产前环境影响可威胁整个直系血亲遗传的健康。胚种变性否定遗传因素与环境因素之间存在本质上的不同。福雷尔写道,"种质的疾病状态,或胚种变性,是遗传与环境适应的中间状态"。他受到性格古怪的德国记忆与遗传理论家理查德·西蒙(Richard Semon)的启发,同样建议广大父母为了防止胚种变性,要锻炼身体、训练神经系统,这样"经过长期无数次的重复后,才能对生殖细胞产生作用,从而影响相当缓慢的获得性状遗传过程。这也符合魏斯曼援引的证据"。经过几代人的努力,"哪怕原本很差的种族质量,也会在一个非常健康而正常的生活模式下逐渐得到改善"。

在福雷尔认为产前环境影响是一种间接的遗传形式时,萨利比则采取了一种更加强硬的立场,表示"每代人都是一个全新的开始"。对于萨利比而言,环境因素仅仅是遗传因素的补充,而非组成部分。他写道,"父母后天获得的败坏特质并不会传给孩子"。相反,他认为，随着社会与环境改革的推进，每个好的种质都有可能避免伤害并完全发挥自身的潜能。但萨利比也表示，种族毒素能破坏种质天生的潜能，并使这种影响代代相传："获得性状的确是不可遗传的，但种族毒素能让每代传下去的香火更暗一些。"也就是说，种族毒素能使部分或全部直系血亲丧失健康。

盖耶也说自己忠于魏斯曼种质学说，他明确表示不良环境能影响遗传，但前提是这种环境的确影响到种质。但在种族毒素对整个直系血亲的危害方面，盖耶的观点似乎更加深远。他在《生个好孩子》中写道，不良的产前环境可"损害种质生命力"，"一个孩子生来便可能继承了这样受损的种质，而且孩子的血管中还可能流淌着某个先祖传下来的污血"。盖耶和同事伊丽莎白·史密斯（Elizabeth Smith）甚至还曾开展了一系列兔子实验，试图证明种质污血对不同代人的影响。他们让处于发育初期的兔子接触鸡血，这种鸡血事先经过处理，很容易引起兔子的眼睛组织产生免疫反应。然后，他们将眼部机能受损的雄兔养大，再让这样的雄兔与正常雌兔交配。据盖耶称，实验结果显示，这种眼病可以传给后面的好几代兔子。由此，这则案例证明了"真正的遗传"是通过"雄性生殖细胞"发生的，而"不仅仅通过雌性胎盘经血液传递"。

给男性的产前建议

回顾过去，当时的科学优生学在解答产前影响这个问题时有一项显著特征：强调父母双方在产前阶段保障人类后代健康上扮演着同等重要的角色。相较于20世纪后半叶盛行的男性决定生育结果论，种族毒素论者在产前生育风险及责任方面的观点明显更加包容。

纵观当时全球的科学优生学家，他们都不约而同地认为，为了后代的健康着想，一名男性的产前行为至少是存在一定风险的，因此男性也有必要对自己的行为负责。

事实上，在许多种族毒素论者看来，相较于女性卵子而言，男性精子的健康才是最需要关注的。他们认为，男性生殖器暴露在环境中，因此其中的生殖细胞更容易接触到环境中的风险因素。比起女性，男性的整体行为也被认为存在更大的风险。

每个精子都"承载着具有特定潜能的超凡能量"，其"影响远比同样大小的一束射线要复杂绚烂得多"，英国临床医生、心理医生、梅毒治疗专家及优生学家弗雷德里克·沃克·莫特（Frederick Walker Mott）这样写道。莫特因为首创了炮弹休克论（Theory of Shell Shock）而闻名。相关理论最早可见于1914年出版的《心理发展的本质与培养方法》一书，它旨在解释男性在亲历战争后为何容易有长期的心理创伤。

莫特的写作风格与他那个时代关于男性生育风险的其他文献几乎如出一辙。他认为，"很难想象生殖细胞持续浸泡在有毒素中的污血中却不受影响"。那些得了梅毒或酗酒成性的男子，"其生殖细胞从血液中连绵不断地汲取物质，由此使精子特定的能量和生命力受到削弱"。莫特推测，在这种弱化生机的介质的作用下，"羸弱的后代将由此产生"并"使后面的连续几代人都这样弱下去"。

种族毒素论者强调，最首要的任务是要让男孩和成年男性知道优生学法则。萨利比认为教育女性遵循优生学法则"对于普通小女孩来说基本就是再正常不过的事"，但"让小男孩接受优生学教育是很困难的"。他警示道："比如酒精和梅毒，如果它们能被证明是我称为种族毒素的东西，年轻的爱国者就必须意识到自己未来是要做父亲的,因而必须用知识武装自己的头脑,为以后为人父提前做好准备。"

上述所有内容都表明,男性酗酒和性病流行这两大公共卫生问题,正是驱动20世纪初优生学家担忧男性精子健康的原因。禁酒运动活动家和优生学家联合起来,共同呼吁男性关注种质卫生,警示他们在醉酒状态下与女性发生性行为是一件尤其危险的事,因为此时男方的醉酒状态会削弱后代的生命力。例如,莫特就将"父母酒精中毒"视为"一项有损生命力的原因",它可引发长期的、跨代的后代发育问题。萨利比甚至恳请道:"无论男女,只要他们长期饮酒甚至酗酒,都应当禁止他们为人父母。"

尽管优生学家认为男性和女性的酗酒问题都是造成新生儿先天缺陷和遗传退化的元凶,但他们的关注点仍更多地放在男性酗酒的危害上。医学社会学家伊丽莎白·阿姆斯特朗(Elizabeth Armstrong)曾写道,从史料来看,"更强调男性饮酒的遗传效应反映了当时社会认为男性在生育和社会方面均占据主导地位的现实,也反映出当时由于男性拥有更大的社会自由度,他们因此更有可能饮酒甚至酗酒。这才使社会普遍假设酗酒者都是男性"。

在美国,禁酒运动的领袖们很多都是女性。男性饮酒者被刻画成酒鬼的形象,在酒吧里浪费家人的钱,回家后向家人施暴,还把遗传弱点传给孩子,又把性病传给妻子。由此,男性饮酒者成了全民公敌,是禁酒法应当消灭的对象。禁酒运动的领袖们主张,为了女性、孩子和全人类的安危,社会应当禁酒。反观19世纪,支持禁酒的作家们认可的是母体印象论和拉马克学,他们还只能用模糊的生物学机制来支撑自身观点。可到了20世纪初,社会活动家们已经打着保护种质遗传完整性的口号,重新包装了同样的禁酒诉求。

尽管当时的优生学家也承认女性在妊娠期饮酒会"毒害"胎儿，但他们更加关注的是男性酗酒单方面对后代的危害性，并致力于在这方面寻找证据。他们援引了家庭研究案例，称这些案例表明，单凭父亲饮酒这一行为就能导致后面几代人连续出现残疾。例如，根据福雷尔对某则案例的描述，"在一个 10 人大家庭中，父亲是酒鬼，可能以前的几个祖辈也是酒鬼。这个家族共有 57 个孩子，其中 12 个死于体弱多病，8 个是智障，13 个有抽搐问题和癫痫，2 个是聋哑人，5 个有醉酒性癫痫和舞蹈病，3 个有身体畸形，5 个是侏儒"。不难想象，这对公众来说的确是骇人听闻的统计数据。

类似地，萨利比也在文章中引用了一些针对健康母亲的实验结果，表示这些实验"证明家里只要父亲酗酒就能使整个家族的遗传退化"。他写道，"如果一名男子让自己的体内流淌着带有酒精的血液，那他的所有身体组织都会在接受血液滋养时受损，其中就包括那些决定种族遗传的组织。这证明，父亲的角色之所以重要，是因为他会毒害自己的生殖细胞"。萨利比积极响应禁酒运动的号召，建议道："女孩子应当谨记这条卓越的优生学座右铭——'凡是沾过酒的嘴唇休想吻我'。"

20 世纪初，人们普遍将梅毒之类的性病视为一项重大的公共卫生问题。盖耶在《生个好孩子》中表示，半数男性在人生的某个阶段都会得性病。性病还被人们越来越多地认为是许多脑部和心理疾病的元凶。虽然男性被认为是性病的主要传播媒介，但最可怜的受害者莫过于已婚妇女和家里的孩子。据 1904 年的一份文献估算，高达 80% 的已婚男性有淋病，70% 的已婚女性则被丈夫传染了性病。

优生学家们明白，无论父方还是母方感染了梅毒之类的疾病，都能对胎儿构成危害。可一旦已婚女性被发现有性病并导致孩子出现先天失明等严重后果时，优生学家们便坚信这不是女性的错，而是她那大意的丈夫使她染上了病。例如，盖耶在《生个好孩子》中用男性人称代词指代并谴责"那些得了梅毒的人"，还鼓励女性"要求未来的丈夫证明自己是清白且健康的"。当男性"意识到自己的身体状况对妻子和孩子有影响时"，他们就会"迫切地想要知道自己的身体状况如何，并向医生寻求建议"。有人批评婚姻法约束男性取得结婚证前必须检查有没有性病，盖耶对此回应道："对于那些扛着个人自由大旗的人，我倒想问问你们，一个有梅毒的丈夫，又给了他倒霉的、悲惨的妻子和孩子多少自由呢？"

英国临床医生查尔斯·弗雷德里克·马歇尔（Charles Frederic Marshall）在梅毒治疗方面的建议，也为广大父亲提供了主要的指导方法。"把梅毒带给家人的通常是这个家里的父亲。"他开门见山地写道，"我们也已看到，光治疗父亲就可能使这家人在生出一两个有梅毒的孩子后迎来健康的孩子。因此，让家里的父亲和未来要做父亲的人治疗梅毒，具有十分重要的意义。"马歇尔的指导原则认为，男性在接受梅毒治疗时应当"至少在三年内"避免结婚和生育，直到"他的症状至少一年不再复发为止"。就算是已经没有症状的男性，马歇尔仍然认为，只要是得过梅毒的男性，就应该等治疗半年以后才能组建家庭。

优生学家们通过支持各项立法，旨在防止性病由男性向女性和孩子传播。例如，他们建议，凡是瓦塞曼（Wassermann）梅毒测试结果为阳性的男子，均不得领证结婚。萨利比对于当时相关立法的缺失表示慨叹："没有任何一种疾病能像梅毒这样危害父方及其孩子的未来。然而，现在得梅毒的男人结婚不属于犯罪，他将梅毒传给无辜的妻子和孩子也没有触犯法律。"

要求婚前进行性病检测的法律最早于20世纪初颁布,且仅仅适用于男性。在背后驱动立法的并不只是人们担心男性会将梅毒传给女性和孩子,还有人们对梅毒持续荼毒后面好几代人的担忧。20世纪初的梅毒研究领域曾有过一场关于梅毒能否通过男性精子进行跨代传播的盛大辩论。马歇尔在其权威著作《梅毒学与性病》中坚持认为,男性的"精子可感染梅毒",进而"危害后代","但他的妻子可能不会表现出一丝症状"。马歇尔将这种情形称为"胎生型梅毒"(Conceptional Syphyslis)。在这样的病例中,即使母亲原本是健康的,也可能被"得了梅毒的胎儿传染,而胎儿的梅毒又来源于染了病的父亲的精子"。马歇尔表示,梅毒通过精子传染给胎儿,比胎儿在子宫内发育时染上梅毒还要危险。胎儿因此可能出现更严重的先天异常与畸形,如生长发育迟缓、语言功能发育迟缓、牙齿异常、唇腭裂、营养不良及各种畸形,还更有可能把先天异常与畸形传给自己的后代。

从胎教到科学优生学,给父亲们的受孕前建议

无论产前还是受孕前的建议,都应当同时面向男性和女性群体。在这个基本前提下,优生时代与此前的时代并没有太大差异。正如我们在第2章中提到的那样,19世纪曾出现过父体印象论,称父亲在受精卵形成时及孩子出生前能够对后代产生影响,而这种影响又是后代整体所受产前影响的一部分。例如,约翰·科旺在《孕育新生命的科学》中写道,理想的受孕条件要求父母双方同时做好周全的准备。生出一个好孩子需要家里有一对恩爱的夫妻,他们"需要关注传给后代的特质,掐定理想的受孕时间",且至少需要"四周

的提前准备",准备内容包括"最好分房睡,如果做不到,就分床睡",还要"衣着得体,坚持祈祷、锻炼身体和吃早餐"。

胎教论者和禁欲社会活动家玛丽·蒂茨警示道,男性如果不禁欲,其精子质量就会下降。"挥霍生命力"的男性,其精子也会"虚弱不堪、游动缓慢",尾部"短缺",缺少"活力"和"动力"。蒂茨说,"如果一名男子让自己的精子沉浸在酒精、烟草或纵欲的世界里",那他将无法拥有"清白、纯净且强壮的后代"。在蒂茨看来,精子"会吸收一个人的思想",并"在这种思想中浸泡、吸取精华,然后将这种思想传递给更多精子,直到所有精子都带上感官享乐与自私自利的特征"。

尽管胎教论者更多地强调母亲在胎儿心理发育与性格形成中的作用,但他们也经常提及父亲在各个阶段应尽的义务。乔治安娜·布鲁斯·科尔比于1889年建议道,精子是"父亲提供的遗传物质,它不仅代表父亲自身的状态,还将在后代的繁衍生息中持续代表这位父亲存在下去"。精子是表达男人整体存在感的最佳分泌物,它隐晦地象征着男人的精神和物理本质,因此男人应该让精子拥有最好的状态。一旦过了这个阶段,男人将只能够通过妻子的思想来间接影响自己的孩子。

胎教论者建议男性在生育前要好好培养自己的身体和性格。里德尔就曾讲过一则带有警示意味的故事。故事的主人公是他一位不爱动的男性朋友,可悲的是这位朋友的儿子生来便"身体素质不佳,缺乏生命力"。后来,这位朋友"接受了系统性的体育训练",成了"一名身强体壮的运动员"。于是,他的第二个孩子生来便有和他一样棒的体型。因此,想要孩子的男性应当戒烟、戒酒,注重个人卫生,努力锻炼身体,并避免各种不道德行为。最后,里德尔得出结论:"像其他任何获得性状一样,游手好闲或许也是完全可以遗传的。"

威廉·特鲁伊特(William Truitt)曾提出过一个问题:"父亲在准备种质时,种质会不会带上父亲本人的身体和灵魂特征呢?这些特征又是否会传给孩子,从根本上影响孩子的性格和命运呢?"对此,特鲁伊特给出的答案是肯定的。他在1914年《揭示自然的秘密》中写道,"无论何种疾病,只要影响父亲,就必定会影响他的内分泌系统,而其中最受影响的莫过于事关人类未来的种质。由此看来,每个男人都肩负着美丽、柔情而又重大的责任!他们必须尽力确保内分泌系统的功能正常,毕竟这个系统里的种质决定着人类的生死存亡!"

父亲们还被教导要支持伴侣,为孕妇准备最好的物质环境。科尔比曾有一篇题为《父亲通过妻子施加的影响》的文章,里面讲述了一则父亲在妻子妊娠期间成功影响未来孩子性格的故事。故事的主人公Z先生给怀孕的妻子读了许多用词标准的英语诗词和散文,这个行为使他的孩子生来头脑出众、天赋异禀,因为他那年轻的妻子以脑袋空空著称。因此,父亲们应当睿智、耐心,保持健康的生活习惯,并为家里的孕妇提供稳定的生活环境。有胎教论者认为,一个懂得关爱妻子的丈夫,能帮助孕妇意识到自己最崇高的生育目标。布兰西·埃姆斯写道,"现实生活中,母亲对未出生的孩子有着神奇的力量,但这种力量可好可坏。父亲在这段时期内的影响也不容忽视,因为父亲在很大程度上决定着妻子是否快乐,并由此决定着给孩子提供的生长环境是好是坏"。艾玛·德雷克同意上述观点,并认为男性吸烟者让怀孕的妻子"一直在与病魔做斗争",而婴儿则类似地"受到父亲在产前与产后阶段带来的毒害"。她写道,"一旦孩子长到足够大的年纪，就会像父亲一样拾起生来刻在骨子里的吸烟癖，并还会将这种不良习惯代代相传，最终使整个直系血亲变得越来越弱"。

我们从上述内容中可以发现，20世纪初，有些科学优生学家表达了对精子完好程度的特别关注。尽管当时已有现代科学为指导，但这些科学优生学家在向男性给出有关精子健康的生殖建议时，仍只是进一步延续了本已长期存在的传统观点。首先，他们在给男性的建议中反复提到印象论者的直觉，即一个人的体质健康可以通过自己的生殖细胞进行遗传。其次，关于精子的科学优生学著述往往只是在重复这一古老的假设：精子是种子和生殖力的源泉，母亲的主要贡献则是为生命提供营养和妊娠环境。

不过，科学优生学家关于男性种质卫生的观点又与胎教论者的观点不同。尽管胎教论者将精子健康视为影响后代健康的一小部分因素，但他们同样坚定地认为，妊娠期的存在使母亲对后代的体质和性格有着更大的影响。相比之下，科学优生学家们重新设定了优先次序，将关注点放在男性种质卫生上，同时尽可能弱化了孕妇妊娠期对胎儿的影响。在他们强调所谓种族毒素对男性精子的威胁时，科学优生学家们还将攻击目标缩小为某些特定的化学物质，这与胎教论者广泛抨击的父亲和母亲的各种行为截然不同，因为在胎教论者的眼中，这些行为都可能有遗传性。

给女性的产前建议

无论如何，科学优生学给女性的产前建议强调：在要孩子前，女性得确保自己的男性伴侣身体健康，以免孩子受到不良精子的影响。萨利比在这方面有过一个巧妙的比喻，他说每个女性在选择自己的丈夫时，都是"一个实操型的优生学家"。接受优生学教育的女孩子应当"学会将"酗酒之类的行为视为"禁忌"。盖耶写道，"沉溺于感官享乐或速食文化且身材不佳的年轻男子，将严重地威胁妻子和孩子的未来"。因此，女性必须"意识到，要求潜在配偶身体完全健康具有十分重要的意义"。

在有关计划生育和女性婚姻自由的早期女权主义著作中，经常可见要求女性注重男性精子健康的观念。例如，英国计划生育倡导者蒙塔古·克拉坎索普（Montague Crackanthorpe）在1907年的一篇文章中就提出了这类女权主义优生学观点："理想的20世纪女性是一个心智健全的个体，她不再自我局限于妻子或母亲的角色，而是意识到自己身上担负着事关全人类命运的重要使命。她知道自己承上启下，负责整个人类种族血脉的延续。她拒绝为堕落、生理或心理有病的酒鬼丈夫生孩子。"

此外，优生学家们摆出了女性种质和子宫健康的各种潜在风险，并表示规避这些风险的最佳方法是改变男性的行为。优生学家们通常鼓励男性只在"有利于妻子做母亲时"结婚，这要求丈夫在妻子妊娠期间一直陪在她身旁并予以支持。优生学家们表示，这一点对孩子的健康至关重要。1916年出版的手册《男子气概与婚姻》中有一个名为"男性对孕妇的责任"的章节，表示"同一对夫妻生出来的不同孩子，在体能与体质上的差异或许都可以追溯到母亲受孕时和妊娠期间的状况。照顾好这些时期的妻子、尽可能保持妻子良好的身心状态，这不仅是丈夫对妻子应尽的义务，还是他对孩子应尽的责任"。

当然，优生时代的医生和科学家也承认，孕妇本身的健康也会影响后代的生育质量。例如，在 1913 年，当时的美国儿童事务管理局发布了一份产前护理的小册子，建议孕妇要"按自己的意志生活，以确保自身和未来的孩子尽可能地健康、快乐"。这本小册子还警示道，那些"怀孕时自怨自艾的"女性，可能会生出"一个弱小、爱哭、有精神问题的宝宝"。但册子也进一步澄清说，这不是由母体印象造成的，而是因为母亲的状况使孩子"被剥夺了生长发育所需要的营养"。

尽管科学优生学给出的母体健康建议不认同母亲的视觉和情绪印象能直接且实质性地改变后代，但这些建议也常常认为，营养条件、心理健康、乐观情绪和妊娠期母亲所处的直接环境，均在一定程度上有助于保障婴儿的健康。因此，尽管部分优生学家再三强调母体印象是迷信，但他们给孕妇的建议听上去仍旧与胎教论有着惊人的相似性。例如，里德在《做母亲的艺术手册》中表示，"怀胎十月，母亲都会通过供血影响胎儿。如果她任凭自己沉浸于恐惧、愤怒和忧郁（能使血液产生毒素的阴暗情绪）之中，如果她暴饮暴食或酗酒，如果她平常不注意深呼吸、每天沐浴、抛弃不好的念头并锻炼身体，就会由于供血不足或产生毒素而影响到孩子的身体和心理特性"。《关于做母亲的事实》这本书也表示，"母亲自身受到的伤害能传给胎儿"。作者急于与母体印象论撇清关系："但这指的并不是什么胎记之类的东西，而是母亲怀孕时没有过好自己的生活。因此她给了孩子一个受损的体质，并由此折损了孩子未来的幸福快乐。"

苏格兰产科医生约翰·威廉·巴兰汀（John William Ballantyne）今天被人们认为是产前护理的奠基人，他在 1914 年的《准妈妈的生育管理和卫生》一书中，将母体健康的重要性提升到了前所未有的高度。在他看来，母亲的"身体就是婴儿所处的直接环境，婴儿在其中受到深刻的影响,但影响的好坏未知"。怀孕期间,母亲能"从好的或坏的方面改变未出生的孩子"。巴兰汀甚至建议说,"产前环境直接影响着孩子,对产前环境管理得好坏与否,可能比那些所谓的遗传因素"给孩子的影响还要大。鉴于母亲在影响后代健康方面扮演的重要角色,巴兰汀表示同意胎教论者的观点,建议母亲应当避免看到"悲剧性"和"骇人的"场景,而"她爱的人也应当将自身的不良行为"瞒着她,并美其名曰"一场善意的阴谋"。

虽然科学优生学家们主要关注的是所谓的"种族毒素",但他们也没有忘记子宫对胎儿的影响。萨利比表示,"优生学领域的任何定义",都涉及"人们基于遗传事实而选择是否要孩子",以及必须"照顾好那些最终选择要孩子的人。例如,保护准妈妈,避免其受到梅毒、铅或酒精的侵扰"。科学优生学家发现,包括梅毒在内的好几种疾病都能传染给子宫里的胎儿。他们也支持立法,禁止孕妇或哺乳期女性在工厂做工,因为工厂劳作负担重,且有各种毒素。

但就优生学目标的实现而言,种质卫生的重要性仍然凌驾于子宫健康之上。萨利比写道,"产前防护是一门富有美感的学问",他边写边描绘出一个"健康、有活力"的婴儿形象,哪怕这个婴儿的母亲"住在贫民窟,面色苍白,忍饥挨饿,身材矮小"。福雷尔唯一一次提到"妊娠期卫生"是在自己的著作《神经与思想卫生》中:"疾病、情绪激动、营养不良及其他一切有损身体健康(尤其是母亲精神生活)的东西,都在一定程度上天然地影响胚胎的生命质量。"但他接着表示:"然而,由于胚胎的神经系统与母亲的神经系统没有直接关联,因此这种影响只是间接的。"

面向女性群体的优生学建议大多关注的是如何降低新生儿出生后前几个月的死亡率,但这些建议也为女性提供了关于产后婴儿喂养与卫生保健的指导原则。"先前的经验表明，出生在贫民窟的婴儿在人为的无知与疏忽介入之前，都是活力四射、前途光明的。"萨利比写道，"我们和普通医生的发现一致，绝大多数人类婴儿刚出生时都是身体健康的"。在萨利比和他的许多同僚看来，导致新生儿死亡率居高不下的关键在于人为疏忽、疾病和营养不良。因此，产后的婴儿护理、喂养和卫生便成了20世纪初母婴健康学的核心。相较之下，给孕妇的建议则主要是一些常识性的普适原则，而在篇幅方面也是蜻蜓点水。

尽管科学优生学家后来也意识到了母体子宫对胎儿的潜在影响，但他们中的大多数人还是将保持种质健康放在首要位置上，而将子宫影响置于最次要的地位。他们坚信，受损的种质细胞将对世世代代造成不良影响，因此相关讨论的主要内容仍集中于那些可改变个人及群体遗传构成的行为。

"别破坏了好的种质"

20世纪的前25年间，科学优生学家对个体及群体遗传有了新的认识，即微观的种质是一切人类性状及人类遗传物质储存的核心。"我们应该将种质视为一个活生生的东西。"康克林写道。他认为，"种质细胞单元"决定着人类性状的方方面面：性别、"神经质"、易感疾病甚至还有"天赋"。虽然"代际更迭中有人出生，又有人死去，但只有种质是连续不断的生命物质，连接着一代又一代人。人仅仅是种质的载体，在有限的人生内托管这种不朽的物质"。同时，20世纪早期的生物学、产科及其他非科学建议，都向女性传递着统一的信息：孕妇应当摒弃母体印象论这种迷信思想。

母体记忆

这种看待生育风险的不同角度提示我们，过去的科学理论极大地决定着人类能想象出多少后代保护与优化干预手段。当精子而非胎儿被认为是最具可塑性，也被视为遗传性状传递过程中最脆弱的一环时，关于生育风险的性别政治就会发生改变。通过查阅1900年至1935年间的科学优生学文献，我们在人类的产前生育风险认知史中发现了一个与众不同的时刻：给父亲的建议被提升至前所未有的高度，而给母亲的建议却变得不温不火。①

在那个年代，有关生育风险的性别政治关注的是种质卫生。细想之下，这种观念其实挑战了先前有如常识般的假设：孕妇作为最靠近胎儿的一种存在，自然是主动进行生育风险干预及控制的首要切入点。反观优生时代父母双方获得的产前建议，生育和遗传学在种族、阶层、性别、残障及国家政治历史上的纠缠显得异常清晰。尽管优生学在今天看来建立于臭名昭著的种族主义之上，也几乎没什么科学证据支持，但在当时，科学优生学家们自认为是在借助遗传学的新知，并对产科、儿科、营养科学、毒理学、传染病学及公共卫生领域的知识加以融会贯通，参与旨在改善种族健康的进步运动。

在后面的几年中，随着人们的兴趣又回到了影响产前发育的环境因素上，母体作为胎儿主要的生长发育环境再次成为人们关注的中心。在接下来的两章中，读者们将会看到，20世纪中期出现了一个关于人类母体效应的科研新思路。但在此之前，我们先要带大家回顾一下关于母体遗传影响的反常发现。这些发现在孟德尔遗传理论形成的早期阶段已然非常明显。

---

① 时至今日，父亲对胎儿的影响及男性在备孕期的健康，又重新成为一个时髦的话题，并吸引着越来越多科学家的关注和探究。但话说回来，时下最热门的还是胚胎起源学研究。

第4章
母体效应

"母体效应"（Maternal Effects）是遗传学及发展生物学领域的专有名词，最早出现在1935年一篇有关果蝇遗传特征的科研论文中。这个谜一样的术语经常被人误解，并不当使用。从孟德尔遗传定律诞生至20世纪中期的时间跨度内，本章将追溯"母体效应"这一概念的发展沿革，重现当时的时代背景及相关争议，探讨母体效应论究竟是怎样替代了更早的母体印象论。

正如遗传学本身的历史发展脉络一样，我们探索之旅的第一站还得回到植物遗传学与非人类动物（如蜗牛、果蝇）的实验研究上来。1905年，偏远农业研究站的温室大棚内，研究者正在效仿孟德尔的做法，绘制大量物种的性状谱系，希望借此栽培出尽可能优质的农作物。当时新出现的孟德尔遗传定律极具颠覆性，使人们有可能控制生殖产物。具体的性状可以被分离出来，其遗传规律也可通过数学运算加以预测。通过有计划的培植，人们可以去掉不想要的性状，培育想要的性状，并开发新的性状。

不符合定律的反常现象

1905年，年轻的英国植物学家罗兰·比芬（Rowland Biffen）开始在实验中运用孟德尔遗传定律这门新科学,以期"改良英国本地产的小麦"。很快,他的研究就因为推翻了人们曾以为颠扑不破的农业育种知识而受到关注。此前一直存在的是所谓的母体优势(Maternal Prepotency)理论,它建立于亚里士多德的观念之上,认为子宫像捏黏土一样塑造人类后代,由此得出两个种系的生物杂交产生的后代将与母亲最为相像的结论。相较之下,孟德尔遗传定律预测的结果是,无论性状的携带者是父亲还是母亲,其遗传模式都是一样的。针对几十种此前被认为应当遵循母体优势规律的小麦性状,比芬进行了正反交实验,即用 A 种雌株与 B 种雄株进行交配,又让 B 种雌株与 A 种雄株进行交配,结果竟然颠覆了既往的认知:无论性状的携带者是父亲还是母亲,其遗传模式都是一样的。

然而,比芬发现了某个持续存在的例外情形——这只是开始,信奉孟德尔遗传定律的遗传学家们后来在正反交实验中发现了一系列这样令人困惑的情形。比芬对长、短粒小麦进行正反交实验后发现,"杂交出来的小麦的外观与成色均与雌株一致"。比芬承认自己暂时无法解释这个现象,只好被迫得出结论:"似乎可以看出,雌株的性状(在本实验中指的是小麦颖片的大小)以某种方式直接影响着每代小麦种子的性状。"

科学家们努力尝试用孟德尔遗传定律来解释比芬的发现,这种尝试一直持续了 1/4 个世纪,直到狄奥多西·多勃赞斯基(Theodosius Dobzhansky)提出"母体效应"的概念为止。1909 年,威廉·贝特森(William Bateson)在其经典的实验教学手册《孟德尔遗传原理》中放了一幅插图,展示了比芬长、短粒小麦正反交实验的结果,并致力于解决此前比芬无法回答的问题。在题为《随机异常、有违规律的现象》的文章中,贝特森写道:"众多所谓不符合孟德尔遗传定律的异常情形，其实没几个是真的。若干情形源于错误的观察或解读，另一些由翻译或印刷错误所致。"他继续写道："相关研究正稳步推进，证实了乍看之下好像复杂无解的遗传事实，其实它们仍可用严谨的孟德尔理论体系加以解释。"贝特森表示，这类异常情形"非常罕见，以至于凡是宣称坚决不符合孟德尔定律的发现，我们都可以放心地予以无视，除非提出发现的研究者本人具有杰出的科研实力，或能找到十分令人信服的证据"。不过，贝特森还是将比芬在研究植物遗传过程中发现的母体影响视为特例，认为这一"令人好奇且目前几乎完全无解的现象"确实值得特殊对待。贝特森写道，这种"反常性"不能简单地归结于实验错误，其中的因果关系实在"深奥"。他说："这种影响究竟是如何发生的，我们不得而知"，因为"个中的运作机制十分难以捉摸"。

贝特森从直觉判断，传统的"遗传"概念并不能贴切地描述比芬发现的异常现象，所以需要改变"母体印象"或"母体影响"之类的术语才行。贝特森写道，比芬实验中的长粒小麦背后藏着一个惊人的事实，即母株能够影响后代性状，使后代出现变种，但这种影响并非普通意义上的遗传。有人说这种母体影响即使真的存在，"也没那么重要"，而贝特森推测道："母体的确有可能向直系后代施加至少持续一代的影响，这并非什么天方夜谭。"直觉告诉贝特森，母亲给了后代某种重要的东西，使后代表现出明显不同于父亲的性状，整个过程受到某种隐秘力量的驱使，而这与普通的遗传过程几乎没什么关系。贝特森的预判竟一语中的。在接下来的基因时代，科学界延续了贝特森的质疑精神，就长期存在的性别遗传平等争议展开了新一轮研究，使普遍认为魏斯曼早已盖棺定论的话题再次进入了人们的视野。

母体记忆

很快，又有关于母体效应的明显证据相继出现。几名日本科学家研究了蚕的遗传机制，揭示出了一系列不符合孟德尔定律的"母体性状继承"（Maternal Inheritance）异常情形。相关研究论文最终于 1913 年由远山龟太郎（Kametaro Toyama）在《遗传学期刊》上发表。远山当时正在研究蚕的各种性状（蚕体颜色最受日本养殖业关注），希望弄清如何依照孟德尔定律预测并操纵蚕的性状遗传。在研究其中一种颜色时，远山发现了不符合正常规律的情形。他观察到，"蚕卵中没有出现显示雄蚕性状的征兆"，他因此得出结论，"蚕卵的颜色性状由雌蚕决定"。远山认为，早在雌蚕受精前，蚕卵的颜色就已事先由雌蚕的颜色决定，因此完全不受雄蚕遗传的影响。

1918 年，来自日本的科学家寺尾肇（Hajime Terao）明确发现了大豆胚胎籽粒颜色的母体性状继承特征。下一代大豆的籽粒颜色，无论是黄是绿，都只重复母系雌株的籽粒颜色。对此，寺尾推测称，"这个性状可能只能通过雌株进行遗传"。

英国的科学家们也有了关于母体性状继承的类似发现，只不过这次的实验对象换成了蜗牛这种动物。1923 年，伦敦大学学院临床医生亚瑟·埃德温·博伊科特（Arthur Edwin Boycott）和业余软体动物学爱好者西瑞尔·戴弗船长（Captain Cyril Diver）表示，在蜗牛身上发现了螺纹性状存在明显的母体继承性。蜗牛壳的螺纹通常沿顺时针旋转，这种性状由遗传决定，且肉眼简单可见。螺纹早在蜗牛幼体发育的极早期就已决定，并随着蜗牛的生长而影响蜗牛的全身构造：一只螺纹右旋的蜗牛，其心、肾、直肠及神经系统都会配合右旋的螺纹而生。但在极少数情况下，蜗牛壳的螺纹也可以朝逆时针方向旋转。正如博伊科特与戴弗解释的那样，这种左旋式蜗牛也有着"完全匹配的"身体构造。

第 4 章 母体效应

为了弄清这种性状是如何遗传的，两位研究者在伦敦中部的医学楼顶上，用盖着不怎么紧的玻璃塞的绿色果酱罐培育了一代又一代蜗牛。夏天，他们支起小棚为蜗牛遮阳。冬天，他们将蜗牛拿进室内。经过几年这样日复一日的正反交繁育，再加上对蜗牛后代螺纹特征的细致追踪统计，两位研究者最终发现，左旋雌蜗牛产下的第一代小蜗牛总是左旋，而左旋雄蜗牛与右旋雌蜗牛交配后生下的第一代小蜗牛却总是右旋。他们认为，这种性状的遗传不由基因决定，而仅由母体表型决定（见图 4-1）。

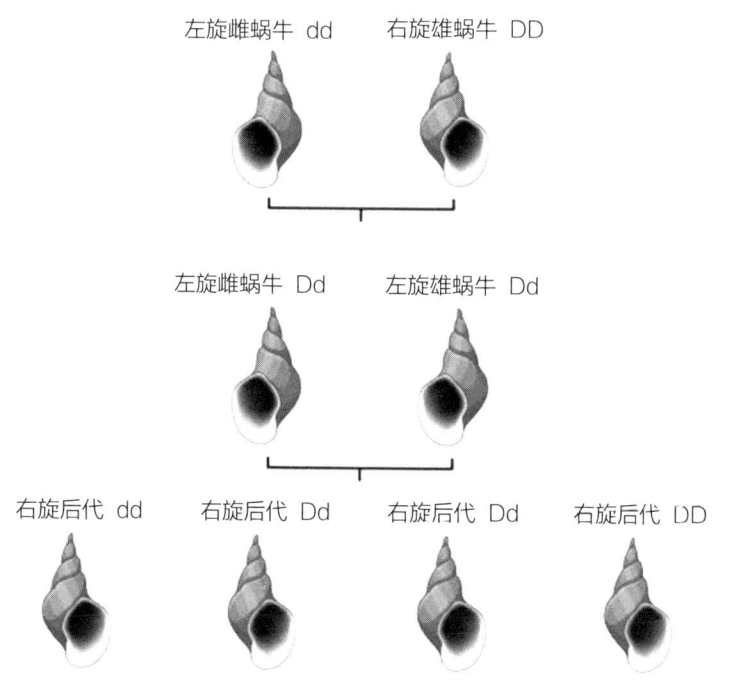

图 4-1　蜗牛螺纹的母体影响示意图

图中展示了第一代蜗牛螺纹所受的母体影响。第二代蜗牛的螺纹则表现出典型的孟德尔遗传规律。

图摘自 Gurdon，"Sinistral Snails and Gentlemen Scientists，"原图来自 Boycott and Diver，"On the Inheritance of Sinistrality in *Limnaea peregra*."经 Elsevier 同意使用。

133

博伊科特与戴弗共同写了一份像书一样厚的研究报告，首次为孟德尔定律之外的母体性状继承现象提出了详尽的理论假设及讨论。报告中，两位研究者先是详细描述了他们的蜗牛实验，然后大胆得出结论：在自然界里，母体表型可能频繁地塑造着后代发育早期形成的性状。他们甚至还表示，或许"每个胚胎的初始状态都与母体一模一样"。

上述各项实验结果重新激发了遗传学家对母体效应理论的研究兴趣。难道母体效应真是对孟德尔遗传定律的毁灭性打击吗？

母体性状的继承

在研究大豆和蚕的遗传机制时，日本科学家很早便开始用"母体性状继承"这一术语来描述自身的观察发现，并由此引发业内争论。一些遗传学家坚持认为遗传仅由基因决定，因此他们极力避免将母体表型影响胚胎早期发育性状的现象严格视为一种"母体继承"的形式。就算"继承"一词可以使用，但这些遗传学家们说什么也不能接受"母体"这个修饰语。

1919 年，经典遗传学的奠基人托马斯·亨特·摩根（Thomas Hunt Morgan）在《遗传物质基础》一文中正面回答了"由母体性状决定的异常现象"问题。他表示，推定存在"母体继承"现象的大多数情形，其实"与普通遗传学的任何基本方面均无差异"。他提到了比芬此前的经典研究：长粒小麦雌株与短粒小麦雄株交配后，产生的后代（F1 代）的确全是长粒小麦。但在下一代（F2 代）小麦中，雄性配子的影响便开始完全显现，使得这一代的小麦在长、短粒性状上呈现出典型的孟德尔遗传分布比例。也就是说，孟德尔遗传规律的显现"延迟了"一代发生。因此，摩根认为，适用于描述这类情形的词是"延迟核影响"，而非"母体继承"。

1923年，日本遗传学家宇田肇（Hajime Uda）响应了摩根的批评文章，同样反对"非常模糊地"使用"母体继承"这样的词。他写道，"所谓的母体继承，显然与孟德尔定律相冲突"。他还说，"我们不能仓促地认定这些事实代表着一种新型遗传"。在他看来，雄性配子的影响不是没有，只是延迟了。宇田由此建议，与其将这种遗传形式冠以"母体"的称谓，倒不如将其定性为"延迟型"更合适。

根据宇田的界定，所谓的"母体效应"与真正的遗传之间只隔着不同的发生时间。只有那些早在胚胎形成初期即已显现的性状，才会受到母体的影响。他说，植物学领域还没发现种子在发育阶段过后仍受到母体效应影响的例子。对于受到所谓母体效应影响的情形，宇田推测道，"雄性配子进入雌性配子完成受精后，一时还来不及显现出哪怕自己占主导地位的性状"。因此，他坚定地表示，母体效应只是表现出来的时间太早，所以没必要为了解释一些异常情形而承认这世上存在"一种新型遗传"或"一种特殊遗传"。

摩根的合作研究者、他的首席弟子斯特蒂文特（A. H. Sturtevant）在1923年发表的一篇评论文章中赞同了宇田的观点。这篇文章刊登于《科学》杂志中，探讨的正是蜗牛螺纹明显存在的母体效应。斯特蒂文特认为，所谓的"母体继承"本质上是一种事先存在于雌性配子中的核染色体效应，此时未受精的雌性配子还没被雄性配子激活。谈及博伊科特与戴弗的发现，斯特蒂文特表示，蜗牛左旋性状的遗传尤其清晰地证明了后代可以从母体身上继承某些性状，但这个继承过程完全由染色体决定。斯特蒂文特认为这类情形是符合孟德尔定律的简单案例，其中雄性配子携带的性状符合孟德尔定律，只不过在表达时间上"延迟了一代发生"。因此，蜗牛螺纹"这种极基本的性状"虽然的确受到了母体效应的影响，但它既是"符合孟德尔遗传定律的典型案例"，又是"一种由母体事先刻在雌性配子中而表达出来的性状"。

1924年，日本研究者田中义麿（Yoshimaro Tanaka）也发表过类似的观点。他查阅了《遗传学期刊》中有关"母体继承"的文章，其中的实验对象从海胆、鱼、蜗牛、玉米、大豆到家蚕不等。在他看来，这些报告发现的情形本质上"不应称为'母体继承'"，因为从母体获得的性状（如卵壳的颜色）"早在母体受精前就已在母体内生成，因此与后来受精卵发育而成的胚胎不属于同一代"。

1930年，博伊科特与戴弗再次就蜗牛螺纹的性状遗传发表了厚厚一沓研究概要。但这一次，他们不再用"母体继承"这个术语来描述自己发现的遗传规律。对此，他们辩解道，"母体继承被用于描述各种现象，这是一种滥用"。在"预遗传""核延迟行为"及"加速性状决定"等好几个备选词语之间，两位研究者最终还是选择采用"延迟遗传"（Delayed Inheritance）一词，他们显然是想继续在性别遗传平等的大原则下解释这些现象。博伊科特与戴弗写道："无论采用哪种表述，我们最好还是将这些现象限定为一种遗传形式，两性在其中的遗传贡献仍像正常情况下一样均等。"

尽管有各式各样的文字游戏来确保相关研究不违反孟德尔定律，但到20世纪30年代时，科学家在各种各样的物种上持续观察到显而易见的母系遗传特例。这使得一些遗传学家虽然心有芥蒂，但也逐渐开始接受现实：的确有一系列不同的遗传现象与孟德尔定律不符，它们的背后像是有一股隐秘的力量，在独自驱动着这类异常遗传现象的发生。但究竟应该怎样称呼这些让人心里不舒服的例外现象呢？

母体效应

　　正如贝特森所言，该问题在于如果这种来自母体的影响被认为是遗传的一种变体，它们肯定就不是"普通意义"上的遗传。1934年，德国遗传学家理查德·戈尔德施密特（Richard Goldschmidt）开始研究这个问题。戈尔德施密特曾先后在德国凯撒·威廉生物学研究所（Kaiser Wilhelm Institute for Biology）和美国加利福尼亚大学伯克利分校任职。他是一个有大局观的理论思想家，主张在简单的基因传递层面之上理解遗传。对于戈尔德施密特而言，这些来自母体影响的异常情形正好是不属于主流遗传理论的典型案例。

　　戈尔德施密特一直对"大杂交"（Large Crosses）研究发现的母体影响感兴趣。所谓"大杂交"研究，就是让遗传谱系上的远亲进行杂交的研究。从戈尔德施密特的著述来看，他对两种属于远亲的毛毛虫进行了正反交实验：他先用 A 种雄性毛毛虫与 B 种雌性毛毛虫交配，然后反之。结果显示，这样交配产生的后代持续表现出"向母亲表型靠近的倾向"。通过查阅文献，戈尔德施密特找到并记录下许多动植物物种的同类实验结果，并由此得出结论，认为"某些遗传性状，尤其是与生长相关的习性"会受到母体影响。

　　戈尔德施密特将遗传中的这类母体影响称为"细胞质对遗传性状的影响"。但从上下文来看，戈尔德施密特讲的显然不是真正的细胞质遗传，而是一种更广义、但机制还几乎鲜为人知的母体印记。在这里，我们有必要再次回顾一下种质的概念，以明确区分细胞核遗传与细胞质遗传的差异。种质指的是细胞核中的物质，细胞质则是细胞核外、细胞膜内像果冻一样的物质，它可通过母亲的卵子传给后代。细胞质遗传指的就是遗传物质从母亲的卵子传给后代的过程。在当时那个年代，它往往容易与其他被揣测为母体影响的情形混为一谈。

魏斯曼提出遗传种质学说的时间是 19 世纪 90 年代。在此之前，顶尖的胚胎学家们一直相信，遗传过程同时涉及细胞核与细胞质的物质传递，而且细胞质还被认为是生长发育相关代谢过程中必不可少的化学物质环境。到了 19 世纪末，当时的科学界已广泛达成共识：后代至少在一些小的方面通过卵子细胞质从母亲那里获得发育初期阶段的指示。这些细胞质遗传的坚定支持者向魏斯曼种质学说发起了最严峻的挑战。

到了 20 世纪初，魏斯曼的观点已在科学界深入人心，细胞质遗传绝对不再是什么时兴的话题。可就算摩根之类的遗传学家揭示出了染色体与孟德尔遗传性状间的准确关系，却依然有人坚称，决定后代生长发育性状的物质来自母体的细胞质而非细胞核。例如，当 20 世纪快要过了前 20 年时，德裔美籍化学家雅克·洛布（Jacques Loeb）还在公开为细胞质遗传理论辩护。1916 年，洛布发表了《作为整体的有机体》一文，他宣称"卵子的细胞质已是胚胎的雏形"。他从布鲁克斯、盖迪斯、汤姆逊等科学家一路回溯到 17 世纪的"卵原论"（详见第 1 章），表示"染色体中的孟德尔因素只能影响个别性状"，而某个物种的整体性状是由卵子决定的。

但在大多数科学家看来，洛布的观点是让人迷惑且过时的。1896 年，美国生物学家埃德蒙·威尔逊（Edmund Wilson）发表了《发育与遗传中的细胞》一文，对驳斥细胞质遗传理论的证据进行了总结，并支持种质学说。单细胞生物的研究结果显示，"当且仅当核物质存在时，再生（Regeneration）才有可能发生"。此外，这些研究还表明，所有染色质的有丝分裂都发生在细胞核内，且"两性配子的贡献均等"。反过来，产生卵子细胞质的不是其他东西，正是细胞核本身。简而言之，细胞核就是"最高法院"。

不过，魏斯曼种质学说的支持者同样也认可一些分散存在、记录全面的细胞质遗传形式。直到 1963 年，科学家才发现哺乳动物存在核外遗传现象，即线粒体中的基因也可以随着卵子细胞质而传给后代。但早在 1909 年遗传学家们就已发现，许多植物的性状的确可以通过母体细胞质进行遗传，并通过影响叶绿素的功能而决定后代呈现的颜色。因此，研究大豆的日本遗传学家率先推测，实验观测到的母体对后代颜色的遗传影响，或许是因为"叶绿素通过细胞质遗传给了后代"（不过该因素后来被排除了）。

可以肯定的是，戈尔德施密特与洛布是两路人。戈尔德施密特反对细胞质遗传理论，并赞同细胞核里包含全部的遗传物质。他同意摩根及其他同时代科学家的观点，认为细胞质"不像细胞核一样是明确的遗传性状所在地"。此外，他还认为延迟遗传的概念可以充分解释众多所谓的母体继承情形。戈尔德施密特最后总结道："被人广泛援引的日本学者远山的母体继承案例，事实上证明的还是染色体在背后起作用。"

但在戈尔德施密特的头脑里，"细胞质"是一个更广义的概念，它相当于母体对胚胎表型影响的全集。他表示，许多正反交实验中后代出现的表型与母亲的表型之所以一致，是因为母体的基质（Substratum）或背景能改变基因行为，从而起到控制遗传性状的作用。但这种机制与其说是分散的，倒不如说是"格式塔的"*，因为"器官或部位的大小、色素数量、部位形状及类似性状"都会整体发生改变。

---

* 格式塔（Gestalt），心理学概念，指事物由许多部分共同构成，但这个事物本身不只是各部分的简单组合，而是有了不同或超越于各部分的特性。——译者注

母体记忆

戈尔德施密特强调，这种形式的遗传与标准的孟德尔性状遗传在运作机制上并没有什么不同。据他所言，母体影响是一种化学环境、背景或基质，它能"加速或抑制胚胎的发育反应"。戈尔德施密特推测，这种性质的母体影响或许提供了一种"外部条件"，它不仅使"一个有机体的某些性状发生改变，还使这种改变在下一代身上以更弱的强度重现。就这样持续许多代，直到这个改变了的性状最终消失为止"。戈尔德施密特的推测同样将母体记忆与环境的跨代遗传影响联系起来，这无异于向存在已久的某种思想致敬。

显然，在戈尔德施密特的论述中，细胞质遗传与另一种在许多人看来好像不同的母体遗传影响发生了概念上的混淆，由此反映出20世纪前几十年间，科学界就这个问题展开的讨论还非常分散、粗放和边缘化。直到1935年，这种状态被一名俄裔美籍遗传学家、进化论理论学家狄奥多西·多勃赞斯基打破。"母体效应"这个毫无歧义的术语横空出世。

母体效应一词投入使用，几乎可以说是误打误撞。当时，多勃赞斯基在《科学》杂志上发表了一篇短文章，内容讲的是他发现一种果蝇的正反交实验显示：母体对雄性后代的睾丸大小有影响。多勃赞斯基认为这个发现是证明母体影响真实存在的罕见案例，它不能通过细胞质遗传加以解释，只能从母体本身的构造上找原因。"正反交实验结果显示出来的差异，在过去的大多数时候并没有得到充分的分析。"多勃赞斯基在文章中写道，"这类发现竟然被人们默认为是'细胞质遗传'的证据，想来也真是一种逻辑谬误。"谈及果蝇睾丸的性状，多勃赞斯基继续写道，"摆在我们眼前的是一种母体效应"。他想用这个词表达的是，胚胎性状仅受母体表型影响，与父母传给后代的基因或细胞质无关。

多勃赞斯基用母体效应这个词定义了一类概念，将本质上来自母体或细胞质的遗传与遗传过程中的母体性状倾向区分开来。多勃赞斯基的术语摒弃了"继承"这样的字眼，转而用"效应"这个词来强调一种现象的实际存在，同时又不具体说明造成这种效应的原因，并就遗传过程中何时发生这种效应保持模糊态度。但这种模糊反而是这个词的好处所在。母体效应由此成了一个开放式问题，有待科学家进一步研究这类不属于细胞质遗传，且无法用任何标准遗传机制加以解释的母体影响。就这样，这个术语被一直沿用到了今天。

但在20世纪30年代，多勃赞斯基所谓的母体效应的概念还仅限于指代植物、昆虫及其他无脊椎动物雌性亲本的表型对后代胚胎早期发育表型的影响。它暂且还不适用于包括人类在内的哺乳动物，这类动物的幼体需要在母亲的子宫内发育相当长的一段时间才能出生。不过，这只是暂时的，母体效应很快就会扩展到哺乳动物身上。

设得兰马与夏尔马

设得兰矮种马（Shetland Pony）是一种在英国设得兰群岛土生土长的品种，它的站立高度不到3.5英尺[*]。相较之下，英国内陆地区用于日常工作的夏尔马（Shire）是全世界最高大的马种，高度可达6英尺。1934年，第二次世界大战前夕，英国剑桥大学动物研究所的遗传学研究人员对这两种马进行了正反交实验。他们用雄夏尔马的精子对设得兰雌马进行人工受精，又反过来用设得兰雄马的精子对雌夏尔马进行同样的操作，希望以此观察母本的体格大小如何影响后

---

[*] 1英尺约为0.3米。——译者注

代的体格大小。研究人员想知道，实验中雌夏尔马生出来的小马，究竟是像母亲一样高大，还是像父亲一样矮小，抑或介于两者之间呢？

这项实验的负责人是剑桥大学教授约翰·哈蒙德（John Hammond）。今天，哈蒙德凭借《动物养殖：繁育、生长及遗传》一书而被誉为现代动物生理学之父。此外，哈蒙德还是20世纪家畜养殖学的鼻祖。在动物实验研究高度发达的今天看来，尽管当时的设得兰马和夏尔马杂交实验似乎有点小儿科，但在那个年代，这项实验直指遗传学与动物养殖学的核心问题。据哈蒙德记载，这项实验的目的是评估"遗传与环境因素在决定动物体格大小、发育及极限比例上谁更重要"。哈蒙德分析道，如果后代的体格更接近母本，那么后代之间体格存在差异的原因"将不是染色体，而是母本体格差异这种环境因素"。换句话说，应该有一个对照实验，将"母本体格"作为唯一或决定性的变量，观察相应的后代是否将与母亲呈现同样大小的体格。

20世纪30年代，就在哈蒙德开展上述实验时，动物体格大小的遗传机制已被普遍认为是一个关于遗传与环境相互作用的经典问题。来自遗传学、胚胎学、农学、营养学和人类学领域的科学家们，共同在20世纪的前几十年内努力解决这个问题。在哈蒙德开展马种杂交实验时，当时最具影响力的相关研究成果出自遗传学家威廉·卡斯尔之手。哈佛大学布塞研究所（Bussey Institute）专攻动物研究，卡斯尔在这里用兔子、豚鼠和小鼠做了几十年的动物体格遗传实验。他发现，哺乳动物的体格大小完全是一个由基因决定的遗传性状。在大多数情况下，后代的体格往往介于父亲与母亲的体格之间。然而，哈蒙德的实验却正好指向了相反的结果：母亲影响着后代的体格。

1938年，哈蒙德在《英国皇家学会报告》中发表文章，他以坐标纸为背景，再次呈现了实验产生的小马驹后代的影像截图（见图

4-2)。这张图让人一眼就能看出惊人的结果：雌性设得兰马与雄性夏尔马交配后产下的小马，无论在身型还是体重上均与纯种设得兰马非常相像；相反，雌性夏尔马与雄性设得兰马交配后产下的小马，各方面都像一头普通的夏尔马。于是哈蒙德得出结论："每次正反交实验中，小马的体格都极其有规律。小型母马生下的后代，体格像设得兰马。大型母马生下的后代，其体格发育更不受限制，尽管可能无法完全达到纯种夏尔马的高度。"不仅如此，随着小马长大，它们体格间的差异仍将继续存在。

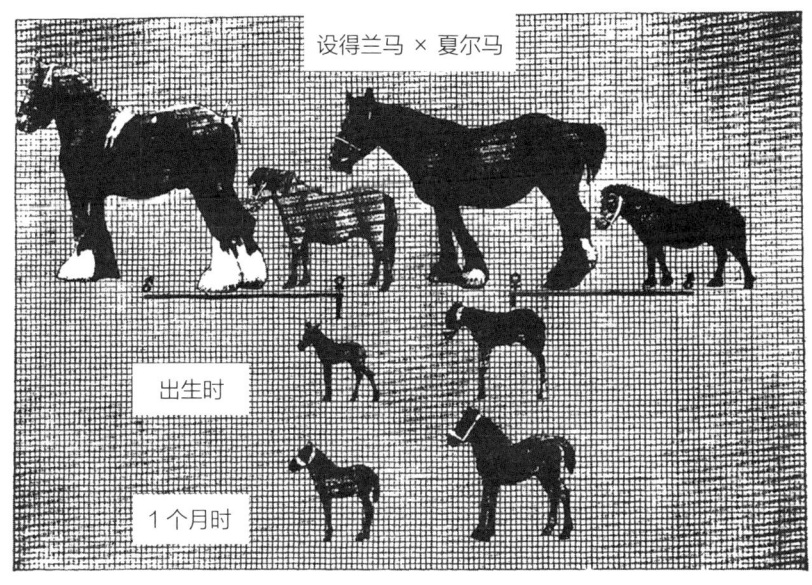

图 4-2　设得兰马与夏尔马正反交实验

实验结果显示，小马的生长受到母亲体格大小的限制。
图片来源：Walton and Hammond, "The Maternal Effects on Growth and Conformation in Shire Horse– Shetland Pony Crosses."

哈蒙德称，上述实验表明"决定后代体格大小的因素是子宫环境，而非其他遗传因素"。他写道："母体表型决定性地掩盖了基因差异。"尽管哈蒙德并没有引用多勃赞斯基的研究，但他同样用母体效应一词来描述自身的发现。

哈蒙德意识到，母体效应对于平息有关遗传与环境因素孰轻孰重的争议具有普遍的重要意义。那个开放式问题仍然存在：如果母体效应能够造成成年个体的终身差异，那么这些差异会继续传给后面的几代吗？只可惜，哈蒙德还没来得及回答这个问题，就受战争所迫毁掉了实验动物。好在没过多久，生殖生物学领域出现的新技术使这个问题再度浮出水面。

卵移植技术与对"真正"的母体效应的探寻

尽管哈蒙德的小实验呈现出了惊人的发现，但哈蒙德本人仍然无法区分细胞质效应（母体卵子细胞质中的某些遗传物质能够控制后代生长）与真正的母体效应。为了证明母体效应的确存在，光靠一个正反交实验显然是不够的。只有当交叉繁育品种的受精卵能够被移植并成功在另一个雌性个体体内生长时，科学家才能排除子宫环境影响，从而孤立地评估细胞质单独的影响，以此真正区分出母体子宫与细胞质分别的遗传贡献。简而言之，人们需要掌握精细的卵移植技术，才能开展涉及卵子的交叉培育实验。

在哈蒙德那个年代，卵子移植术还显得遥不可及。尽管早在1935 年就有了关于小鼠卵子移植的成功案例，但这种方法的失败率很高。因此，这样不成熟的技术自然不适合用于科学实验，毕竟实验对于技术的可靠性要求很高。直到20 世纪40 年代末，卵移植技术终于被一名瑞典遗传学家一举攻破。

奥利·文格（Ole Venge）是瑞典乌普萨拉动物繁育研究所

的研究员,他跟着当时著名的农业科学家伊瓦尔·约翰逊(Ivar Johansson)做实验。文格成功开展了正反交实验,繁育了142窝兔子,并做了249次兔卵移植尝试。在这项精细而审慎的研究中,为了尽可能放大实验结果,文格对不同大小和颜色的兔子品种进行交叉繁育并开展卵移植手术(见图4-3)。为了做好这样的手术,文格从4只活兔子开始。首先,让需要取卵的雌兔与一个品系明显不同的雄兔进行交配。24小时后,把这只雌兔杀死,并将其输卵管取出,其中的受精卵被洗净,然后储存于盐水中。与此同时,有待接受卵移植的雌兔被刻意地安排与一只结扎的雄兔进行交配,然后这只雌兔被麻醉。文格在这只雌兔的腹部开了一个3厘米的手术切口,然后向这只雌兔的输卵管中注入此前从另一只雌兔体内取出的受精卵,

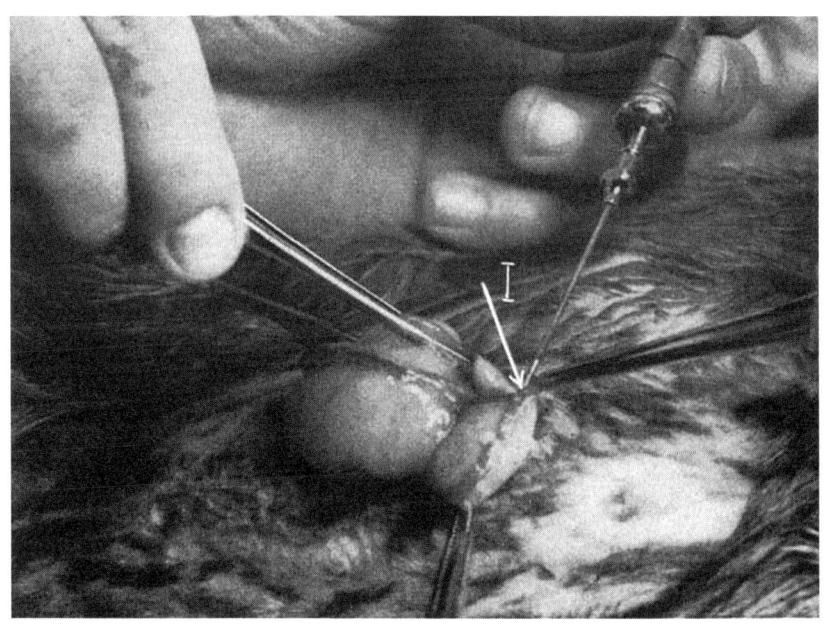

图 4-3 兔卵经输卵管移植进其他雌兔体内的手术图

图片来源:Venge, "Studies of the Maternal Influence on the Birth Weight in Rabbits."

最后缝合了这只雌兔的手术创口。鉴于以往卵移植手术只有略微超过50%的成功率，文格默默祈祷这次的卵移植手术能够成功，相应的后代能够顺利存活下来。

结果显示，受精卵在纯黑雌性巨型花明兔体内长大后，仅仅在母体子宫的影响下，就比体形更小的白色波兰兔后代大了33%。这项证据有力地证实了哈蒙德的猜想。文格的实验结果表明，母体提供的子宫环境显著地改变了胎儿的体格大小，从而使此前关于哺乳动物体形仅由父母双方基因定量决定的观点不再站得住脚。文格于1950年发表的研究报道长达148页，被翻译成了3种语言，后来成了母体效应研究领域的经典文章。

与此同时，北美的科学家们也在用另一种方式研究母体效应：他们在实验室中研究标准繁育级啮齿动物的后代特征。1929年，缅因州巴港镇的杰克逊实验室（Jackson Laboratories）成立，至今每年仍提供近200万的实验用动物，其中小鼠占美国科研动物用量的95%以上。杰克逊实验室将近交系小鼠的后代胚胎冷冻起来，保存于液态氮内，每天以快递的形式发往全球各地，方便科研人员在小鼠身上建模，以此模拟癌症等人类疾病的发展进程。

今天，实验用小鼠已然成了现代生物医学的代名词。但在20世纪30年代以前，科研人员还很少用小鼠做实验。大多数遗传学家用的只是简单的海洋生物、软体动物和昆虫，而哺乳动物实验很大一部分仅限于农业应用研究。

在美国国家癌症研究所（National Cancer Institute）的大量资助下，杰克逊实验室从20世纪三四十年代开始，实现了标准繁育级近交系小鼠及哺乳动物胚胎的大批量生产流通。没有完善的胚胎提取和移植技术，这种大批量的生产显然不可能实现。第一例成功的

第 4 章　母体效应

卵移植手术发生在 1935 年，手术由杰克逊实验室的伊丽莎白·费克特（Elizabeth Fekete）在小鼠身上完成。正如前文提到的那样，尽管 1935 年有了这样的成功先例，但以当时的技术成熟度，人们至少还要过上 10 年才能熟练掌握这项技术。

杰克逊实验室的科学家们想要繁育出可靠的建模小鼠用于科研，但摆在他们眼前的是一个关键问题：如何在不影响研究者想要研究的性状的前提下，将胚胎移植到任何母体子宫内并顺利生长呢？会不会有一些品种的雌鼠就是容易生下体形更大、更健壮的后代呢？母鼠的年龄、营养状态、品种和体形是否会对整窝的后代造成影响呢？为了实现小鼠的现实应用，杰克逊实验室的研究人员开始着手应对上述问题。但他们也意识到，母体效应向生殖生理学、遗传学和内分泌学提出了一个基本的研究问题。事实上，杰克逊实验室后来在小鼠身上开展了一系列母体效应研究，并因此从一家小鼠制造工厂摇身一变，把自己打造成了基础研究的大本营，并以此引来政府和慈善机构的竞相资助。

然而，杰克逊实验室的研究人员始终难以突破各种技术瓶颈。早在 20 世纪 30 年代，这里的科学家们就已在研究小鼠对乳腺癌易感程度的过程中，发现了正反交小鼠后代呈现母体效应的证据。起先，这些科学家认为，这种效应是母体子宫带来的。但过了一段时间，研究显示这种效应发生在产后阶段：即便同样是不易感癌症的小鼠后代，被易感癌症的母鼠产下的小鼠，也比不易感癌症的母鼠产下的小鼠更容易长出恶性肿瘤[1]。

---

[1] 费克特在后期研究中运用胚胎移植技术，试图探究母体提供的环境会对后代造成怎样的影响。费克特虽然在研究中发现了类似的现象，但其研究的局限性较强，因为它没有明确区分宫内因素的影响与产后护理的影响。

1942 年，费克特提供了关于真正母体效应的证据。她将一只黑鼠的受精卵移植进一只白鼠的体内，又同时将一只白鼠的受精卵移植进一只黑鼠的体内。结果显示，黑鼠的子宫环境比白鼠的更有利于受精卵发育成活体小鼠。然而，这些有关胚胎存活力的测量结果实在太过粗略，不足以证明某些机制的确存在。

更惊人的发现出现在 1951 年。当杰克逊实验室的科学家们正在用黑鼠与另一种近交系小鼠进行正反交实验时，他们发现小鼠后代的骨架类型都像母鼠。研究人员由此认为，"从近交系小鼠的正反交实验结果来看，小鼠后代出生时呈现的骨架差异证明，这两个品种的小鼠之间必然存在某种特征上的不同，这种不同要么来自胚胎环境，要么来自卵子的细胞质"。但研究人员也承认，要想"分离细胞质效应与子宫环境效应"，必须在交叉繁育中成功进行卵移植实验。不过，这样具有决定性作用的实验直到 7 年后才在伦敦的安妮·麦克拉伦实验室（Anne McLaren Laboratory）出现。

麦克拉伦是一名生殖生物学家，也是研究小鼠的专家。今天，人们普遍称她为哺乳动物胚胎移植术之母。麦克拉伦的研究成果为体外受精（IVF）技术的发展奠定了基础，即人工在实验室里培育受精卵，再将受精卵移植进子宫内生长发育的技术。自 1978 年首例临床应用成功以来，单单在美国，体外受精技术就已帮助超过 100 万美国新生儿顺利诞生。时至今日，体外受精已发展成一项市场规模为 100 亿美元的全球产业。身为一名训练有素的发展生物学家，麦克拉伦将早期的研究生涯全部倾注于研究小鼠基因与环境的相互作用机制。也正是因为这个缘故，她开始接触关于母体效应的问题。

20 世纪 50 年代，在英国农业研究协会的资助下，麦克拉伦与当时的丈夫唐纳德·米基（Donald Michie）在小鼠身上开展了一系列关于子宫环境效应的针对性研究。同杰克逊实验室的科学家一样，麦克拉伦夫妇也在实验中观测到了一项潜在的母体效应。他们让黄色的刺鼠与另一种黑色的小鼠进行正反交实验，生出来的小鼠后代在某个非常特别的方面——脊椎骨的数量上像极了母鼠。如果真能证明这是一种能够改变后代某方面具体形态的子宫环境效应，那么这项实验的意义将超越文格及其他科学家的发现，因为文格等人认为母体效应仅能影响后代的"整体生长"。

麦克拉伦夫妇的实验用了 3 个不同品种的小鼠，需要他们在 27 个月的时间内进行 197 次卵移植手术。他们在相关著述中写道，细胞质效应与子宫环境效应的"区分实验"，"可通过从一个品种雌性亲本的体内取卵，并移植到另一个品种雌性养母的子宫内生长实现。如果卵移植对研究的性状无影响，则卵子的细胞质必然是造成母体效应的原因；反之，如果卵移植对研究的性状有影响，则证明子宫环境是造成母体效应的原因"。首先，麦克拉伦夫妇对两种小鼠进行了正反交实验，其中一种小鼠有 5 块椎骨，另一种小鼠有 6 块椎骨，且更接近小鼠群体的普遍情况。这个正反交实验产生的后代，基本上与母体表型相似。接下来，为了区分细胞质效应与子宫环境效应，麦克拉伦夫妇将前述正反交实验中形成的受精卵（有 5 块椎骨）移植进有 6 块椎骨的母鼠子宫内生长（见图 4-4）。如果是细胞质效应，则小鼠后代理应有 5 块椎骨。然而，结果显示，小鼠后代都有 6 块椎骨，就像它们的养母一样。最后，麦克拉伦夫妇还进行了反向操作，将有 6 块椎骨的受精卵移植进有 5 块椎骨的母鼠子宫内生长。结果显示，这些小鼠后代仍然像养母一样，都有 5 块椎骨。由此，

| 母体记忆

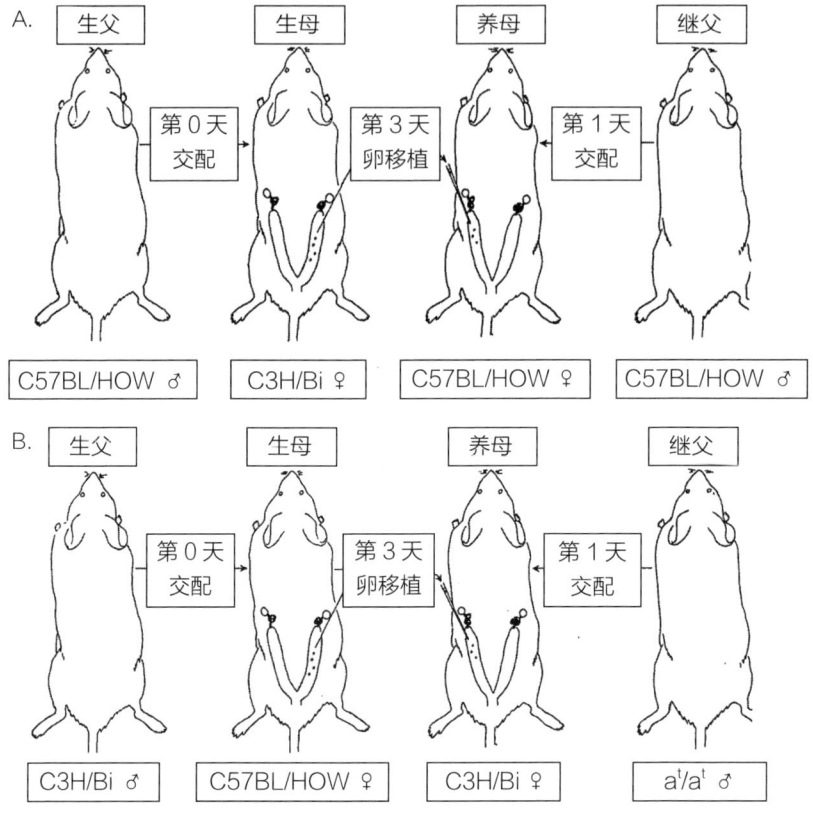

图 4-4 交叉繁殖实验流程示意图

该实验旨在区分子宫环境效应与细胞质效应。(A) 原生母体内的受精卵发育成小鼠,小鼠(C3H/Bi)的毛皮颜色与原生母体一致。这些小鼠接着就能与继父的后代形成显著区别,因为继父的小鼠后代(C57BL/How)有着黑色的皮毛。(B) 反向操作卵移植手术后,可以检验母体效应的特异来源。雄鼠(a^t)的后代有着较浅的腹毛颜色,从而使之与原生母体生出的小鼠后代区分开来。

图片来源:McLaren and Michie, "Factors Affecting Vertebral Variation in Mice: Experimental Proof of the Uterine Basis of a Maternal Effect."

整个实验的结果可以让人得出结论:"子宫环境对于未出生的后代具有改变形态的特异影响。"

仅凭子宫环境本身就能影响小鼠胚胎的椎骨数量,看到这些证据的麦克拉伦夫妇不禁浮想联翩。他们第一时间想到了实验结果对经典遗传学说的意义,并写道:"我们必须作好发散思维的准备,因为基因控制形态发生变化的过程可能超出我们的想象。"在他们看来,形态发生变化的过程"不仅受到胚胎自身基因的影响,而且还受到胚胎所在母体的基因影响"。暂且不说其理论意义,麦克拉伦夫妇的这项实验也具有十分重要的实践意义。

麦克拉伦夫妇预判,子宫环境带来的母体效应必将成为"临床研究的兴趣点所在"。许多人类的先天异常情形都可追溯至"母体生理环境的诸多变量"上。麦克拉伦夫妇兴致勃勃地认为,"其中一些先天异常的情形甚至可以归结于母体当时所处的社会条件"。在农业繁殖领域,卵移植技术也将大有用武之地,可以成为家畜繁育的重要组成部分。试想,有一些性状表现杰出的母体,其受精卵经过廉价的跨洲运输,将被移植到基因更差的受体内生长。接下来需要我们探明的是,在这种移植情况下长大的后代是否能始终保持与原生母体的表型一致,还是有可能从受体养母那里获得某些不太好的性状。

母体效应的实际应用

从最早的小麦品种商业化量产研究,一直到哈蒙德的马种杂交、文格的兔子杂交和费克特与麦克拉伦的小鼠杂交实验,这些有关母体效应的研究始终处在一定的社会和科学大背景下,他们的最终目的都是希望用科技手段操控并优化农业、实验室乃至临床的生殖结果。

但在这时,科学家依旧无法回答人类子宫环境的母体效应问题。20世纪60年代至20世纪80年代,主要从事哺乳动物母体效应研究的是农业科学家。他们在自己的应用遗传学实验室中,希望借助这些研究进一步提升家畜的经济生产力。爱荷华州立大学、北卡罗来纳州立大学和美国农业部、英国爱丁堡大学、剑桥大学等机构设立的农业研究中心,都是当时研究遗传母体效应复杂机制的顶尖机构。到了20世纪70年代,关于生物与经济效益的母体效应研究,已成了农业科学领域长期关注的研究热点。

从实际应用的角度来看,家畜繁育者们希望找到并操控那些可能拉低后代家畜质量的母体效应。此外,他们还热衷于提高母体生产力。1972年,专注于研究羊的遗传学家埃里克·布拉德福德(G. Eric Bradford)写道,只要繁育者必须依赖动物母体的子宫生产新动物,有关子宫母体效应的研究"就值得人们在繁育动物时予以高度重视",尤其是当这类研究有可能使人类培育出"性状优异的特殊血统动物"时。布拉德福德在自己的研究中同样应用了母体效应科学,以期探索农场主究竟能在多大程度上限制成熟雌性育种的体格大小,由此在保持繁育质量的同时"降低维护成本"。农业科学家们开展的这类研究,都是为了解答一个简单的经济学问题:有没有可能繁育出专业上所谓的"高效能"母体呢?这样的母体能够更早地达到性成熟,每窝能够生出更多后代,而且几乎没有生产难度。它们习惯于长期圈养,几乎不需要什么维护,就能够把吃下去的农场草料变成能量,然后用这些能量尽可能多地生出健壮的后代。

第 4 章　母体效应

专注于牛、猪遗传机制研究的遗传学家戈登·迪科尔森（Gordon Dickerson）走在了母体效应应用研究的前沿。他先是在爱荷华州埃姆斯市的农业研究站内就职，然后下海从商，接着又进入美国农业部做了公务员。1947 年，迪科尔森发表了一篇研究论文，为相关领域的后续研究奠定了基础。他耗时 12 年，在爱荷华州的农业研究站里追踪了 746 头猪的遗传过程，从中研究母猪性状表现的变化。迪科尔森观察了近交系同父异母猪仔的情况，测量了这些猪仔断奶后呈现出的不同的进食与增重速率。最后，他将这些猪宰杀后，还测量了尸体的生理结构及各方面指标，尤其是人们日常消费中经常买的部位："火腿肉、腰肉和前腿肉"，以及"猪五花、肥厚的背部和猪板油"。

迪科尔森的数据显示，猪的身体构造随着母系血统的不同而不同。换言之，母体效应的确是繁育过程中影响后代体格大小与繁育速度的重要因素。然而，情况也出现了意想不到的变化。迪科尔森发现，"高效能"的母猪的确能生下进食量低、增重快的猪仔，但这样的母猪产下的后代母猪反而是"低效能"的。迪科尔森于是写道："这证明，能够使某个血系的猪更有经济价值的基因，也同样能让这一血系的雌性后代趋于低效。"从实际意义上看，迪科尔森的发现在警示繁育者：不能只选择"快速增重并带来经济价值的"后代，因为这么做很快就会对还没断奶的猪仔造成损害，使它们的"吸奶能力变差，瘦肉变少"。最后，迪科尔森得出结论："这种'跷跷板'过程的净结果，反而会把整体繁育期拖得更长。"很快，许多针对不同物种的同类研究也佐证了迪科尔森的发现，证实了子宫母体效应的确能产生复杂的拮抗性和惯性的跨代影响。

母体效应"跷跷板"式的跨代影响，对繁育者和遗传学家提出了挑战。遗传学家将母体效应视为增加"额外复杂性"的源泉，认为它可能导致人们对"遗传结果的预估出现偏差"，还会使某些性状的遗传出现"前后矛盾的地方"和"非常不好的趋势"。来自爱荷华州立大学、享誉全球的英裔遗传学家奥斯卡·坎普松（Oscar Kempthorne），在 1955 年发表的一篇关于母体效应的经典论文中写道："哪怕是最简单的育种实验，能够施加影响的因素也并不算少。光是这些因素可以发挥潜在作用的各种方式，就复杂得让人难以想象。"他将母体效应列为定量遗传学领域"有待解决的九大问题"之一，并简要整理了母体效应的"整体情况"，从中归纳出母体效应在"逻辑性"方面的严峻挑战，呼吁大家至少去研究"七个参数"。同期，其他顶尖的定量遗传学家也在自己的论文中用各种炫目的图表展示着母体的基因与环境影响，以此证明这些影响可改变后代表型的经济价值（见图 4-5）。他们竞相建立各种各样的定量模型，模拟

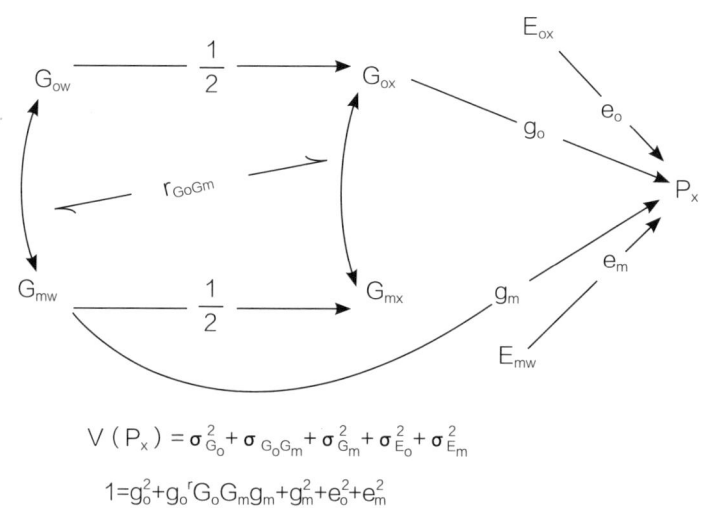

图 4-5 模拟母体效应（m）如何影响后代性状表达（P）的路径系数图

图片来源：Willham, "The Role of Maternal Effects in Animal Breeding."

妊娠期母体在不同的状态下如何改变着后代的性状,而这些性状的改变又是怎样背离了遗传学的基本法则。

母体效应能否应用于现代人类群体?

正如我们已经看到的那样,20世纪的前几十年内,母体效应在植物、昆虫和低等海洋生物中存在的合理性愈加明晰。20世纪30年代至20世纪70年代,经过近半个世纪的发展历程,母体效应也逐渐被证实存在于非人类的哺乳动物中。关于母体效应的动物实验并非发端于高科技的分子生物学实验室,而是源自动物繁育和农业研究这样接地气的领域。或许,也只有在这样的地方,研究人员对教条理论才不会那样马首是瞻,反而更加关注哪些东西具有实际应用价值。正是通过这些领域的研究,母体效应的概念从原本仅限于胚胎种皮和蜗牛螺纹的早期形成,逐渐包含了非人类哺乳动物的子宫影响。到1967年时,一名科学家已经将母体效应描述为"或许是哺乳动物中最重要的间接遗传效应来源"。

从贝特森到麦克拉伦的科学家们意识到,母体效应的问题归根结底还是遗传和生殖的问题。他们不再同意影响动物发育的决定性因素是从父母那里获得的基因以及其他基本营养条件和免受身体伤害的安全环境,转而认为遗传过程不只是这些东西的传递:后代在自身所处的母体环境内不断发育,并随之被母体生理构造中的某些未知因素塑造。可问题是,在现代人类群体中,也能观测到这类母体效应吗?

即使在可以人为高度操控实验条件、研究代际遗传的动植物实验中,测量子宫内的母体效应也是一件相当难的事。再加上科学界对于母体效应究竟由什么构成还存在诸多模糊之处,由此使人类母体效应的问题变得更加复杂。母体效应的概念本身包含了一种直觉,即性状不仅由基因决定,还由环境决定,而母体又是环境的一部分。尽管多勃赞斯基最早用母体效应一词描述果蝇胚胎发育初期受到母体细胞质内所含基因的影响,但到了1958年,麦克拉伦已将母体效应定义为任何不符合性别遗传平等法则的例外情形,这些情形中的遗传路径与染色体无关。这种极为宽泛的定义,从细胞质的线粒体遗传和胚胎早期形成阶段受到的母体影响,到子宫内环境对胚胎某些性状的设定值编程作用,再到产后护理、社会化和后天学习等方面,几乎包罗万象。

关于母体效应的经典定义指的是近乎终身的母体构造因素。正如某位研究者所言,母体效应是一种"永久性的环境效应",要求人们考虑到"既往整个母系血统的贡献"。其中一些因素可能受到基因的调控,即母体内可能存在所谓的"母体效应基因",能够影响母体为后代提供的生长环境,由此间接改变着后代的基因表型。其他母体效应则可能源于环境,由母亲"自身所处的教养环境、营养条件和成长经历"构成。一个典型的例子是母亲自己出生时的体重及成人后定型的身材,据说不仅可以反映出基因的遗传情况,还可以反映出早期环境暴露情况。

除了母亲的身体构造性状,还有一些显著不同的阶段性、暂时性因素。这些因素可能因人而异,如孕妇年龄等。对于人类而言,还包括吸烟史、职业、压力情况、医疗保健条件以及是否吸毒等因素。这些因素一般不会被认为是母体效应,而只是母体通过胎盘向胎儿施加的环境暴露因素。但正如三位流行病学家珍妮·克莱因(Jennie Kline)、齐娜·斯坦(Zena Stein)和莫文·萨瑟(Mervyn

Susser）指出的那样，当这类因素变为一直在某处影响母体的慢性因素时，即如果存在"持续性的物理环境""社会阶层""居住场所"和"长期习惯"，则这类因素或许也可以被认为属于母体效应的范畴。

20 世纪 70 年代，人类学家、社会学家和专注于研究母体效应的营养学家、毒理学家、神经科学家及胎盘学家，面对不同人群世代持续存在的不平等生存结果，开始探索社会与环境因素能否帮助解释为什么会有这种不平等的现象。在接下来的第 5 章中，让我们一起来看看他们的故事。

第5章
种族、新生儿体重与生物社会体

20世纪60年代,一种关于美国黑人群体持续贫困现象的观点开始在政治领域盛行起来。社会科学家和政治评论家认为,美国社会的种族劣势问题之所以挥之不去,源于这种劣势的代际相传。由此,种族歧视、贫困和健康状况不佳的问题一代传一代,并在世代相传的过程中沿着固定的路径不断巩固着种族劣势。面对这种观点,主张利益再分配的社会政策与公民权益保护几乎没有招架之力。

有人将这种世代持续存在的种族不平等现象归咎于文化。1965年,美国劳工部发布报告《黑人家庭:需要国家采取行动的案例》,报告的作者是当时的劳工部副部长兼国会参议员丹尼尔·莫伊尼汉(Daniel Moynihan)。这份报告充分体现了莫伊尼汉在种族不平等问题上的鲜明观点。报告显示,美国黑人群体之所以持续面临艰难的社会处境,是因为黑人家庭中的女主人普遍存在未婚生育现象,并称这种现象为一种"社会病态"。莫伊尼汉称,在过去奴隶制的影响下,黑人群体的文化模式让他们陷入了依赖他人的循环,并使黑人男性不思进取。莫伊尼汉相信,这种受到文化驱动的世代轮回,正好可以解释为何美国社会明明已经向黑人提供了各种福利,但他们还是一直在贫困的泥淖中不可自拔。莫伊尼汉表示,承认黑人群体有着抗拒变化的文化模式,对于制定促进种族平等的社会政策至关重要。

另一些人则将目光投向遗传学领域。在1969年发表于《哈佛教育评论》上的一篇文章中，心理学家亚瑟·詹森（Arthur Jensen）提出了一个臭名昭著的观点：持续存在的世代种族不平等现象，证明了不同种族的人天生就有不同的智力水平。20世纪60年代，美国黑人的智商测试得分中位数比白人群体大约低一个标准差。大多数社会科学家认为，黑人与白人的智商差距，源于他们处于不同的经济和环境条件。但他们内部对于智商测试是否真的是经得起时间考验的有效智力测量手段，对于不同的社会群体、文化环境又是否同样适用，都存在争议。但詹森坚持认为，黑人与白人在智力测试得分上的差距，代表他们天生有着不同的智力水平。同时代的其他著名人物，如诺贝尔奖获得者威廉·肖克利（William Shockley）与心理学家理查德·海恩斯坦（Richard Herrnstein），与詹森持有同样的观点，即不同人种智力测试得分的差距是生物性的。这就解释了为什么即使有这么丰富的社会资源投入，黑人的整体学历还是那么低。詹森认为，政策制定者应当接受现实：黑人与白人的社会不平等问题，不能通过向黑人群体投入更多的教育资源得到解决。

1970年，《处于劣势的孩子：健康、营养与学力不足》一书的作者、阿尔伯特·爱因斯坦大学儿科医生、神经心理学家和教育学专家赫伯特·伯奇（Herbert Birch）与哥伦比亚大学营养学家琼·古索（Joan Gussow）介入到了上述僵持不下的争论之中。这本书系统梳理了母婴领域科学家在新生儿低体重跨代遗传模式方面的大量研究成果，批评了詹森和莫伊尼汉关于种族不平等趋势的悲观观点。伯奇和古索认为，持续存在的种族不平等现象，反映出的并不是某些人种的基因或文化低劣，而是由于母体压力和营养不良导致的"一种持续损害"。这种损害不仅能引发新生儿体重低的问题，还能"造成更多不易察觉但广泛存在的损害,并引发种族整体心理功能降低"。持续存在的种族不平等现象,"不是当下环境造成的,而是过去环境,即母亲自身成长的环境带来的遗留效应"。在科学界争议世代种族不平等现象的起源时,除了社会与生物学解释,子宫也为美国种族不平等这一棘手现象提供了另一种解释机制。

本章讨论的是 20 世纪六七十年代,在母婴科学与种族进步理论的交汇下,母亲的身体如何从概念上成了社会痼疾和胎儿的容器,成了脆弱的、易受影响的生物社会体(Biosocial Beings),并因此被卷入更大范围内的社会争论中,成为种族差异与社会不平等思想的试金石。各位将看到当时的美国社会就黑人与白人的新生儿体重差异问题有过怎样的争议,又是如何讨论这个问题的起因、影响和解决方式的。这场争议揭示出,20 世纪时,了宫母体效应与社会公正导向的生物社会科学项目之间存在着复杂而密切的联系。直到今天,美国黑人新生儿低体重发生率仍是白人新生儿的 2 倍,这种差异自美国开始记录新生儿体重以来一直保持着相对稳定的水平。但 20 世纪六七十年代的研究人员已和以往不同,他们不再认为这种现象的起因是基因性的。20 世纪中期的社会流行病学在探索解决种族与新生儿体重问题时,形成了一种不同于以往的观点,即子宫这个空间能够被外部更广大的社会环境渗透;同时,新生儿体重也是衡量社会不平等程度的鲜明尺度,更是造成不同种族有着不同人生结果(如受教育程度)的驱动因素。

尽管人们关注新生儿低体重问题的初衷是为了降低新生儿死亡率,但人们的兴趣点很快就聚焦于新生儿体重对解释有关争议(如种族基因和智商差异)有着怎样的意义。对于一些人而言,母婴间关系及其跨代影响,能够从理论上帮助阐释种族压迫的危害性。刻进骨子里的种族创伤,能通过母亲的肉身世代相传,从而使整个黑人种族陷入贫穷的循环。这种观点成功地将公众对话由种族文化、个人行为或先天生理构造的问题，转移到社会公正背景下的结构性不平等问题和跨代创伤的生物社会遗传问题上来。脆弱的美国黑人胎儿容易被严酷的社会条件影响，还没出生就被社会打上了种族主义和贫穷的烙印。所有这些内容，都是生命政治领域为了实现社会公正而主张的策略性观点。[①]

新生儿体重

今天，新生儿体重是怀孕成功与否的标志性指征之一。美国的出生证上一般会写明新生儿的出生体重，数据会精确到多少磅、多少盎司。同时被记录在出生证上的还有许多其他信息，如新生儿的姓名、性别、身长及详细的出生日期和时间等。新生儿体重的统计数据经常出现在国家甚至国际层面的统计分析报告中，用来显示一个国家的母婴健康、经济发展及性别平等水平。从产科到社会学在内的诸多学科，无不对新生儿体重报以持续而密切的关注。近期的文献检索结果显示，科研期刊中出现的相关数据堪称惊人——仅仅在过去的30年间，就有6万多篇论文讨论了新生儿体重问题，并以此作为人口健康状况、发展程度和经济结果的主要指标。

人们之所以对新生儿体重如此关注，一部分是因为新生儿低体重的现象与社会经济因素密切相关，另一部分是因为低体重的新生

---

① 在美国奴隶制的历史背景下，种族歧视问题是美国社会的痼疾。而胚胎表观遗传编程研究的抬头，可谓是当代美国社会关于母体宫内影响的实例，能使我们从中看到种族主义的显著危害性。

儿往往伴有许多其他方面的不良表现，如肺、肝和肾脏健康问题以及行为和认知能力问题。但人们还没有完全弄清新生儿低体重与其他不良表现是否互成因果：一种可能是出生体重低本身导致了其他不良问题；还有一种可能是，出生体重仅仅是一个中介指标，其背后还有更深刻的社会因素导致了不良问题的出现（见图5-1）。只有确定了到底是哪种可能性，同时找出究竟是什么导致了新生儿低体重，人们才能对症下药，实行相应的公共卫生控制与干预措施。但要想确定到底是哪种可能性，即新生儿体重究竟是造成劣势的原因，还是反映了更宏观的社会因素，这个问题自研究者们开始探索以来至今仍是一个挑战。①

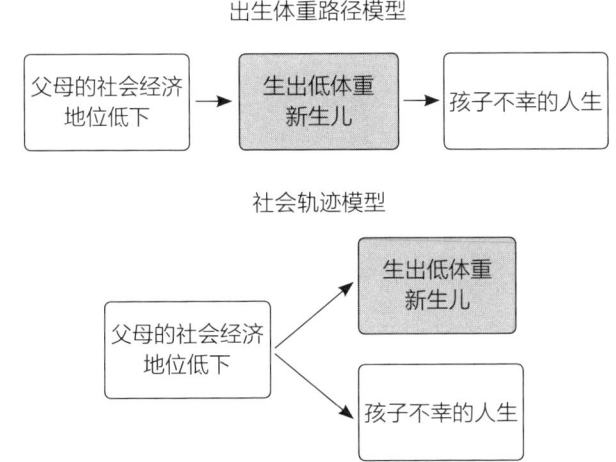

图5-1 用于解释社会经济地位、出生体重与人生结果之间关系的不同理论模型

图片来源：Amy Noseworthy, copyright Sarah Richardson, 2020.

作为一个生物标记指标，新生儿体重并非一开始就被用于预示

---

① 已有学者建议，同卵双胞胎研究或许可以回答这个问题。

众多问题的存在。尽管一些欧洲妇产医院早在 18 世纪就已开始用体重秤测量新生儿体重，但当时这么做的目的仅仅是监测婴儿的喂养进程。美国首次系统收集正常婴儿的出生体重及发育进展数据始于 19 世纪初。正如科学史学家劳伦斯·韦弗（Lawrence Weaver）所言，当时之所以要开展这项定量追踪工作，是因为越来越多的家长开始在临床医生的指导下，根据专业的医学知识喂养儿童。再往后一段时间，英语国家相继开始采用婴儿体重秤测量出生体重。病历记录显示，19 世纪 70 年代时，社区家庭医学门诊普遍采购了婴儿体重秤。到了 19 世纪末，美国和英国的一些医院已开始系统收集新生儿体重数据。但直到 20 世纪中期，新生儿体重才成为一项常规统计数据和标准生命指标。此时，人们在致力于降低新生儿死亡率的过程中，逐渐将新生儿体重视为一项重要的公共卫生指标。

在某项医学发明、社会干预措施或人口学转变出现后，某个人群的疾病分布情况会出现重大变化，由此使该人群的流行病学特征也相应发生改变。尽管很小的婴儿总是容易情况很糟，但在 20 世纪中期以前，有大量的新生儿在不满一岁时因感染传染病而死亡。在那个时代，即将结束婴儿期的孩子经常会患上各类常见传染病，如麻疹、腮腺炎、风疹、白喉、流感及包括痢疾在内的消耗性疾病。但到了 20 世纪 30 年代至 20 世纪 50 年代，随着传染病防控措施的有力执行和各种疫苗的面世，因上述疾病致死的美国新生儿急剧减少。到了 20 世纪 70 年代，5 岁以下儿童的传染病致死率已由 20 世纪初的 1.7% 下降到 0.2%。

既然已经没有那么多比较大的婴儿因为感染传染病而死亡，那么现在剩下的问题就在于刚出生 1 个月以内的婴儿，尤其是出生头 1 周的婴儿。在这方面，出生体重很快就成了新生儿死亡率的有效预测指标。尽管新生儿死亡率仍是公共卫生领域的一个重点关注事项，但流行病学家和社会活动家们已经开始将重点转移到更加精细的母婴健康衡量指标上来，希望找到能够预测不良结果的指标和反映改善进度的指标。他们还需要一系列定量指标，以证明母婴健康领域仍需要持续的资源投入。至20世纪六七十年代时，新生儿体重已成了衡量婴儿健康、国家与人口健康状况的前沿生物指标。

20世纪60年代至20世纪80年代，流行病学领域还发生了第二项转变：现代产科干预手段的诞生和医学新技术（如早产儿恒温箱）的出现，使出生体重极低的新生儿存活率大幅提升。这项进步虽然使更多的低体重婴儿得以存活，却也不可避免地带来更多因体重过低而死亡的新生儿。与此同时，存活下来并长大成人的低体重新生儿数量也在上升，由此激发医学界更多地研究低体重新生儿的长期健康与社会影响。

第二次世界大战后，收集关键生命指标统计数据的基础设施大幅扩张，关于新生儿体重决定因素的医学研究也呈爆炸式增长。1895年，美国设立了出生证制度，将出生证作为记录美国公民信息的基本文件。随着时间的推移，出生证也成了人口出生数据的收集点，并成为关键生命指标与公共卫生数据的重要来源。20世纪40年代，美国开始要求在出生证上记录医学信息，其中大多数的信息是关于母亲生产时的健康状况。20世纪50年代时，出生证增设了一项标准填写信息，即新生儿的出生体重。1968年，新版出生证开始要求填写父母的社会经济信息，以及更多关于新生儿的医学信息。对于公共卫生领域的研究者和社会科学家而言，由此生成的海量数据能够帮助他们检验新生儿体重与生命结果之间关系的创新假设。

无论是反映在出生证上的新生儿体重还是从其他渠道收集来的这类信息，都证明了低出生体重与婴儿的不良健康结果之间存在明确的关联性。此外，出生体重信息还显示，不同种族、民族和地域的新生儿低体重率及平均出生体重也不同。在美国，这种差异明显体现在了不同肤色的人种上：非裔美国新生儿的低体重率明显高于其他种族的新生儿，他们的平均出生体重低于5.5磅[*]（依据世界卫生组织1950年发布的标准计算）。这一发现促使人们开始探究黑人与白人婴儿在出生体重上的差异来源于什么，又会产生怎样的影响。

种族科学与出生体重

20世纪50年代以前，科研人员与临床医生广泛认为，不同种族在衡量指标上呈现出属于自己的特征。关于种族差异的主流假设是，新生儿的出生体重由本种族的生物构造决定。也就是说，以前的人们一直以为，不同种族的新生儿之所以有着不同的出生体重，完全是因为天生如此。19世纪时，人体测量学（Anthropometrics）应运而生。它专门研究不同种族、民族和国籍的人口在生理构造上存在的各项差异，后来发展成为人类学家系统、科学地研究人类这个物种的主要途径。包括人体测量学在内的种族科学不断发展壮大，并以大量关于人体构造、头形和面部角度的精确测量数据而闻名。哈佛大学进化生物学家、科学史学家史蒂芬·杰·古德（Stephen Jay Gould）曾对这样的种族科学有过谴责，并以此为主题著有《人体误测》一书。人体测量学的发展让当时的学术界与公众普遍认为，全世界的人类可以按照先天遗传特性的不同分为几个人种，每个人种都有自身的优势和劣势，而且有的人种比其他人种更加优越。经过一代人的发展，这些人类学的观点与研究方法后来成了科学优生学

---

* 1磅约等于0.453千克。——译者注

家在社会上奔走呼号的依据：通过净化掉"不合适的"人种、限制移民及将公共卫生服务资源向那些优越的人种倾斜，使"人类这个种族"避免沦于不断退化的下场。

自20世纪20年代起，一些欧美人类学家开始偶尔自发地收集新生儿体重数据，希望借此记录下人种间的差异，但谁也没有采用系统的数据收集方法。人体测量学研究者认为，不同种族、民族和国籍的儿童有着显著不同的生长曲线。生理人类学家在收集新生儿体重数据的同时，也在收集其他标准的人口学数据，如身高、头围、胸围、胫骨长度和牙齿大小。尽管早期的人体测量学通常只是基于小样本的本土人口，但它们对新生儿体重的研究结果是前后一致的：在所有人种中，黑人新生儿的出生体重最低。至于为什么会有这种差异，当时的科学家给出的解释与营养缺乏、医疗资源不平等无关。相反，他们一致认为，新生儿在出生体重上的差异，反映了黑种人与白种人在基因上的区别。在他们看来，这是黑人婴儿必然逃不开"准则"。

医生们也将这些数据应用于临床。例如，凯斯西储大学的解剖学家C. T. J. 道奇（C. T. J. Dodge）在1927年的一篇文章中建议，"凡是需要照护大量黑人婴儿的医疗机构，都应当对这些婴儿的生长数据进行分析。届时他们会发现，黑人婴儿与白人婴儿的生长曲线就是完全不同的"。道奇还表示，正确地认识不同人种新生儿在出生体重及后续生长上存在的差异，能有效帮助医生避免"误诊"黑人婴儿存在营养不良的问题。无独有偶，辛辛那提大学的儿科医生罗伯特·A. 莱昂（Robert A. Lyon）也在20世纪40年代时发表言论，称不同人种新生儿的出生体重差异代表了"真正的种族特征"，并建议广大医生"为黑人与白人分别设立不同的体重标准"。

1934年，一名科学家推测，深肤色才是种族差异的元凶："大量证据迫使我们相信，黑人的深色皮肤过滤掉了阳光中的许多紫外线，这可能是造成黑人新生儿出生体重偏低、体质偏弱的原因。"同期，还有另外一项鲜明的观点称，美国黑人与白人的新生儿体重差异，反映了"黑人与白人妇女经历了不一样的妊娠期"。人类学家表示，黑人新生儿比白人新生儿的体型更小，但更加健壮。事实上，在20世纪50年代以前，黑人婴儿更加早熟、黑人孕妇比白人孕妇的妊娠期更短之类的观点，竟然是当时人们眼中的医学常识。

但人体测量学的研究发现也有其进步的一面。例如，美国人类学家弗朗兹·博厄斯（Franz Boaz）于1912年开展的一项研究显示，美国移民家庭里的孩子明显比他们的父母更高，头也更大。该研究受美国移民管理局之托开展，对1.3万名移民及其子女的人体测量学数据进行了分析。对于优生学家在种族差异方面的本质主义和遗传主义观点，该研究进行了严厉的批评。博厄斯在研究人类生理特征差异时，采用的是一种生物社会的方法。这种研究方法让我们看到，即使是看似固定不变的生物学性状，也可以在各种社会因素的作用下发生变化。同时，从好的一面来看，每代人都代表了一个全新的机会，因为每代人都有可能在正向的社会因素作用下最大化地发挥人类潜能。在这种生物社会方法的启发下，后来的研究人员开始研究黑人与白人新生儿体重差异的根源。

社会环境般的子宫

20世纪50年代，在历来以黑人学生居多的两所美国高校中，两个研究团队共同开展了美国历史上第一次大规模的流行病学研究，旨在探明黑人与白人新生儿体重差异的原因。该研究项目的两位共同负责人是来自田纳西州首府纳什维尔梅哈里医学院的爱德华·佩里·科伦普（Edward Perry Crump），以及来自华盛顿霍华德大学医学院的罗兰·斯科特（Roland Scott）。科伦普是早产儿专家，也是梅哈里医学院儿科的主要创建者。他之所以享誉全美，还得归功于他对新生儿死亡率与社会经济因素之间关联性的深入研究。时至今日，梅哈里医学院每年还会颁布以科伦普命名的表彰奖项。1959年，科伦普在《儿科学》期刊上发表题为《黑人与医学》的文章，字里行间表达了对黑人医生境遇的同情。他写道，黑人医生在向上攀爬的过程中，一直得与残酷的大环境作斗争。他们在职业生涯刚起步时不能获得良好的培训机会，后来又不能在照护、随访患者时享受医院职工本该享受的同等权利，最后还不被美国主要的医学协会（美国医学会）认可，更别提融入这个国家的行业社群了。科伦普笔下的黑人医生形象或许正是斯科特。斯科特是儿科领域的先锋人物，而儿科是一个几乎被白人医生占据的医学领域。1934年，斯科特通过美国儿科执业医生考试，成为通过该考试的第一位非裔美国人。他于2002年逝世，但在2020年左右登上了各大媒体的头版头条。因为在这一年，美国儿科学会终于向斯科特公开致歉，承认当年仅仅因为斯科特的黑人身份就拒绝了他的会员申请，并且不让他参加学会会议。

  斯科特与科伦普的研究发现富有争议，且相关争议延续至今。他们主张，新生儿的出生体重是衡量贫困与种族歧视造成后果的首要标准，也是在健康领域伸张修复式正义*的重要干预点。斯科特当

---

* 修复式正义（Reparative Justice）是一种伸张正义的方法，旨在促使犯罪者为自己的行为承担责任，了解自身对他人造成的伤害，让他们有机会自我救赎。具体形式如组织犯罪者与受害者会面，并讨论犯罪者如何补偿受害者等。——译者注

时在霍华德大学附属弗里德曼医院就职，由他领导的一系列研究结果均发表于顶尖的儿科学术期刊上，并因此使他成为相关方面的领军人物。令人难以置信的是，在斯科特于1950年开展研究以前，关于不同种族新生儿平均出生体重的最大规模研究最多只包括了187名黑人婴儿。相较之下，斯科特的研究对象则扩大到1939年至1947年间出生于弗里德曼医院的11919名黑人婴儿。此前的人体测量学研究主要致力于找到美国黑人婴儿出生体重的标准中位数，希望以此作为该人口群体新生儿的所谓"准则"，即美国黑人群体的一项典型的生物学特征。但借助自身可及的海量数据，斯科特从中发现，即使在美国黑人群体内部，也存在显著的异质性。

斯科特按父母收入、营养状况和产前护理水平，对美国黑人婴儿的出生体重进行了分析。结果明确显示，父母收入与孩子的出生体重成正比，即越富裕的家庭，生出来的婴儿个头越大。基于上述结果，斯科特得出了与早期人类学家观点不同的结论：黑人婴儿与白人婴儿在出生体重上的差异，并不是天生的生物学差异。他表示，较低的社会经济地位往往意味着不良的营养与产前护理情况，而这正是造成黑人新生儿低出生体重率更高的首要原因。因此，社会各界在产前护理与合理营养方面进行的投资，对解决黑人新生儿的低出生体重问题大有裨益。

另一方面，远在梅哈里医学院工作的科伦普也发表了一系列研究，所有这些研究都在只收治黑人患者的哈伯德医院进行。科伦普的研究目的十分明确，他将矛头直接对准了所谓出生体重由先天决定的观点。他在研究论文中写道，尽管现有证据显示"黑人婴儿的出生体重的确在数字上低于白人婴儿，但医学文献内容通常无法全面反映黑人婴儿的社会经济背景或家庭生活水平"。由此，声称"黑人婴儿一出生就比白人婴儿更小"的说法，无法证明"这是黑人群体独有的特征"。

科伦普在自己的研究中详细分析了哈伯德医院黑人新生儿父母的"社会经济指数"。他将研究重点放在家庭里的母亲上。科伦普写道，"出生体重的所有决定因素主要通过母亲施加影响，且贯穿从受孕到生产的始终，因为产前环境100%由母亲控制"。科伦普的研究显示，"黑人群体的社会经济地位与黑人新生儿的出生体重存在直接关联"（见图5-2）。

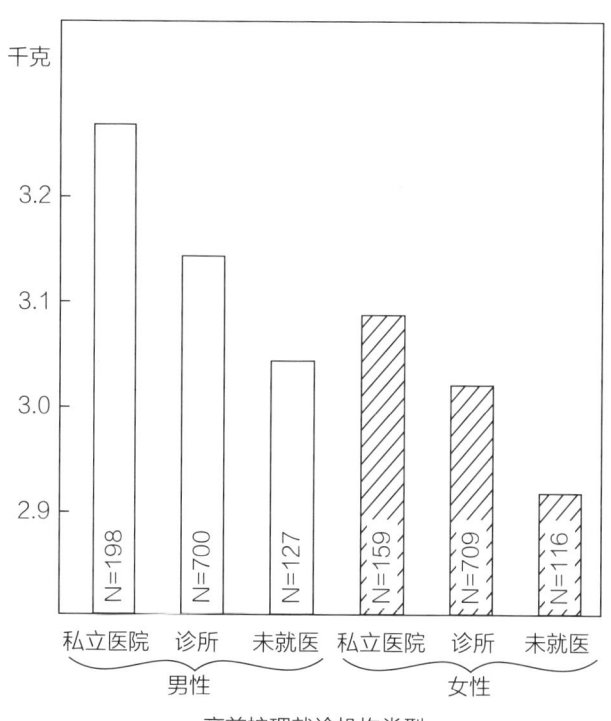

图5-2 1951年至1956年在纳什维尔哈伯德医院出生的美国黑人婴儿按性别与产前护理就诊机构类型分布的情况

图片来源：Crump et al., "Relation of Birth Weight in Negro Infants to Sex, Maternal Age, Parity, Prenatal Care, and Socioeconomic Status."

针对不同种族新生儿的出生体重差异，斯科特、科伦普及其他学者进行的相关研究不仅探索了生命与健康结果的社会决定因素，还将相应的生物社会理论延伸至产前期。出生体重成了一项醒目、简单的量化指标，反映出贫穷、压迫及其他剥削形式在人类生长发育的最初期造成了怎样显著的负面后果。1974 年，美国出生缺陷基金会（March of Dimes）发布名为《面临风险的婴儿》的研讨会文集，该文集将社会经济因素提升为导致低出生体重的首要原因，并因此呼吁学术界着手研究孕妇妊娠期经历的"心理、文化及社会经济事件"如何导致"不良婴儿的产生"。

证明出生体重是由多方面社会因素决定的相关研究，也在科研界造成了广泛影响。从 1953 年沃森（Waston）与克里克（Crick）发现 DNA 双螺旋结构，到 1959 年科学家首次在细胞基因层面检测出唐氏综合征的病因，再到 1966 年氨基酸碱基参与基因编码被揭示出来，分子生物学在 20 世纪五六十年代的发展势如破竹。到了 20 世纪 60 年代，分子生物学家们形成了以基因为中心的发展观，认为生物学意义上的生长发育过程完全由基因决定和操控。针对这种基因决定论，批评人士引用了母体效应的相关研究，以此证明影响后代遗传的不只有基因，况且基因本身也可在其他因素的作用下发生改变或被覆盖信息。事实上，20 世纪中期，沿袭了博厄斯观点的知识分子群体经常援引母体效应研究，以此作为反击基因决定论的证据，并主张人体是可塑的，而人体的生物学特征由其所处的环境决定。

1956 年，博厄斯的学生、人类学家艾什力·蒙塔古（Ashley Montagu）在其著作《人类的生物社会学本质》中，将子宫环境置于生物社会科学的讨论中心，并反对基因决定论。他在书中写道，凡是正确的生物社会学方法，都应当承认"人类的本质由三部分组成"，即基因、文化和子宫环境。其中，子宫环境不可或缺。在蒙塔古看来，遗传性状与环境因素间的交互机制应该拓宽至更大的范围，以纳入子宫环境的影响。即使某个性状看似不受环境影响，我们也不能草率断定这个性状就是由基因决定的，因为"我们应当考虑到这个人在母亲肚子里的那段历史"。除了《人类的生物社会学本质》这本书，蒙塔古还在1962年出版的《产前影响》和1964年出版的《出生前的人生》中反复强调同一个观点：子宫环境因素有力地证明，环境中的变量"能够改变基因型的表达，使这个表型不按先天基因表达，而是在基因与环境发生相互作用后进行相应的表达"。

科伦普与斯科特向世人展示，女性的身体是敏感的生物体，是其所处社会环境的晴雨表。由此，随着社会经济学资源的更多投入，新生儿的出生体重应当会作出相应的反应，而更高的出生体重，又会带来更好的人生结果。根据这种观点，出生体重直接决定着人们关注的一些指标，如新生儿死亡率或儿童认知能力发展。因此，通过保障妊娠期的充分营养，从而增加新生儿出生体重，就能使这些指标的表现获得改善。哥伦比亚大学营养学家、神经科学家麦隆·维尼克（Myron Winick）对此持同样观点。1972年，维尼克表示："在同样重量的情况下，贫穷家庭出身的孩子将表现得与富裕家庭出身的孩子一样好，黑人家庭出身的孩子也将表现得与白人家庭出身的孩子一样好。新生儿死亡率间的差异完全可以归结于这样一个事实，即出身不好的孩子出生时比中产家庭的孩子轻0.5磅。至少，从理论上说，如果我们能够使弱势群体的新生儿增加0.5磅的出生体重，我们就能消除上述差异，并显著降低新生儿的整体死亡率。"

然而，许多指标开始证明，事情并没有那么简单。于是，研究者们开始探询，是否还有其他什么东西——母体效应——可能也在起作用。

母体效应与代际惯性

1947年荷兰冬季大饥荒时期发表的一份调研，最早显示了母亲个体独有的因素（如健康状况、家族遗传史和人生经历，包括其自身的妊娠环境）也可能影响人类健康与发展的跨代模式。这份调研的数据显示，饥荒对新生儿出生体重只有轻微程度的影响。即便是极度营养不良的女性，看起来也能生出健康体重的孩子。到了20世纪50年代，美国范德堡大学与英国阿伯丁大学的研究人员对孕妇开展了大规模的观察研究，旨在探索妊娠期饮食与生育结果的相关性。结果却令人大跌眼镜：两项研究不约而同地显示，妊娠期的营养摄入情况与新生儿的出生体重之间没有任何关系，由此证明出生体重的提升并不能简单地通过改善孕妇饮食实现。尽管"人们普遍有理由认为"均衡丰富的饮食能使孕妇生下更强壮的婴儿，但研究人员仍然得出结论，称"没有证据证明妊娠期饮食有任何显著作用"。科学家们解释说，这些研究发现告诉大家，新生儿的出生体重并不能仅仅通过改善人群的整体营养状况而增加，还有除营养外的其他因素（如母亲自身的基因构成和整体健康状况）对出生体重结果起着更关键的作用。它们在母亲自身的成长过程和青春期中逐渐形成。

20世纪60年代的一系列研究更加仔细地探究了某个群体的生育结果，这个群体是受过教育的、跻身社会中上层的美国黑人女性。

第 5 章　种族、新生儿体重与生物社会体

结果显示，哪怕是从事专业工作、高收入且能够获得良好医疗保健服务的黑人女性，生出来的孩子仍然比白人女性生出来的孩子更容易出现低体重的现象。这一研究发现对科伦普与斯科特的观点构成挑战，证明母亲的社会经济地位并非新生儿出生体重的决定因素。进一步的研究揭示，尽管美国新生儿的整体低体重率在第二次世界大战后迅速下降，但自 20 世纪 50 年代后期起，美国黑人新生儿的低体重率就开始止步不前，哪怕加大公共卫生和社会福利领域的投资依然如此。至 1967 年时，美国黑人与白人新生儿的出生体重差异甚至比 20 世纪 50 年代还要更大。在一些人看来，这个现象表明，某种存在惯性的跨代效应一直作用于美国黑人群体，持续拉低着黑人新生儿的出生体重水平。

当科学家开始更仔细地考察胎龄与新生儿出生体重的关系时，相关研究结果进一步撼动了"出生体重是社会经济环境的晴雨表"的主张。1960 年以前，出生体重的统计对象囊括了因为早产而个头很小的新生儿（这也在科伦普与斯科特的研究范围之内）。20 世纪 60 年代初，研究人员就意识到，无论从流行病学还是临床意义上来说，早产所致的低出生体重都可能是一个完全不同的现象，与在子宫内发育期间受到各种限制的新生儿有着天壤之别。1961 年，霍普金斯大学临床医生、胎盘病理学家彼得·格伦瓦尔德（Peter Gruenwald）首次提出了宫内生长受限（Intrauterine Growth Restriction，IUGR）的概念，用以描述婴儿在子宫内不能正常生长、体重低于同胎龄婴儿的医学现象，以此与早产导致的同类现象区分开来（见图 5-3）。在宫内生长受限的情形中，新生儿不存在明显的先天缺陷，但会因为某些原因没有达到这个胎龄出生时该有的体重。尽管体重低于 2500 克的早产儿可能只是因为过早地出生所致，但在大多数宫内生长受限的情形

中，新生儿都是足月出生的孩子。①

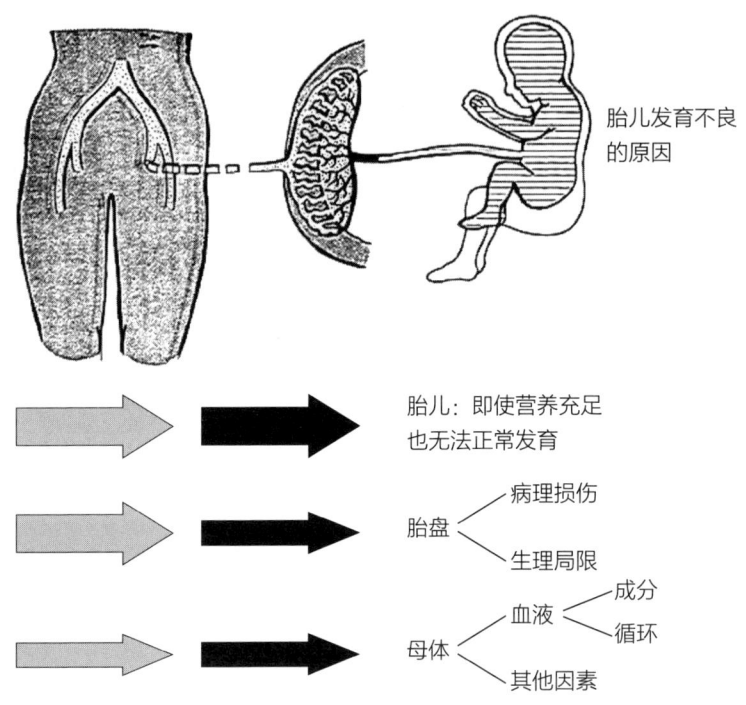

图 5-3　宫内生长受限情形成因的理论模型

图片来源：Gruenwald, "Fetal Deprivation and Placental Insufficiency."

考虑到早产儿与宫内生长受限新生儿之间的区别，如果剥离早产儿出生体重数据的干扰，剩下的数据就清晰地显示出了出生体重跨代遗传的新模式，由此改变了人们对母体因素、出生体重与不良人生结果三者间因果关系的认识。科伦普与斯科特发现的那些社会

---

① 20世纪60年代末70年代初，美国儿科学会通过一系列声明正式将"宫内生长受限"与"早产"进行了概念上的区分，并就这些专业术语的使用发布了相关的指南与衡量指标。

经济因素，可以很好地解释早产造成的新生儿低体重现象。然而，当我们只讨论宫内生长受限的情形时，在排除了早产情形的前提下，母体效应似乎在相当大的程度上决定着新生儿的出生体重结果。从表面上看，在宫内生长受限情形导致的低出生体重婴儿中，近50%的情形可归因于母亲（而非父亲）的身体素质问题。例如，自身出生时低体重的女婴长大怀孕后，生下的孩子也比普通婴儿的体型更小。一些子宫环境似乎就是比其他子宫环境的营养更少，或更加虚弱。正如农业科学家研究家畜中的同类现象时指出的那样，这样的子宫环境"表现较差"，"生产力"较低，没那么高的"效能"。

20世纪六七十年代，基于上述发现，关于出生体重差异的生物社会理论开始发生重心上的转移。尽管越来越多的研究人员意识到，社会因素能够直接影响新生儿尤其是早产儿的出生体重，但胎龄足月的低出生体重现象，使人们看到母体其实存在着更加复杂的作用机制。由此，借助生理机制暂时不明的神秘过程，母体成了一个服从于惯性的制约条件、一个帮助各种社会因素向胎儿施加影响的中介。阿伯丁大学妊娠期饮食研究的主创人员认为，现有证据不足以证明营养的剥夺或补充能对新生儿出生体重造成整体影响。因此，他们建议广大研究人员必须致力于寻找母体效能是因为哪些原因而受损的，而非致力于分解母体具体有哪些效能。他们认为，解决新生儿低体重问题的答案或许就藏在母体对怀孕状态的生理性适应过程中，但这些过程是私密的。

在学术界的理论重心向出生体重及相关生育结果方面的母体效应转变时，英国牛津帕克儿童医院的两位医生玛格丽特·昂斯特德（Margaret Ounsted）与基特·昂斯特德（Kit Ounsted）成为引领上述观念转变的领军人物。这对夫妇都是儿科医生，也都是用小鼠实验

177

研究胎儿在子宫内发育机制的专家。他们提出了一个颇有影响力的观点：自身经历了宫内生长受限情形的母亲，将把她自己的出生体重情况传给后代，从而造成整个母系出现"跨代生长受限"的现象。昂斯特德夫妇在著作《论胎儿的生长速率》中写道："显然，某些女性的身上预先存在着某种强大的限制性机制，它往往能控制所有后代的生长速率……我们怀疑，这种限制性机制的影响范围，在一定程度上是母亲本身作为胎儿时所受到的限制性环境决定的。"顺着这种观点进行推断，如果胎儿在母体内发育时因为环境因素遭受损伤，那么一旦这种环境暴露传递下去，就可能扼住整个家族世代的喉咙，这正是美国黑人女性因为社会经济地位受限而面临的现实。

昂斯特德夫妇认为，这类母体效应是一种非基因控制的适应机制，它使子宫得以对快速变化的外在环境条件做出响应。因为存在这样的母体效应，"母系家族开了许多口子，使基因组编码以外的信息得以向下传递"。至于被研究人员广泛观察到的种族差异现象，昂斯特德夫妇认为，"不同种族的母体有着不一样的限制性机制，它们分别使本种族的婴儿趋近于某个平均的生长速率，而这个速率是在时间的推移下最能适应某个基因池的结果"。

前述霍普金斯大学胎盘病理学家格伦瓦尔德也引用了昂斯特德夫妇的研究观点，认为宫内生活的研究结果"能使我们从中看出社会经济方面的整体窘迫程度，并且能够灵敏地反映出相关方面的变化"（见图5-4）。格伦瓦尔德进一步表示，他所称的胎儿窘迫（Fetal Deprivation）现象是一类"延时出现的"效应，这意味着社会施加干预的对象不应是孕妇这一代本身，而是应该将时间维度放宽到孕妇及其后面的几代人。格伦瓦尔德在《妇产科》杂志中写道："这充分证明，社会经济方面的改善可能需要花上两三代人的时间才能完全

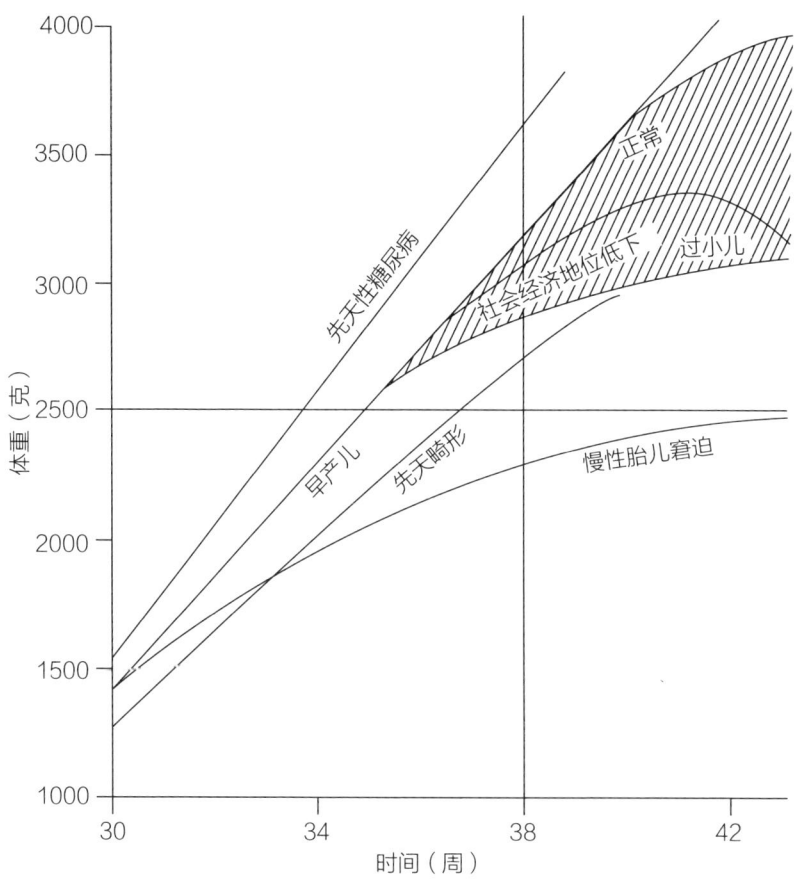

图 5-4　社会经济地位低下导致的宫内生长受限情形模型

图片来源：Gruenwald, "Fetal Deprivation and Placental Pathology: Concepts and Relationships."

显现出来。"

对于一小部分喜欢研究遗传与妊娠相互作用的人而言，昂斯特德夫妇的母体限制理论及格伦瓦尔德等人的相关推论或许不失为一个有趣的研究课题。但随着多个领域的研究人员开始探究母体限制以怎样的方式引发婴儿出生体重的跨代惯性现象，莫伊尼汉与詹森等人在争论遗传因素与社会因素如何造成智力水平、教育成就上的种族差异时，一些问题随之浮现出来，如母体限制怎样决定着某个种族的跨代惯性模式，怎样制约着这种模式的改善速度。没过多久，就有一些研究者认为，能够解释这种惯性模式的，或许正是母体效应本身。

母体效应与种族人生结果差异的生物社会理论

尽管人们最初关注出生体重是为了降低某些人群居高不下的新生儿死亡率并改善连带出现的新生儿低体重现象，但到了20世纪六七十年代，营养学家们已经开始扩大研究范围，致力于弄清出生体重作为一个持续存在的变量究竟会带来哪些方面的后果。换句话说，营养学家们知道，新生儿的正常出生体重在6~7磅，而当出生体重低于5.5磅时，将会对新生儿造成诸多负面影响。但营养学家们已经不再满足于知道这些事实。他们认为，即便是低于平均水平的出生体重，也可能对孩子造成显著但尚未探明的健康状况与认知能力影响。

来自营养学、脑科学、心理学与教育学领域的研究人员联合起来，共同探索产前阶段的奥秘，希望弄清胎儿大脑发育早期经历的窘迫情形如何导致了个人成就方面的种族差异。例如，哈佛大学产前神经科学家亚伯拉罕·托宾（Abraham Towbin）就在1969年提出自己的猜测，称"轻微脑损伤是一种常见的亚临床现象，在这类情形中，'孩子在潜能方面可能从天才降格成了普通人，甚至更次'"。1972年，维尼克在美国神经科学学会的一场会议中表示，尽管"赤贫的"的美国女性"看起来并没有营养不良的问题"，但她们"长期的临界营养不良状况"导致了更低的出生体重，进而有损孩子的"大脑发育"。

加利福尼亚大学洛杉矶分校的两位神经科学家埃迪斯·凡·玛森斯（Edith van Marthens）与史蒂芬·扎门霍夫（Stephen Zamenhof）介绍了自己研究老鼠脑部营养不良的实验结果，他们明确指出子宫的母体效应或有助于缩小美国黑人与白人之间持续存在的智力差异。两位学者在《分子与细胞生物化学》杂志中写道，轻度营养不良和低出生体重或许正是造成人类低智商的罪魁祸首，它能"导致社会上出现更多临界的亚临床病例，因而对社会具有更重要的意义"。他们还呼吁必须认真对待这些关于遗传因素与智力水平的研究发现。"例如，在妊娠期内持续营养不良的动物，其后代会越来越明显地展示出学习能力不足的问题"，玛森斯与扎门霍夫称，人类也存在同样的现象，因此"只有经过几代人的发展，我们社会的营养改善项目才会逐渐显现出有益的结果"。他们还援引了迪科尔森于1947年首次开展的相关家畜实验，以及20世纪60年代至20世纪70年代昂斯特德夫妇与格伦瓦尔德进行的人类实验结果，认为"孟德尔遗传定律之外的母体遗传效应"有一种"长期的调控机制"，致使"一代人在出生前莫名经历的营养不良能够传给下一代，从而造成下一代大脑发育不良"。

在《处于劣势的孩子：健康、营养与学力不足》这本书中，伯奇与古索也从母婴角度探讨了社会不平等现象的起源，为社会科学家、政策制定者及社会公众提供了一种理论参考。他们认为，美国不同种族在个人成就上的差异虽然由生物学构造决定，但从源头来说是社会性的。因此，基于蒙塔古的生物社会理论，为了"打破一代又一代的恶性贫穷循环"，"整个社会再也不能对文化影响坐视不理，仿佛它们影响不到人一样"。伯奇与古索警示道，只要人在子宫这条起跑线上的机会是不均等的，那么"过去和未来的人生境遇"必将"使某些母亲无法那么有效地抚养后代"，且"单方面的干预措施势必效果有限"。两位学者将母体限制出生体重的理论置于论证的核心，他们表示为了改善教育结果，必须同时实施生物学和社会学意义上的干预措施："我们没理由相信，仅仅为孩子提供客观的学习机会，就能完全弥补孩子因既定的生物学劣势而蒙受的伤害。"

早期的生物社会理论主张子宫本身就是一个社会环境。因此，与母亲自身的身体一样，胎儿的身体同样直接暴露于当下普遍存在的社会与环境不平等中。同理，由于胎儿的发育过程高度可塑且对环境敏感，发育结果可以通过出生体重加以衡量，因此出生体重可谓是反映社会福利好坏的晴雨表。根据这项理论，正确的做法是从子宫着手，改变孩子出生前就已受到的结构性不平等。为做到这一点，社会尤其需要为孕妇倾注更多资源，并降低人类生存环境中的各种毒素水平。然而，由于不同人种的出生体重规律背后蕴藏着极为复杂的作用机制，另一种不同的生物社会理念随之应运而生。本书第4章曾谈到，小鼠实验研究者和农业繁殖者发现了母体效应并建构了相关理论。一些科学家受此启发，将在动植物体上观测到的这种效应延伸到人类身上，并将其视为新生儿出生体重变化的影响因素。由此，作为生殖个体的女性被赋予了新的定义。女性不仅是胎儿与社会、环境暴露因素相接触的管道，也是种种社会现实的储藏室，还是社会痼疾的放大镜。阻碍社会变化发展的，正是这种定义下的女性。

不同的生物社会理论，虽然都是关于母体因素如何影响出生体重、教育成就等领域的种族差异，却在深层次上存在着激烈的交锋。

这些理念非但不主张通过改善环境而提升生育结果，反倒认为针对孕妇的社会干预措施可能是白费力气。因为一些女性的子宫注定会生下更脆弱、更容易被社会淘汰的后代。有鉴于此，社会不平等的胚胎起源理论可以作为另一种形式的证据，证明种族不平等现象的持续存在归根结底还是因为不同种族的先天生物学构造不同。生物社会理论家们哀叹道，既然这样，面对先天不足的个体，我们所能做的也就只剩下对症下药。因此，哪怕是像伯奇、古索这样进步派的生物社会理论家，也同样抵制詹森等人的基因决定论。因为在生物社会理论家的心中已经存在着其他形式的决定论，只不过其中起"决定"作用的是女性的子宫环境。

关于出生体重的困惑

20世纪70年代末，科学家们每年会产出两千多份以低出生体重婴儿为主题的学术论文。20世纪六七十年代，关于出生体重与人生结果的种族差异生物社会理论有四项假设。第一，胎儿出生前的发育阶段是一个至关重要的时期，这段时期内的胎儿具有高度的可塑性，很容易受到环境变量的影响。第二，出生体重是反映母体环境条件的可靠指标，而子宫环境又受到母亲本人在社会结构中感受到的幸福度影响，其中幸福度既包括当下感受到的幸福，也包括过去累积的幸福。第三，低出生体重本身就是一种严重的生物学损伤，只有强力的社会干预措施才有可能改善某个族群新生儿的低出生体重现象。可即便是这样的措施，也需要经过好几代人的时间才能显出效果。第四，低出生体重伴随着健康风险，研究人员了解了这方面的知识后，可进一步探究正常范围内波动的出生体重可能带来哪些风险，或探究不同人群出生体重均值间的差异又意味着哪些潜在风险。不过，在20世纪八九十年代期间，上述四项假设都经历了严肃的审视与再评估。

1975年，面向荷兰冬季大饥荒幸存孩子的首次追踪实验结果发布。由此，针对出生前营养不良可致种族智力和教育成就差异的观点，业界的反对声达到高潮。第二次世界大战末期爆发的荷兰冬季大饥荒是一次长达4个月的突发事件。此前，荷兰人民一直呈现出整体健康的态势。此次饥荒造成一万人死亡。详细的营养记录精确地反映了饥荒进展过程中荷兰人民营养不良的严重程度。有时，人们一天的摄入量不超过400卡路里。受灾地区人均体重下降了15%~20%。生育记录显示，在饥荒期间，大约有四万名处于妊娠期女性。

上述实验结果虽然被广泛引用，但很少有人知道，该实验的初衷是为了研究产前营养在成人智商的形成过程中扮演什么样的角色。哥伦比亚大学的两位营养学家泽娜·斯坦（Zena Stein）和默文·萨瑟（Mervyn Susser）对美国黑人与白人持续存在的教育成就差异一直抱有强烈的研究兴趣。1967年，他们意识到，在大饥荒中幸存下来的孩子为验证产前营养不良与成人智商之间的关系提供了千载难逢的机会。为了从流行病学角度研究轻度智障社会分布两极化的环境原因，斯坦和萨瑟四处走访荷兰当地医院，翻遍了医院病例和人口信息登记信息，最终将2000名22岁的荷兰男子选入实验组。入组受试者都是当年大饥荒期间还在母亲肚子里的胎儿，其出生证和入伍记录均可查证，上面记录着他们18岁时的智商测试结果和心理健康程度评分。两位研究者预先假定，人类大脑发育的关键时期就是妊娠期，而这个时期内的营养不良将使孩子的智商下降。借助此次研究，斯坦和萨瑟做好了挑战肖克利等人观点的准备，后者认为"不同种族的心智能力差异"是先天决定的。两位哥伦比亚大学的研究者希望通过研究告诉世人，包括产前营养在内的环境因素，可能才是造成上述差异的原因。

如今，当年的大饥荒婴儿队列研究已衍生出若干分支，其研究发现与关于健康发展起源（下章内容主题）的海量研究形成鲜明对比。但也正因如此，人们经常忘记针对荷兰大饥荒的这次实验其实并没有发现任何预想的结果。1975年，斯坦和萨瑟出版了长达300页的《饥荒与人体发育：1944年至1945年荷兰冬季大饥荒实录》，这本书现已成为经典的流行病学专著，部分源于研究者本身的内容详尽地反思了实验为什么会呈现出这样的结果。他们在书中公开表示，"我们动用了目前可及的所有心智能力测试工具，却依然无法证明产前营养与孩子的心智能力有关"。尽管研究者拥有关于产前暴露的"大量可靠有效的数据"，也有着"其他任何大型人群实验无法企及的精确度"，但他们仍旧没能在荷兰大饥荒幸存下来的孩子身上观测到产前营养、出生体重与"心智能力社会分布"之间存在关联。

许多其他研究试图在出生体重与智力水平之间建立联系，但这类研究也有自己的问题。1989年，《儿科学期刊》发表了一份集合了80份相关研究的分析文章。结果显示，这些研究得出的所谓"效应"都很小，几乎没有采取社会行动的必要。相较于体重正常的对照组孩子，低出生体重组孩子的平均智力水平仅低3个点，这意味着出生体重偏低的孩子整体并不比出生体重正常的孩子智力低多少，因此自然也无法解释不同种族在人生结果上的差异性。这份分析的结果还显示，这类研究的时间跨度有限，因此不足以证明目标研究结果是否持续存在，或随着孩子的生长逐步显现出来。有大量证据显示，出生时体型较小但营养充分的孩子，很快就能追上正常的生长发育节奏，达到其在各个阶段应该具备的体型。最后，上述分析得出结论：有关出生体重、智力水平、教育成就及其他人生结果的"追踪式研究不断涌现"，但它们"内部存在的多种问题"降低了其科研信度，因为它们"无法充分证明"出生时体重较轻的孩子"最终会出现什么结果"。

1989年，斯坦和萨瑟又出了一本名为《从受孕到出生：产前发育的流行病学机制》的书。他们在书中写道："对出生体重的强调可以说已经到了夸张的地步。"比起单看出生体重一项，结合胎儿发育所处的生态环境信息，考查胎龄与出生体重的比值或许更能预示新生儿死亡率、教育成就等人生结果。在这方面，我们从一项关键发现中即可略知一二。有证据显示，相较于发展中国家而言，发达国家的低出生体重现象与新生儿死亡率呈现更强的相关性。在美国等发达国家，足月出生但体重轻的婴儿很少见。那些出生时体型较小的孩子通常是早产儿。但在发展中国家，新生儿低出生体重的概率更高，且更加倾向于胎龄足月。可一旦这样的新生儿活着出生，他们中相当大的一部分就会这样存活下来，一直长大成人。发达国家之所以会出现低体重足月新生儿，通常是因为母亲在孕晚期受到某些因素的干扰作用，这样生下来的孩子虽然瘦骨嶙峋，但骨架正常。像在危地马拉这样的发展中国家，婴儿生长发育受限的情况似乎早在妊娠期的前3个月就已出现。遭受慢性营养不良的婴儿会出现一系列症状，如发育迟缓、身体瘦弱等。简而言之，同样是出生体重低的新生儿，弄清其低体重的诱因很重要。

与此同时，实验室研究也揭示出同样的无关性，即试图通过营养补充或其他干预手段提高新生儿出生体重是无用的。还是那两位率先研究荷兰大饥荒的哥伦比亚大学研究者，他们在 1969 年至 1976 年这 7 年间追踪研究了纽约市的黑人孕妇。他们将这些黑人孕妇随机分成三组，其中一组服用高蛋白的营养补剂，另一组服用高热量的营养补剂，还有一组不服用任何营养补剂。结果显示，虽然服用营养补剂的孕妇增重更多，但她们的孩子出生时体重依然不理想。这项研究发现，孕妇服用营养补剂对孩子的出生体重没有统计学意义上的显著影响。研究结果甚至显示，高蛋白补剂对孕妇的危害反而更大，相关实验组的新生儿死亡率更高、出生体重更低。于是两位研究者得出结论，"在我们看来，结果已经非常清楚，我们必须弃用或至少调整本以为有用的许多妊娠期营养干预手段"。1980 年至 1985 年间，另一项研究也试图通过为孕妇提供营养信息和咨询服务来改善新生儿的出生体重。其结果异常惊人：相较于没有特别关注营养信息的孕妇而言，那些获得了营养信息及相关咨询服务的孕妇，生下的孩子反而面临更多的不良结果，如低出生体重等。

尽管 20 世纪 70 年代在危地马拉进行的一项研究显示，为营养不良的人提供能量补剂的确有助于提高新生儿的出生体重，但还有其他一些同类补剂研究证实了范德堡大学、阿伯丁大学及前述荷兰冬季大饥荒研究的结论：出生体重与产前营养状况没有太大的关联性。正如一名评论家后来所言："母体的营养状况与胎儿的生长发育之间不存在线性的因果关系；在出生体重受到显著影响前，胎儿遭受的窘迫情形必然已经超过了某个阈值。"研究人员因此得出结论：在营养良好的人群中，新生儿出生体重的影响因素难以确定。即使确定了其中一些影响因素，也会因为风险未知而难以操控。

20 世纪 90 年代，在美国黑人与白人新生儿出生体重差异的复杂问题上，研究人员也取得了一些其他进展。从 19 世纪波士顿产科医院和巴尔的摩约翰斯·霍普金斯医院的新生儿出生记录来看，出生体重方面的种族差异已经存在了一个多世纪。当时的出生记录数据表明，美国黑人与白人新生儿的平均出生体重差异竟然高达 200 克，且黑人新生儿的低出生体重率是白人新生儿的 2 倍。这些数据与今天的相关统计数据没有实质性的差别。但研究人员也发现，这种出生体重方面的种族差异在不同时期有着不同的驱动因素。早在 20 世纪初，早产儿发生率较高，导致当时的黑人女性比其他种族女性更容易感染传染病，由此在很大程度上导致了黑人与白人新生儿的出生体重差异。相比之下，到了 1988 年，最容易生出低体重孩子的则是那些未婚的黑人女性。这一人口学趋势在 20 世纪 60 年代以后才开始凸显出来，但是未婚这种指标解读起来非常困难，因为它本身广泛地涵盖了黑人女性的过去生活经历和社会经济变量，而社会经济变量又由整体的社会和文化环境决定。

近几十年来，随着时间的推移，美国出生体重种族差异的流行病学机制已发生了变化。伊利诺伊州新生儿出生体重的统计数据显示，1950 年至 1990 年间，该州黑人与白人新生儿的平均出生体重均有提升，但白人新生儿出生体重的增速更快。1950 年，白人新生儿平均比黑人新生儿重 230 克；至 1990 年时，这一差距进一步拉大到 256 克。造成该现象的主要原因之一是这期间极低出生体重（体重低于 1500 克或大约 3.3 磅）的新生儿数量上涨了 56%。今天，许多这样的极低出生体重新生儿都能存活下来。但在以前那个年代，这样的新生儿多半会胎死腹中。相较之下，1950 年至 1990 年间，白人女性生下极低出生体重孩子的概率要比黑人女性小得多。

进一步研究已经证实了早期研究的发现，即社会阶层并不能完全解释黑人与白人新生儿的出生体重差异。毕竟，即使是上过大学的美国黑人女性，仍比同样的白人女性更容易生下低体重的孩子。研究人员认为，真正造成黑人新生儿低出生体重率的原因是种族歧视的经历及黑人文化的某些特点。例如，2006年的一项研究表明，贫困的黑人女性如果能和自己的母亲一起居住，其生出低体重孩子的风险将降低56%。相较之下，白人女性却没有表现出这种趋势。研究人员认为，随着黑人女性社会地位的不断提升，她们也逐渐丧失了原本庞大的亲属关系网。与此同时，社会经济地位较高的黑人女性在白人世界里往往还是少数群体，她们反而比底层的黑人女性更容易受到严重的人身攻击，也更容易在经济和制度方面遭受种族歧视。这些黑人女性疲于应对日常生活的种种挑战，因此承受的压力可能影响她们及孩子的身体健康。一方面，庞大的亲属关系网影响着孩子的出生体重；另一方面，社会阶层与种族歧视带来的健康影响之间存在着复杂的关系。这些都证明，出生体重的背后有一套复杂的作用机制，还同时受到环境的深刻影响。

美国第一、二代移民的出生体重特点，更能让我们从中窥见这种复杂性。自20世纪60年代以来，除波多黎各地区外，第一代美籍西班牙裔移民新生儿的出生体重情况更趋向于白人，而与黑人的差异较大。但在健康风险暴露、歧视经历与贫穷方面，西班牙裔移民与黑人面临同样的高风险。到了第二代西班牙裔移民，其低出生体重率却变得更趋近于黑人。显然，西班牙裔移民想必是遭受了什么特别的事情，而这些事情在其他受到良好社会保护的群体身上并没有发生。此外，第一、二代西班牙裔移民之间也有什么东西发生了改变，以至于第二代移民新生儿的出生体重失去了保护。美国西班牙裔移民的经历告诉我们，了解某个人群受到哪些因素的特定影响及其中每个人独有的人生经历，都对我们理解低出生体重的起因至关重要。

直到现在，关于出生体重的争议仍然悬而未决：出生体重是一个间接指标，其背后是否还有更深层次的原因造成了新生儿死亡及其他不良后果？还是说，无论种族的社会经济地位起到何种作用，出生体重本身就是造成不良后果的直接原因呢？不管怎样，问题的答案无疑是复杂的。一份2001年的文献综述探讨了美国西班牙裔移民新生儿的出生体重规律，该文献发现了"花样繁多但让人摸不着头脑的研究设计，它们在结果的衡量、定义、取样、目标人群、方法和复杂程度上是彼此冲突的"。2005年的另一份文献综述回顾了发展起源论的历史脉络，其作者，哈佛大学儿科医生及营养学家马修·吉尔曼（Matthew Gillman）得出结论，"虽然出生体重易于衡量，从历史记录中调取数据即可，但平心而论，用它来预测产前影响因素造成的后果，其表现实在是不尽如人意"。普林斯顿大学经济学家珍妮特·柯丽（Janet Currie）一直坚持认为，低出生体重可以有效预测"本人自述的健康状况、教育成就及就业结果"。但在许多情况下，如果孩子出生在经济社会地位较高的家庭中，这些所谓的不良后果都将因为出生体重变得正常而不复出现。

2001年，公共卫生专家艾伦·威尔科克斯（Allen Wilcox）在《国际流行学病杂志》上发表文章《论出生体重的重要性和非重要性》。他认为，纵观学术界对出生体重数十年的研究，依然没有证据可以证明出生体重与卫生指标之间存在因果关联。他写道，"'低出生体重'这个指标给出的信息其实很有限，且很少被证实真的有用"。例如，随着新生儿死亡率的下降，平均出生体重却基本没变。另外，高风险人群生出的低体重孩子，其死亡率反而低于生活条件更好的人群生出的低体重孩子。同理，烟民生下的孩子、双胞胎、黑人新生儿及出生在高纬度地区的婴儿，虽然其出生体重都可能偏低，但这些孩子的存活率并没有那么不堪。威尔科克斯认为，研究者应当将关注点更多地放在早产儿身上，因为早产与不良后果的因果关系更加明确，可导致新生儿死亡等严重后果。

然而，还是有很多人继续将出生体重视为一项不完美但不可或缺的指标，指望用它来预测生物社会过程导致的结果，如种族歧视对人体的影响。在他们看来，如果连出生体重这项指标也没有的话，将很难窥探本就十分抽象的生物社会过程。临床医生理查德·戴维（Richard David）回应了威尔科克斯的评论，称不同种族的出生体重差异表明，哪怕是人体发育初期就已表现出的性状，也可能已经是窘迫环境影响后的结果。"在统治阶层宣称被统治阶层先天低等，并以此捍卫自身统治地位的社会中"，这项观察尤其重要。戴维表示，比起其他目前已知的指标，出生体重贵在简单高效，可用于追踪种族主义对人类身心健康和人生结果的各方面影响。"凡是提供院内分娩服务的医院，几乎都会精确统计新生儿的出生体重。"由此，虽然不同阶层的人群对医疗保健服务的可及程度不同，但所有人群都有的出生体重就成了一项跨阶层的比较指标。倘若我们不再关注出生体重及其展示出的差异性，"真正的社会问题将可能从我们的眼皮底下溜走，而非被我们群起而攻之"。如果出生体重是一项集大成的生理指标，能够合理反映胎儿在母体内发育的生物社会过程，那么就算高傲的统计分析人员发现出生体重没什么真正的意义，我们也万万不能抛弃这样一个重要的衡量指标。"科学家在应用分析技巧时，要意识到自己面对的是真人。这些人生活在现实社会中，经历着自己和家人的生老病死。因此，科学家在开展工作时，必须密切关注人类所处的社会、历史和政治环境。只有这样，科学家才能帮助真实存在的人们，甚至包括科学家本人找到自己。"戴维在文章中这样写道。

在21世纪的后基因组时代，今天的科学界对母婴影响的关注度重新高涨起来。在我们进一步讨论这个话题之前，回顾出生体重研究的发展历程尤其具有启迪性，因为我们从中得以看到，这类研究是如何经过一步步的演进，最终将母体子宫定性为一个充满生物社会影响的场所。20世纪六七十年代，受生物社会理论影响的科学家们有目的地将出生体重的跨代母体效应研究与更宏观的美国社会争议相结合，利用这类研究的发现参与种族、社会平等及生物学方面的争论。出生体重的历史故事告诉我们，母婴间关系如何被长期视为唯一能揭示社会不平等的象征，以及遗传主义思想又是怎样地站不住脚。

以母婴间关系为研究对象的生物社会研究存在种种局限性，而出生体重的历史故事正好揭示了这些局限性。首先，它让我们看到，研究人体的母体效应是一件多么难的事。出生体重被证明是一项间接指标，仅能粗略反映胎儿在母体妊娠期内的经历。关于出生体重的研究也没能证明风险暴露、出生体重与后续结果三者之间存在某种生物学机制上的关联性。即使低出生体重真能对孩子的健康造成某些不良后果，这些后果目前也只能说是神秘莫测的：它们不太严重，在不同的社会和成长环境下表现不同，需要较长时间才能显现出来，但往往与各种因素交叠形成复杂的因果关系链，从而使出生体重本身的作用难以单独显现。

其次，出生体重的历史故事还告诉我们，即使生物社会研究者公开承诺自身研究是为了促进社会平等与正义，但带有强烈种族主义和性别偏见色彩的思想也可以打着生物社会研究的幌子，对人体和生物机制在维持社会不平等局面中的作用夸夸其谈。这些思想谈论着胎儿面临的风险与母体在此过程中应当担负的责任，还牵扯到理想的人生结果与社会未来。正如哲学家贾恩·贝德克（Jan Baedke）与人类学家阿比黑尔·尼夫斯·德尔加多（Abigail Nieves Delgado）所言，鼓吹环境与社会地位导致人群健康差异的生物社会理论，将一些种族的人群打上"不健康、有风险、先天不足"等标签，产生表观遗传学意义上的种族差异，以便按"正常 – 不正常、健康 – 病态、现代 – 原始、先天优势 – 先天不足"等两极化的方式粗暴地区分种族。此外，在关于出生体重的种族差异理论中，母体往往被描述成一个起限制作用的惯性环境，是造成各种个人与社会不良后果的始作俑者。在本书剩下的章节中，笔者将把目光投向21世纪的健康和疾病发展起源学及母婴表观遗传编程领域，深入但客观地审视这些领域中的母体记忆科学及其中存在的观点冲突。

第6章
胚胎编程

2008年，由荷兰莱顿大学（Leiden University）的巴斯蒂安·海纪曼斯（Bastiaan Heijmans）与美国哥伦比亚大学的兰伯特·H. 鲁米（Lambert H. Lumey）共同领导的一个研究小组，用一种新的血样检测技术对1944年至1945年荷兰大饥荒期间幸存下来的人进行了DNA甲基化*水平检测。甲基化是一种分子生物学机制，与基因共同调控着基因表达。该机制是表观遗传学新兴的关注重点，主要探究基因表达如何被激活或抑制，进而产生形式繁多的生命、分门别类的组织和不同层级的疾病与健康状态。荷兰大饥荒过后大约60年，海纪曼斯与鲁米发现，就某个调控生长代谢的基因而言，经历过饥荒的孩子与其未经历过饥荒的兄弟姐妹相比，其DNA甲基化水平平均低5.2%。

两位学者写道，"这些数据首次为先前的理论假设提供了实证支持，即早期生命所处的环境条件可引发人体的表观遗传变化，且这种变化将伴随人的一生。"他们认为，如今的表观遗传学为科学家提

---

* 甲基化（Methylation）是DNA化学修饰的一种形式，能够在不改变DNA序列的前提下，通过引起染色质、蛋白质等方面的变化来改变遗传表现。——译者注

供了一种衡量"不良产前发育"程度的手段，这种手段不仅不是出生体重的"低劣替代品"，反而比出生体重要优越许多。截至2018年，海纪曼斯与鲁米的这项研究已被引用1366次，成了胚胎编辑研究领域的试金石。

近10年来，人类表观遗传学出现了一块蓬勃发展的细分领域，即母婴表观遗传编程（Maternal-fetal Epigenetic Programming）。它研究的是胚胎形成前后可能遭受的风险暴露，以及这些暴露如何诱发人体产生慢性的表观遗传变化，最终导致成人自身患病，甚至将疾病传给后面的几代人。这块细分领域的研究人员认为，生长环境中的扰动可改变胚胎的甲基化水平，从而永久性地改写基因功能，使之朝着对儿童与成人不利的方向发展。海纪曼斯与鲁米的研究也明确体现了这一因果关系假说，即荷兰冬季大饥荒造成的产前营养窘迫环境，使胎儿发生了不易察觉的表观遗传变化。两位学者在论文开篇写道，"表观遗传机制显示，不良的宫内条件与成人代谢健康水平之间存在关联性"。

母婴表观遗传编程是表观遗传学与胚胎起源学形成的交叉领域，其中心思想是：此前被低估的母婴环境变化可能带来长期的亚临床后果，而这些后果将影响整个人群，对公共卫生事业的推进意义重大。在此之前，科学家忙于研究先天畸形与低体重新生儿，他们重点关注的是严重的、整体的产前窘迫情形，因为这些情形能导致肉眼可见的后果，如先天畸形或极低的出生体重。相比之下，胚胎编程研究以监测甲基化水平为核心手段，考察母婴之间的微小扰动可能带来怎样的长期甚至跨代影响，从而将原本看不见的亚临床损害摆在世人眼前。

在本章及下一章内容中，我们将回顾表观遗传学方法是如何一步步为母婴科研领域所用的,同时介绍三大研究分支的观点并分析个中的因果关系。虽然这些分支观点分别代表了业内最重要的相关研究,但它们的目的是一致的,都希望在表观遗传标记物与某些人群的宫内风险暴露及后期健康状况之间建立关联。表6-1对这些研究分支的观点进行了总结。它们具体包括:① 2008年至2018年间由海纪曼斯与鲁米开展的研究,研究对象是荷兰大饥荒期间幸存下来的儿童;② 1998年至2016年间由苏珊妮·金(Suzanne King)领导的研究,研究对象是经历过1998年加拿大魁北克地区冰暴灾害天气的儿童;③ 2016年由瑞秋·耶胡达主持开展的研究,研究对象是犹太人大屠杀幸存者的后代。在众多普通的、传统的研究项目中,这三项研究脱颖而出,共同预示着表观遗传学技术与理论即将来临。当表观遗传学方法真的到来时,科学家们通过运用这些方法研究目标人群和生物样本,期待表观遗传学能提供一种机制,充分证明风险暴露与不良后果之间存在明确的因果关系。这些研究检测的都是风险暴露个体体内基因的甲基化水平变化,因为它们的共同前提是:甲基化水平表明产前风险暴露与后期不良结果间存在关联。这些奠基式的研究被学术界广为引用,是人体表观遗传学领域极具代表性的发现,因此经常出现于各大教科书、科研综述及大众科普读物中。

哪怕在科学界引入表观遗传学方法之前,关于母体宫内影响的发现也是神秘的:研究人员观测到的这些影响,不仅在程度上较轻,还因为社会生态环境的不同而不同,并且在个体首次暴露于风险后相当长一段的时间内才会显现。在胚胎表观遗传编程研究人员的眼中,表观遗传学的主要工作就是得出关于母婴影响的种种发现,然后将这些迥然不同的神秘发现凝聚起来,汇成一个能够自圆其说的

表 6-1 本章涉及的人体母婴表观遗传影响研究*

研究分支	主要发现	样本量	风险暴露期	风险暴露性质	结果测量	提取组织	研究基因类型	是否排除反向因果关系	是否研究胎儿父亲
荷兰冬季大饥荒家庭研究									
Heijmans et al. (2008) "Persistent Epigenetic Differences Associated with Prenatal Exposure to Famine in Humans," *Proceedings of the National Academy of Sciences*	饥荒期间刚形成胚胎的胎儿，其 IGF_2 基因不同位点组织的甲基化水平比对照组胎儿低 5.2%。胚胎发育后期暴露于饥荒环境的胎儿未见任何水平的甲基化变化	饥荒期间刚形成胚胎的胎儿 60 名，已成功于发育期的胎儿 62 名及 122 名对照组的兄弟姐妹	胚胎形成前后	胚胎期遭遇饥荒	IGF_2 基因不同位点的甲基化水平变化	外周全血细胞	候选基因	否	否
Tobi et al. (2015) "Early Gestation as the Critical Time—Window for Changes in the Prenatal Environment to Affect the Adult Human Blood Methylome," *International Journal of Epidemiology*	饥荒期间胎龄 1~10 周的胎儿，4 个 CpG 位点上的甲基化水平发生变化，分别为表达程度上升 2.3%，下降 2.3%，上升 0.7% 和下降 2.7%。另 2 个位点的甲基化水平变化，在饥荒期处于任何胎龄的胎儿均有发生。1 个位点的甲基化水平变化仅出现在饥荒期间刚形成胚胎的胎儿身上	348 名暴露于饥荒环境的胎儿及 463 名对照组的兄弟姐妹	胚胎形成前后，或研究者定义的 10 周胎龄，具体又可组分为 4 段时期	胚胎期遭遇饥荒至少 10 周，或在饥荒期同形成胎儿	Illumina 点阵列测序技术显示不同位点的甲基化水平变化	外周全血细胞	全基因组	否	否

* 为便于读者寻找，相关文献保留英文原文。——译者注

第 6 章　胚胎编程

续表

研究分支	主要发现	样本量	风险暴露期	风险暴露性质	结果测量	提取组织	研究基因类型	是否排除反向因果关系	是否研究胎儿父亲
Tobi et al. (2018). "DNA Methylation as a Mediator of the Association between Prenatal Adversity and Risk Factors for Metabolic Disease in Adulthood," *Science Advances*	饥荒幸存者的身体质量指数（BMI）和甘油三酯（不包括空腹血糖水平）受表观遗传机制调控。13.4% 的产前饥荒暴露与身体质量指数间的关联性受 1 个 CpG 位点调控，80% 的产前饥荒暴露与甘油三酯间的关联性受 6 个 CpG 位点调控	348 名暴露于饥荒环境的产儿及 463 名对照组的兄弟姐妹	妊娠期	一定胎龄的胎儿遭受饥荒	体检测出的身体质量指数、胆固醇和低密度脂蛋白结果，抽血测出的血糖水平	外周全血细胞	混合情形：来自全基因组的 CpG 候选基因	否	否
加拿大冰暴研究
Cao-Lei et al. (2014). "DNA Methylation Signatures Triggered by Prenatal Maternal Stress Exposure to a Natural Disaster: Project Ice Storm," *PLOS One*	母来经受的客观困难引起 957 个基因 1675 个 CpG 位点发生不同程度的甲基化水平变化，在一定程度上影响人体免疫功能	34 名青少年，无对照组	灾害头 3 个月内怀孕或正处于妊娠期内	灾害结束后 6 个月，母受试母亲填写总分为 32 分的问卷量表，衡量自身在灾害中遭受的客观压力水平	Illumina 点阵测序技术显示 CpG 不同位点的甲基化水平变化	外周全血细胞样本中分离出的 CD_3T 细胞	全基因组	否	否

199

续表

研究分支	主要发现	样本量	风险暴露期	风险暴露性质	结果测量	提取组织	研究基因类型	是否排除反向因果关系	是否研究胎儿父亲
Cao-Lei et al. (2015) "PregnantWomen's Cognitive Appraisal of a Natural Disaster Affects DNA Methylation in Their Children 13 Years Later: Project Ice Storm," *Translational Psychiatry*	评价自身在冰暴灾害中遭受负面压力的母亲,较无这类评价的母亲前者孩子出现 1564 个基因及 408 条生物通径相关的 2872 个 CpG 位点变化。其中 793 个基因与 2014 年的研究发现重合,但 771 个基因仅与本次基因认知评价有关	31 名青少年,无对照组	灾害前 3 个月内怀孕或已处于妊娠期内	灾害结束后 6 个月,由受试母亲填写总分为 22 分的问卷量表,衡量自身所受的客观压力。问卷仅设 1 道问题,询问冰暴灾害是否对答题者本人及其家庭造成整体影响	Illumina 点阵测序技术显示 CpG 不同位点的甲基化水平变化	外周全血细胞样本中分离出的 CD_3 T 细胞	全基因组	否	否
Cao-Lei et al. (2015) "DNA Methylation Mediates the Impact of Exposure to Prenatal Maternal Stress on BMI and Central Adiposity in Children at Age 13 1/2 Years: Project Ice Storm," *Epigenetics*	CpG 位点的甲基化程度更高,母亲自述产前压力(包括与冰暴无关的人生事件)对孩子的腰围身高比和身体质量指数造成的不良后果更少	31 名青少年,无对照组	灾害前 3 个月内怀孕或已处于妊娠期内	灾害结束后 6 个月,由受试母亲填写总分为 32 分的问卷量表,衡量自身受的客观压力水平	孩子在 13 岁半时测出的身体质量的指数和腰围身高比	外周全血细胞样本中分离出的 CD_3 T 细胞	混合情形:来自全基因组的 CpG 候选基因	否	否

第6章 胚胎编程

续表

研究分支	主要发现	样本量	风险暴露期	风险暴露性质	结果测量	提取组织	研究基因类型	是否排除反向因果关系	是否研究胎儿父亲
Cao-Lei et al. (2016) "DNA Methylation Mediates the Effect of Exposure to Prenatal Maternal Stress on Cytokine Production in Children at Age 13 1/2 Years: Project Ice Storm," *Clinical Epigenetics*	分布于6个不同基因上的6个CpG位点，降低了严前客观压力对孩子体内细胞因子生成的不良影响。在母亲自述因为冰暴灾害受到的压力更大时，孩子体内3个CpG位点的甲基化程度升高，另外3个CpG位点的甲基化程度降低	33名青少年，无对照组：11名在妊娠早期受到风险暴露，9名在妊娠中期受到风险暴露，7名在妊娠晚期受到风险暴露，还有6名在灾害开始后3个月内刚刚形成胚胎	灾害前3个月内怀孕或已处于妊娠期内	灾害结束后6个月，由受试母亲填写总分为32分的问卷量表，衡量自身在灾害中遭受的客观压力水平	经诱发适应性免疫反应后的全血细胞培养中的细胞因子水平	外周全血细胞样本中分离出的CD₃T细胞	混合情形：来自全基因组的CpG候选基因	否	否
犹太人大屠杀跨代创伤研究								
Yehuda et al. (2016) "Holocaust Exposure Induced Intergenerational Effects on FKBP5 Methylation," *Biological Psychiatry*	较对照组后代而言，幸存者后代FKBP₅基因位点的甲基化程度平均下降7.7%。较对照组父母而言，幸存者父母同一位点的甲基化程度平均上升10%	实验组：32名大屠杀幸存者父母及22名后代；对照组：8名父母及9名后代	备孕期或妊娠期	后代：至少有1名父母为大屠杀幸存者，并且母亲在第二次世界大战后才开始怀孕（胚胎形成或妊娠期间受到创伤）父母：第二次世界大战期间在集中营里被关押或劳动的犹太人	实验组与对照组后代及父母FKBP₅基因7个内含子的甲基化水平变化	外周全血细胞	候选基因	否	是，但研究发现未按父母性别分层展示

201

故事。但正如各位读者朋友即将在本章及下章看到的，笔者认为表观遗传学的发现并不能充分证明所谓的母体宫内影响真的存在。由于胚胎表观遗传编程领域的逻辑假设还有待商榷，用以佐证观点的数据质量还不够高，以及这个领域的研究标准还有待提升，因此相关数据无法有力证实胚胎编程的任何理论观点。

胚胎编程

健康和疾病发展起源学的奠基人是英国流行病学家大卫·巴克尔。20 世纪 90 年代，他让"胚胎编程"一词变得广为人知。[1] 他在著述中写道，这种编程"描述的是一种过程，即在某个敏感或'关键'的发展期，某个刺激因素造成了持续性的，甚至是终身性的显著影响"。整个健康疾病发展起源学领域都是围绕着这个专业术语向前推进的。胚胎编程认为生命的早期经历能够影响成人的健康状况，并被业界广为接纳：自 2000 年以来，以胚胎编程为主题发表的论文数量翻了 20 倍；现在的学校里经常能看见书名中包含这个词的教科书；全球各大研究机构也都纷纷挂名成立了相关的研究中心。

胚胎编程的研究者认为，母体提供的产前环境会对胎儿发育造成影响。这种影响是永久性的，会通过表观遗传机制使某些人体功能发生变化。这些研究者提出，产前期是为胎儿基因组设定某些基因表达值的关键时期，而这又会反过来改变胎儿在代谢、大脑等领

---

[1] 20 世纪六七十年代，岗特·多纳尔（Gunter Dörner）曾将"胚胎编程"一词用于发育神经学领域。后来，阿兰·卢卡斯（Alan Lucas）用这个词描述婴儿喂养的相关内容。巴克尔将这个术语的内涵延伸至胚胎期。

域的发育路径。"即使甲基化水平受到十分微小的扰动,也可能持续改变基因表达,进而带来重要的发育结果。"此外,他们还认为,胎儿自身的配子也能从母体那里受到表观遗传层面的影响,从而使母体环境的影响跨代传递,即从母亲这条线上一直传给子孙(见引言图1)。

胚胎编程不只会被动发生,还能人为主动干预。许多胚胎编程的研究者都喜欢采用这种主张干预的方法。例如,丹麦胚胎编程中心就把自身目标定为为孕妇提供营养及其他生活方式的建议,并为她们在产后早期阶段提供膳食或用药方面的干预手段,以预防胎儿发育过程中被诱导产生不良的健康结果。美国怀俄明大学胚胎编程研究中心的创立者、擅长用羊做实验的研究者史蒂夫·福特(Steve Ford)想用家畜研究母体妊娠期的营养补充如何影响"牲畜宰杀后的食用肉质",并希望以此模拟"胚胎编程对人类婴儿的影响"。福特说,"母亲通过饮食可以调控胎儿的生长发育"。这些研究者将母婴表观遗传编程领域视为一门预测性的科学,认为它能带来潜在有效的治疗手段,推进公共卫生事业,最终造福人类后代的健康。

该领域的研究者将DNA甲基化水平视为一种在分子层面上衡量产前风险暴露程度的定量指标,并认为DNA甲基化水平是解释个体成长后期疾病进展的原因。用他们的话来说就是,甲基化提供着"细胞对生命早期事件的记忆",而这类事件是"稳定遗传的",它能通过标志性的DNA甲基化水平变化从一个细胞传给另一个细胞,从理论上使胚胎早期受到的风险暴露伴随这个孩子的一生,并通过生物化学方面的变化带来不一样的健康结果。这些研究者们写道:"最首要的工作是找出一种或多种机制的本质,证明是这样的机制启动了胎儿对母体刺激的适应性过程,最终使胎儿产生永久性的、不可逆的生理和代谢变化。"

其中一种观点认为，胚胎编程是在进化过程中发展出来的适应性机制。基于这种观点，母体子宫对哺乳动物后代的早期发育具有塑造作用。母亲通过子宫向胎儿传递的线索能被胎儿接收，胎儿据此调整生理状态，以更好地适应未来会面临的产后环境。彼得·格卢克曼与马克·汉森在 2005 年合著的《胚胎环境：进化、发育和疾病》中阐述了这种进化式的理论。他们写道："胎儿对其所处子宫环境的解读，不仅直接关系着自身的存亡，还决定着他们预判出生后将面临怎样的生活环境，并根据环境相应发展出长期的适应性优势。在这个关键过程中，母亲起着'传感器'的作用。"然而，"正如任何电子或机械传感器（如用于防范火灾的烟雾探测器）一样，每种传感器都有失灵的风险"。因此，找出这种母体失灵现象的原因和结果，以及有针对性地解决这些问题，正是胚胎编程科学的主要工作。

胚胎编程的这个隐喻，源于 20 世纪更早出现的信息论在分子生命科学领域的应用。20 世纪中期，在信息控制论不断发展的同时，生命科学领域也对基因的构造和序列有了越来越多的了解。随着这两个领域的相互交融，基因组作为程序或编码的概念在 20 世纪五六十年代被科学家首次提出。如果单从字面意思理解，遗传编码指的就是 DNA 序列与氨基酸合成之间的关系。但遗传编码还为人们看待生物学的分子基础提供了一种更广阔的思路。试着回想一下，我们的日常对话中其实无不充斥着各种关于计算机化和信息科学的概念。我们借助这些概念谈论着人体、生物学和健康：人体是"硬件"，基因组是"软件"，基因调控机制就是一张"开关"网，而母体则是"信号传感器"。原先科学家们采用"遗传程序"（Genetic Program）一词，暗示一个有机体收到的全部指示信息都能在基因中

第 6 章　胚胎编程

找到。现在,"遗传程序"逐渐退出历史舞台,取而代之的是表观遗传学与胚胎编程科学提出的"发育程序"(Developmental Program)的概念。尽管如此,"程序"的比喻依然保留了下来,表示某种命中注定的因果关系。其中,"因"是为了实现某些目标的发育信号传导机制,"果"则是高度特异的适应性功能变化。

在以胚胎编程为主题的文献中,科学家们用信息论的方法描述不良风险暴露如何导致表观遗传变化,而这种变化反过来又会如何改变基因表达,进而引发疾病。这些科学家们声称,甲基化是储存信息(环境中的线索)和信息传导的过程,目的是减少或增加基因输出。胚胎编程论将编码或信息的概念从基因组学(Genome)延伸至表观基因组学(Epigenome),暗示甲基化水平像编码一样,能够在某些时间点上对环境中的某些线索做出响应,进而调控某些基因位点发生适应性变化。美国全国公共广播电台(NPR)成功捕捉到了这个观点,并以"胚胎编程"为主题制作了一期节目。在节目的广告宣传画中,一名孕妇按着自己肚子上不停闪光的按键,就像用各种开关转接线路的总机一样。

许多面向大众的科普读物,都将胚胎编程视为一门简单的"开关"科学,仿佛这些"开关"可以让聪明的母亲们随取随用一样。美国医生穆罕默德·奥兹(Mehmet Oz)因为参加《奥普拉脱口秀》而家喻户晓,此后便一直活跃于银幕上。他在 2010 年出版过一本关于胚胎表观遗传编程的书,名为《即将为人母的你:快乐健康的妊娠期掌控手册》。这本书的第一章题为"好的基因",它这样写道:"表观遗传学启示我们,每个人都有能力改变生物学的命运。"这本书还建议说:"你在怀孕期间的所作所为,将决定着哪些基因配方会被启用,这最终影响着你的孩子的健康。开、关、开、关——你就这样决定着孩子的基因表达。"不仅如此，表观遗传变化"还能传给一代又一代"。接着，作者用过于简化的方式将胚胎编程论呈现给大众读者，最终结果就是："你平常的吃喝、吸烟或压力情况都是为孩子营造的环境。基于这个环境，孩子会预判她未来的生活环境。也就是说，基于你的所作所为，孩子正在预测自己的未来。如果这种胚胎基因表达编程与实际环境并不匹配，就会产生问题。因此，你所面临的挑战——或者我们可以说是你所肩负的责任——就是从当下这一刻起，为孩子提供健康的环境，好让其'内在的编程机制'预判自己出生后会生活在一个同样健康的环境里，并因此启动好的基因表达。"

类似于以上内容的科普读物都将表观遗传学描述成一种存在明确因果关系的环境适应机制，并且这种机制可以直接由母亲本人和科学家操纵。这些描述引出了若干问题，如科学家眼中的甲基化有怎样的生物学功能，以及他们又是如何研究目标人群的甲基化水平变化的。对于许多没有科学背景的读者而言，以下内容刚开始读起来可能比较晦涩，但了解科学家们如何定义、研究人类基因组的甲基化水平变化，将有助于我们更好地理解当前该领域的整体进展。

有争议的科学：DNA甲基化生物学与目标人群的相关研究技术

甲基化、染色质、微小RNA（核糖核酸）、组蛋白修饰及其他类型的表观遗传介质，都在协助基因对外界环境传来的调控信号作出动态响应。目前，科学家已经比较清楚地知道了表观遗传机制在细胞分化及有机体发育基本过程中所起到的作用。例如，某些表观遗传因素受到早期生命的营养条件调控，能决定蜜蜂的幼虫未来是成为蜂后还是工蜂。除此之外，科学家经过充分研究后还发现，在疾病形成和许多由环境诱发的人类疾病（如癌症）进展过程中，表观遗传机制也扮演着一定的角色。

由于非人类动物实验能够实现人为的条件操控，因此相关研究发现的证据十分有力地证明了母婴表观遗传基因表达改变对人体功能的显著影响。研究人员在实验小鼠体内嵌入人工合成基因，这段合成基因能够使小鼠表达出黄色的皮毛和肥胖体形。倘若母鼠妊娠期间饮食中的营养成分富含甲基，就会通过表观遗传机制改变基因表达，进而使母鼠生下体形正常的棕色后代。还有一种田鼠，其体内的褪黑素水平能够随着季节的不同而变化。对于这种田鼠的母鼠而言，这种季节性的褪黑素水平变化会通过某些表观遗传机制影响后代小鼠的皮毛厚度，以此为后代小鼠未来的生活环境做好准备。大鼠身上同样存在这类现象。母鼠舔舐幼鼠的行为能启动某种表观遗传机制，从而使幼鼠脑部表达糖皮质激素受体基因。增强的受体更多地与糖皮质激素结合，使幼鼠长大后不容易焦虑。在所有这些经典的啮齿动物研究中，表观遗传修饰都发生在母亲妊娠期间或幼儿发育的极早期，且激发表现遗传修饰的都是母亲自身的行为或生理状态。

面向人群的胚胎编程研究一般分析的是某种特定的表观遗传变化，即人血细胞的甲基化水平。高水平的甲基化通常代表基因表达受限，而低水平的甲基化则表示基因表达活跃。人类胚胎编程研究测量的是人体基因某个位点上的甲基化水平差异百分比。在此基础上，研究人员试图将甲基化水平的量化差异与胚胎风险暴露及不良后果联系起来。

人类基因组中进行甲基化水平测量的位点叫作CpG。在这些位点上，甲基团可以附着于DNA分子上（见图6-1）。DNA存在

母体记忆

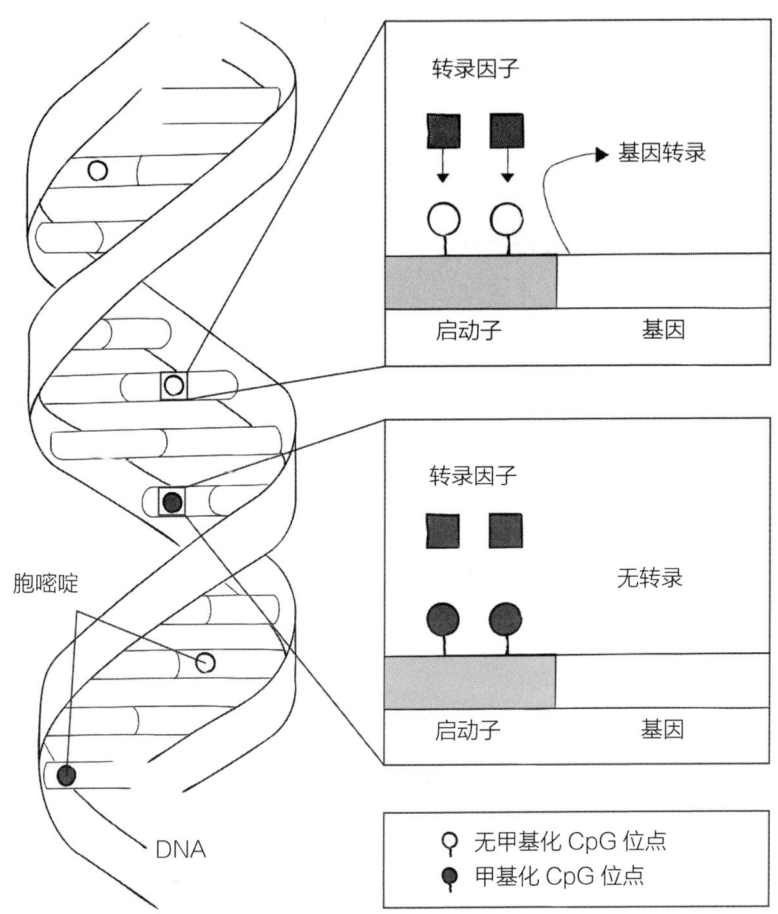

图 6-1 基因组不同位点胞嘧啶的甲基化水平

基因组不同位点胞嘧啶的甲基化水平不同。DNA 甲基转移酶能催化 CpG 位点发生并保持甲基化。在基因表达的表观遗传调控机制中，CpG 位点的甲基化扮演着一定的角色。例如，启动子 CpG 位点的甲基化能抑制基因转录。

图片来源：Amy Noseworthy, copyright Sarah Richardson, 2020.

于所有细胞的细胞核中，呈长链状，由胞嘧啶（C）、鸟嘌呤（G）、腺嘌呤（A）和胸腺嘧啶（T）四种不同的化学碱基组成编码。CpG 位点就是胞嘧啶（C）排在鸟嘌呤（G）前的位点。例如，在

第 6 章　胚胎编程

"AATCTGGAGACGTTACGATTCAG"这段基因序列中，带有下划线的两个位点就是 CpG 位点。通过对老式基因测序技术进行些许调整，表观遗传领域的研究者能够放大这些位点以观测其情况。更常见的做法是，表观遗传领域的流行病学家喜欢在市场上购买高通量基因芯片，借此一次性完成大量人类基因组样本的检测，检测内容既包括甲基化水平变化发生的位置，也包括具体的变化程度（见图 6-2）。与基因测序相比，基因芯片技术的灵敏度更低，特异性也更弱，但它的检测速度要比基因测序快，成本也较为低廉，因此在流行病学研究中被广泛用于评估 DNA 的甲基化水平。

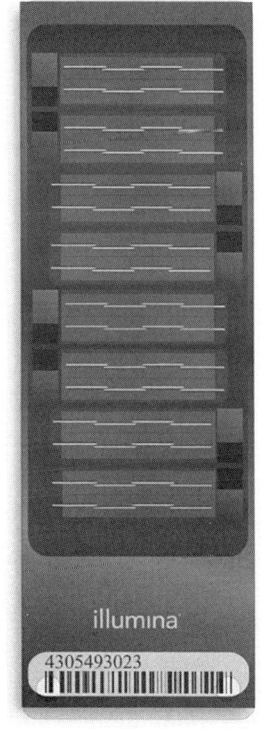

图 6-2　因美纳公司（Illumina）人 DNA 甲基化芯片

图片经该公司授权许可使用。

209

某些甲基化在母体宫内风险暴露与胎儿不良发育后果之间起着中介作用。为了找出这些潜在甲基化的基因，研究人员主要采用两种方法：一种是候选基因研究，另一种是全基因组研究。候选基因研究的对象是单个基因或该基因内某个位点的甲基化水平变化。这种方法基于的原理是：不同个体同一基因的甲基化水平不同，因此该基因对应的生物功能水平也不同。这类研究的结果以某个基因位点甲基化水平的变化程度百分比表示。

全基因组研究利用基因芯片同时对人体基因组内的数千个位点进行快速检测，评估所有这些位点的甲基化水平变化。这些基因芯片会输出一个数据矩阵，通常以荧光图谱展示每个CpG位点甲基化水平的强度。"0"值表示同一样本某CpG位点的所有基因拷贝均没有甲基化。利用这些数据，科学家得以比较不同个体样本的检测数值，从而找出大样本量中存在甲基化水平差异的任何CpG位点。但光找出这些位点还不够，胚胎编程科学家的终极目的是在不同甲基化水平的CpG位点与母体宫内风险暴露及胎儿不良发育后果之间建立关联性，并找出基因中与这些健康结果有关的生物功能路径。

这类表观遗传层面的相关性研究（EWAS）能够帮助科学家获得一些发现，但这些发现必须用其他的基因测序方法加以验证，还必须通过统计分析排除假阳性数据。一般来说，表观遗传层面的相关性研究得出的发现是一系列乃至数千个基因位点。这些位点与目标研究指标存在明显关联，并且在数值上足以具备统计学意义上的显著性。但仅找到统计上具有显著意义的发现还不够，研究人员的挑战是要悉心分辨出这些发现是否也有生物学意义，即这些位点确实激活了某些因素，由此造成了某些目标研究结果的发生。

由于直接操控人体的风险暴露与甲基化水平通常不太能实现，

因此研究人员会采用一种名为中介分析（Mediation Analysis）的统计学方法，以证明人体表观遗传学和流行病学方面因果关系的可能性。这种方法评估的是某个异常甲基化的基因位点有没有可能是某个风险暴露与某个结果之间的中介（或部分解释结果为什么会发生）。在给定某些既定事实与假设的前提下，中介分析能够模拟某种可能性。需要注意的是，这种方法得出的统计结果仍是假设性的，因此断然不能与生物学现实混为一谈。中介分析的结果是一系列统计学意义上的关联性，而非真实描述个体基因表型状态的分子生物学机制。正如大家接下来会看到的那样，中介分析会做出绝对且往往富有争议的假设，并断定其结果衡量方法高度可信，且几乎不存在其他被遗漏的干扰因素（Confounder）。如果中介因素受到干扰，即意味着还存在另一个变量同时与风险暴露及后果有关。这样，所谓的中介分析自然是无效的。在人体环境表观遗传学这样的研究领域，涉及的都是复杂的流行病学数据，其中往往存在未加测量的干扰因素，这已是科研界的一项共识。

表观遗传学领域目前累积起来的知识其实参差不齐，这从一点就能看出端倪：在界定何为显著、可靠且有效的甲基化水平方面，相关文献几乎没有任何共识。但有两个事实是公认的：其一，甲基化调控基因的方法通常是使基因完全发生甲基化。甲基化状态一般是两极化的，要么是完全甲基化，要么没有。但基因芯片只能捕捉到一小部分亚群位点，这些位点在甲基化上没有呈现明显的两极分化，且不同个体同一位点的甲基化水平也不尽相同；其二，即使这个 CpG 亚群位点内的确展示出个体间不同的甲基化水平差异，却仍然无法避免背景噪声的存在。许多变量都能使基因位点的甲基化水平发生变化，且这种变化发生的时间段不仅限于容易接触风险暴露的发育关键期。一天下来，某个基因位点的甲基化水平呈上下波动状态。此外，不同人群、不同性别和不同年龄的人，其相同基因位点的甲基化水平也因人而异。有证据显示，就连季节和天气也能影响人体基因的甲基化水平。

检测基因甲基化水平的不同技术产生的结果也不同。总部位于美国圣迭戈市的生物科技公司因美纳（Illumina）上市了一款人基因甲基化芯片（Infinium Human Methylation 450K Beadchip），它被广泛应用于全基因组的甲基化研究。然而，用这种芯片的表观遗传层面的相关性研究本身就存在技术和统计学方面的局限性。这种方法虽然对大量潜在的因果关联性进行研究，但到头来也仅能代表基因组中的一小部分 CpG 亚群位点。因美纳芯片的当前版本仅能检测人类基因组中不到 2% 的 CpG 位点。不仅如此，这种芯片对于任何单个 CpG 位点的特异性都很低，因为它默认芯片探针所及区域周围的 CpG 位点都有类似的甲基化状态。在可靠性方面，因美纳芯片也远远不及那些经典的基因测序方法，后者能灵敏地检测出人体基因甲基化水平的微小浮动。最后，这种芯片的设计理念本身就掺杂着人的主观偏见。尽管它的探测范围能覆盖到人类基因组（由人类基因组计划得出的参考序列）的大多数功能区域，但它仍然偏向于探测已知会出现甲基化水平变化的基因调控区域。这是因为一些顶尖科学家参与设计了芯片，而他们事先圈定了一些自认为重要的基因调控区域。

许多动物实验仅报道超过 10% 变化幅度的甲基化水平。这源于早期奠基性动物实验的研究结果，甲基化水平变化只有达到 10% 以上的幅度后，才能产生有意义的生理功能变化。若干研究母鼠舔舐幼崽行为的实验结果证明，经常舔舐幼崽的母鼠和不怎么舔舐幼崽的母鼠相比，后者幼崽体内糖皮质激素受体启动子要么发生完全的甲基化，要么没有甲基化，而这种甲基化水平的不同又决定着幼崽的易焦虑程度。还有一项著名实验研究的是饮食在决定小鼠毛色表达基因甲基化中的作用。结果显示，黄毛小鼠相应基因的甲基化水平低于10%，而棕毛小鼠同一位点的基因甲基化水平通常在90%左右。介于这两种情况间的其他毛色表型还包括少许斑点型、正常斑点型及大量斑点型，三者分别对应20%、40%和60%的甲基化水平变化。相较之下，在大多数人体表观遗传胚胎编程研究中，研究人员发现的甲基化水平变化远低于10%。如果换作动物模型，这种程度的甲基化水平变化一般被认为不会产生显著的生理功能变化。

最关键的一项争议是，在单一人体样本（如血液）中观测到的甲基化水平差异，未必一定能够推定其他生物相关组织（如免疫器官、脑、代谢器官、内分泌器官或脂肪组织）中存在类似的甲基化水平差异。2012年的一项研究证明，像全血这样的外周组织并不能很好地模拟其他人体组织的表观遗传状态。如果该研究的发现属实，那么可以推测出不同组织的表观遗传变化也不同。由此，基于人血样本的研究便不能在未加验证的条件下证明其他器官也受到类似的表观遗传调控机制并导致某些健康情况的发生。然而，血液正是日常研究中被普遍使用的人体表观遗传胚胎编程研究样本。

不仅如此，采用血液样本的表观遗传研究评估的是各种血细胞的混合体，由此在检测过程中引入了许多潜在的干扰因素。血液本身就是各型细胞的混合体，并且其组成上的异质性随个体的不同而不同。2014年《柳叶刀》杂志中的一篇文章提到，由于不同人体血液的异质性有所不同，因此"倘若某组织的细胞构成与被研究的性状（炎症性疾病或神经退行性病变）强烈相关，那么与这种特性相关的任何明显的表观遗传差异就只能部分反映细胞构成上的差异，即使用统计学方法校正数据后仍是如此"。

同理，许多关于DNA甲基化水平差异的发现只能用个体差异来解释。某研究证明，一个人的基因在很大程度上决定着这个人主要的表观遗传特征，但该占比最多不超过80%。生物样本的细胞类型构成与个体本身基因的差异只是众多潜在影响因素中的两个，它们及其他潜在因素都能使一个人的表观遗传状态发生改变。许多关于甲基化水平变化的研究，并没有全面了解哪些外生和内生因素可以影响表观遗传变化或设定相关基因的表达值，因此只是在牵强地将这些甲基化水平变化与环境风险暴露相联系。这样的研究发现是难以理解的。

人体胚胎表观遗传编程相关研究

加拿大冰暴研究项目

1998年，加拿大魁北克省蒙泰雷吉地区爆发的一场冰暴灾害，为当地及周边地区人民带来了长达数周的灾难。麦吉尔大学的发展心理学家苏珊妮·金却从中看到了千载难逢的研究机会。在长达6周的时间内，极寒天气造成人民财产损失、停电和道路交通受阻，300万人因此受伤。金回忆道："我知道那里有几千名孕妇。我可以观察她们。"

短短几个月内，金就发起了一项纵贯研究，以追踪冰暴期间在母亲肚子里的胎儿情况。这项研究一直持续到这些婴儿出生并长到18岁。金在实验中招募了224名新人母亲，她们都填写了一份邮寄来的调查问卷，问卷内容是请每位孕妇评价自身在冰暴期间遭受的客观困难（如身体受伤、停电天数和经济损失）及主观压力（由母亲回忆当时的内心感受）。在接下来的几年里，项目组定期对其中的176名母亲重新开展调研，并同时对她们的孩子进行体检。

时至今日，这个研究项目组已经发表了30篇经过同行评审的学术论文，刊载这些论文的期刊有《健康和疾病发展起源学》《儿科研究》及《表观遗传学》等。项目组通过这一系列论文提出并完善了胚胎编程方面的理论假说。早期研究结果发现，母亲自评她们孩子的诸多不良疾病后果与她们在冰暴期间经历的客观困难程度有关，这些不良疾病后果如哮喘、自闭症、先天缺陷、肥胖症、身体质量指数异常、向心性肥胖、胰岛素分泌不足、认知和语言功能不足、免疫能力低下、女性月经初潮时间异常及进食紊乱等。美国《新闻周刊》报道称，这项"史上最骇人的研究之一"揭示了小孩子在玩乐行为上的不同可能预示着孩子的未来。一位产前受到压力的孕妇生出的孩子"不会把玩具卡车当成真正的卡车，而只会一个劲儿地在物体旁边乱捶"。金将自己的研究发现直接推演到了学习成绩（平均学分绩点，GPA）上，称小孩子在玩乐行为上的差异，决定着孩子"以后是只能得平均B-的成绩，还是能得平均B+的成绩"。

当实验组中的孩子们长到13岁时，金在项目中加入了表观遗传学的研究方法。她从34个孩子的血样中提取出免疫细胞，希望从中找出某些表观遗传层面的生物标志物，以解释母体妊娠期间的压力暴露如何影响孩子在青少年时期的认知、代谢、免疫能力及激素分泌水平。借助前文提到的因美纳芯片，金的项目组检测了近50万个人体基因位点，以此评估自认为在冰暴期间经受了更多困难的母亲会给青少年子女带来怎样的表观遗传改变。然后，通过与参考数据库中的信息相比对，金的项目组又进一步评估这些基因的甲基化水平变化是否发生于生物路径内，而这些生物路径又可能与项目组近几年来发现的许多健康和发育结果相关。2014年发表的上述研究结果显示，冰暴期间压力最大的母亲，其青少年子女的1675个基因位点发生了甲基化水平的变化，涉及多条免疫、神经和内分泌生物路径。针对这项发现，该论文采用的描述是："人体实验首次证明，母体产前压力可导致后代出现标志性的DNA甲基化变化，由此对后代的生理功能造成持续而广泛的影响。"

该研究发现一出，立即引起了新闻媒体的强烈反响。英国《伦敦时报》就金的研究刊出头版头条，称"感到压抑吗？那就怪你的母亲吧。你的幸福由母亲怀孕期间的轻松程度决定"。加拿大《全国邮报》报道称，母体妊娠期压力"可显著阻碍儿童发育，让儿童智商较低、更加焦虑，并且更倾向于做出不良行为"。加拿大《全球新闻网》在报道中表示，这项发现"为准妈妈们提供了新的启示"。这篇报道还说，一旦母体压力"被编程进"胚胎体内，就一定会对孩子产生长期影响，且以后无论再对孩子做什么补救措施都无济于事。

自2014年的这项研究发表以来，金的项目组又陆续发表了其他几篇针对全基因组甲基化结果的分析文章。这些分析研究的对象都是13岁的青少年，他们在1998年那场冰暴中刚刚形成胚胎或已有一定胎龄。其中一项研究旨在探索母亲对冰暴所致压力的认知评价（即母亲是正向还是负向地看待冰暴带来的压力）将如何影响后代的DNA甲基化。结果显示，比起2014年的那次研究，这次研究又在实验组的青少年体内新发现了2872个不同程度甲基化的位点，涉及许多此前研究没有关注的基因和生物路径。

从实验设计到数据解读，整个加拿大冰暴研究项目显然都以胚胎编程理论为支撑。金将甲基化视为一种位于母体产前压力与"后代不良健康结果"之间的"中介机制",这类不良健康结果包括心血管疾病、肥胖症、代谢综合征及免疫疾病等。金和她的同事们还特别强调,"后代的不良健康结果"是由"基因功能的表观遗传变化"导致的,这些变化虽然发生在"整体层面",却能够有组织地改变某些生理功能,而且这种功能上的改变可能会"伴随后代的一生"。

一些研究人员将金的研究成果视为典范,认为它证明了表观遗传学方法有可能查明母体产前压力因素对后代造成的健康影响。他们说,这场冰暴可谓是一场"天然的实验",为研究随机生成的母体产前压力提供了罕见的机会。金认为,自己团队的研究发现具有广泛的影响。例如,随着气候变化导致自然天气灾害层出不穷,冰暴研究项目的发现能帮助公共卫生领域的研究者更好地知道如何保护孕妇在这类天灾事件中免受压力困扰,由此为孕妇腹中的胎儿营造更好的发育环境。加拿大气候学家戈登·麦克比恩(Gordon McBean)是联合国政府间气候变化专门委员会(Intergovernmental Panel on Climate Change)的成员,也是 2017 年的诺贝尔和平奖获得者。他表示,自己希望金的研究能够"激发各个国家大幅减少碳排放"。气候活动家们引用了冰暴研究项目的发现,警示公众有一波"气候变化宝宝"即将来到人世,他们承载着产前天灾风险暴露的烙印,因而体内潜伏着各种各样的健康问题。

冰暴研究项目的优势之一在于,它针对的是某个天然条件作用下的人群,在纵贯实验设计思路上采用了多种指标反复测量的方法。但它在表观遗传层面的发现也有几个局限性。对比典型的产前影响人体表观遗传学实验,34 个样本量还是太小。正因如此,研究发现的"效应"也很难称得上显著。所有实验组的孩子都可以说是正常的、健康的。例如,尽管有的孩子母亲自认为在冰暴期间经历了更大的压力,但平均来说,这些孩子的自闭倾向仅略微有些升高,孩子本身并没有真的患上自闭症。此外,冰暴研究项目没有设置对照组,即没有一群与实验组条件相匹配、但未经历过冰暴的母亲与孩子进行数据对照。相反,金用母亲的压力程度来划分实验人群,并分析孩子们的生物指标变化情况。由于该项目中的一系列研究检验的都是实验组中母体压力与各种后代结果之间类似于"剂量-反应"的因果关系,因此要想准确地解读研究发现,过程中用来评估母亲主观及客观压力的五分制问卷量表就必须具备良好的灵敏度和有效性。此外,冰暴研究也没有涉及父亲及其他产前、产后影响因素的数据,因此无法证实造成后代某些不良后果的因素仅为母体宫内风险暴露本身。最后,胚胎编程领域的已有文献显示,产前影响的大小与时间点有关,母体怀孕前受到影响的后果通常更严重。但冰暴项目研究的产前风险暴露横跨相当长的时间线,由此使其中的因果关系变得更加错综复杂。实验组中的孩子要么在冰暴肆虐期间已有一定胎龄,要么在冰暴开始后的三个月内才刚刚形成胚胎,两种情况存在长达17~21个月的时间跨度。可即便如此,冰暴研究也没有按胎儿受到风险暴露的具体时间细分实验人群。

最后,冰暴项目没有收集孩子出生时的生物学样本。这之所以是个问题,主要是两方面原因:一是造成反向因果现象(Reverse Causation),二是引入干扰因素。当目标研究结果(如肥胖症)本身能引发表观遗传变化时,就会造成所谓的反向因果现象。此时,为了证明是母体压力引发了某种表观遗传变化进而造成了肥胖症,而非肥胖症本身造成了这种表观遗传变化,就必须拿出证据证明这种表观遗传变化在时间上明确发生于肥胖症之前才行,否则研究预设的因果关系将站不住脚。

要想研究表观遗传学机制在宫内风险暴露与后代长期健康结果之间的中介作用,最理想的情况是设计一个出生队列纵贯研究。研究过程中要同时测量父母与孩子的多项生物学和临床指标,研究时间要从母亲刚刚受孕或妊娠期开始,并一直持续到孩子长大成人。这样的实验设计有助于区分时间上的先后顺序,以便研究者避免反向因果现象的发生。目前,很少有胚胎起源学研究能满足上述标准,部分原因是这样的实验成本高昂,且需要长达数十年甚至更久的时间才能产生有效数据。直到 20 世纪八九十年代,流行病学家们才开始追踪女性受孕后胎儿的宫内风险暴露情况。因此,该领域许多研究的起始时间甚至更晚。由于没有能够证明影响因素时间先后性的数据,冰暴项目无法排除反向因果现象的存在。换句话说,研究人员观测到的甲基化水平变化,可能只是 13 岁孩子体脂变高所造成的结果。

这又引出了第二个关于干扰因素的问题。如前所述,只有当风险暴露、表观遗传学标记物和不良结果三者之间以这样的时间先后顺序发生时,才能证明甲基化水平的变化是一种介于胚胎风险暴露与不良健康后果之间的生物学机制。但即使这样的时间先后顺序成立,干扰因素的存在也可推翻上述的因果关系。例如,某研究认为母亲妊娠期肥胖与孩子长大后的代谢问题有关,但真正的原因既有可能是母亲怀孕期间的过度肥胖,也有可能是孩子出生后模仿父母行为而逐渐养成了某种相似的生活方式。就冰暴研究项目而言,母体承受的压力或许延续到了妊娠期,但也可能在孩子出生后影响着孩子的发育,由此形成一种干扰性影响。综上,冰暴研究项目无法明确证实造成后代不良健康结果的原因是胚胎期间受到的风险

219

暴露。

当金首次于 2014 年在研究中应用表观遗传学方法时,她假定甲基化水平的变化与母亲承受的更大压力有关,认为正是这种产前压力导致孩子后来出现不良的健康结果。金的研究团队认为,基因位点不同的甲基化水平变化可以解释为什么在冰暴中承受最大压力的母亲与孩子会出现某些生物学结果,如更高的身体质量指数、肥胖症、胰岛素分泌不足及免疫疾病等。但当金的研究团队在 2015 年、2016 年又相继进行了两次中介分析后,他们的发现却与之前迥然不同。这一次,研究结果正好相反:甲基化水平变化又出现了,但它们的出现好像反而削弱了母体产前压力的影响,以至于后代的身体质量指数、过度免疫反应等健康结果不至于那么严重。但金和她的同事们依然坚定不移地探寻甲基化水平的中介作用及胚胎风险暴露与不良后果间的因果关系。对于这样截然相反的研究结果,金的团队重新调整了自己的理论。对于那些在冰暴中幸存下来的 13 岁青少年,虽然他们的母亲自认为受到了更大的产前压力,但金和她的同事们不再认为这些青少年体内的甲基化水平变化导致了不良健康结果的出现,而是认为这种甲基化水平的变化其实是一种保护机制,是"对早期环境不良因素作出的响应"。

冰暴研究项目在青少年身上观测到甲基化水平的变化,并就此解读出某种因果关系的存在。然而,任何这样的解读在逻辑推理上都发生了相当大的跳跃,一方面是因为研究设计本身存在着一些局限,另一方面是因为人体胚胎表观遗传编程领域的研究目前对甲基化水平变化的生理作用还知之甚少。冰暴研究项目组已表示,暂无开展进一步研究的计划。但在它之后,其实还出现了另一项更大规模的表观遗传学研究。该研究采集了 1740 名新生儿的脐带血样本,却并未发现母体产前压力暴露与后代 DNA 甲基化水平变化之间存在关联。尽管这种结果的出现可能是因为研究采用了不同的生物样本材料，并且包含了多重压力因素（而非只有冰暴一项），但研究发现的前后矛盾明确显示出，我们对表观遗传机制的理解还十分有限。那些被认为能影响孩子表观遗传状态的孕前及产前母体压力因素，或许并不像我们预想的那样需要某种表观遗传机制起中介作用。

犹太人大屠杀心理创伤跨代遗传研究项目

神经科学家瑞秋·耶胡达于 2016 年开展的犹太人大屠杀幸存者及其后代心理创伤跨代研究，是表观遗传学领域目前为止最具声望的研究之一。这项研究的主要观点是，成人体内的表观遗传标记物会发生持续性的变化，这种现象与胚胎早期发育阶段受到的环境暴露有关。耶胡达早期的研究发现，大屠杀幸存者体内的皮质醇水平更高。2016 年的这次研究，就是为了寻找能够解释此前发现的表观遗传学机制。皮质醇是一种重要激素，它在人体形成创伤后应激障碍（PTSD）的过程中参与调节精神压力。比起普通人群，大屠杀幸存者子女体内的平均皮质醇水平更低。

耶胡达于是提出一种观点，认为幸存者子女体内较低的皮质醇水平可能是母体宫内环境造成的结果。高皮质醇水平的子宫环境可能激发其中的胚胎产生某种自我保护的应激机制，进而使孩子长大后对糖皮质激素的作用更加敏感。耶胡达表示，这种高敏感度被胚胎体内的表观遗传标记物永久性地记忆下来，使幸存者子女更容易在日常生活中遭受心理创伤。这或许就是创伤受害者的后代容易产生焦虑和心理问题的原因。

在 2016 年的这次研究中，耶胡达评估了大屠杀幸存者及其子女体内某一个基因位点的表观遗传学变化。这个位点即专业上所指的 FKBP$_5$ 基因第 7 内含子，它是一个不参与编码的基因片段。如图 6-3a 所示，内含子是广泛分布于基因组中的基因片段，可编码蛋白质，内部通常包含激活基因的调控要素。2013 年克伦格尔（Klengel）等人发表的文章显示，儿童时期如果遭遇了严重的暴力行为，人体内第 7 内含子的甲基化水平将更低。耶胡达于是推断，第 7 内含子或许正是一个研究大屠杀幸存者表观遗传印记的潜在位点。

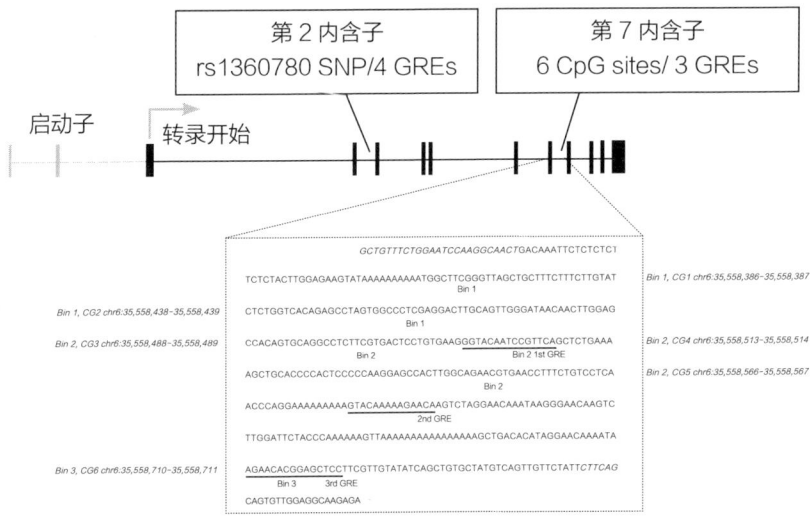

图 6-3a 人 FKBP$_5$ 基因位点示意图

图中重点展示了 6 个 CpG 位点的情况。这 6 个位点分布于第 7 内含子的 3 段（Bin）基因上，是 2016 年耶胡达等人的研究对象。图中的"GRE"是"糖皮质激素响应要素"的英文简称。

图片来源：Yehuda et al., "Holocaust Exposure Induced Intergenerational Effects on FKBP$_5$ Methylation."图片经 Elsevier 授权许可使用。

耶胡达的实验组是现居北美地区的犹太人大屠杀幸存者及其子女，而对照组人群在人口、种族条件上与实验组相同，只是没有经历过大屠杀。耶胡达同时采集了实验组和对照组人群的血样，致力于检测两组人群"$FKBP_5$基因第 7 内含子"的甲基化水平差异。耶胡达和同事们发现,相较于对照组而言,大屠杀幸存者在某个位点上的甲基化水平增幅超过 10%,但其成年子女的甲基化水平却下降了 7.7%。研究人员于是在文章中写道,这项发现"首次证实,孕前压力状态与父母及其成年子女体内的表观遗传变化有关"。他们得出结论,称"我们的数据证明,心理严重受创的人,其体内存在某种跨代传递的表观遗传机制,能激发子女的身体对压力做出相应的生理反应"。

耶胡达的研究将母婴间关系置于跨代创伤传递的枢纽地位,这个观点目前已受到学术界和社会各界的广泛认可。心理学家尼瑞特·格拉德沃尔·皮萨诺(Nirit Gradwohl Pisano)曾著有一本关于犹太人大屠杀幸存者第三代子女的书,名为《大屠杀后的曾孙子女:从未忘记自身未曾有过的经历》。皮萨诺在这本书中援引了耶胡达的观点,称"无法言喻的事件虽然不常被说出口,却不可避免地被传递给后面几代人,甚至在他们身上打下烙印"。以色列国家大屠杀幸存者及后代心理支持中心的纳森·凯勒曼(Natan Kellermann)认为,"耶胡达的表观遗传学研究或许提供了证明创伤传递的可信数据",从而为"表观遗传机制所致的伤痛进行法律赔偿奠定了基础"。他写道:"大屠杀留下的有形和无形印记不仅事关幸存者本人,还有他们的后代。但幸存者有的不只是前臂上的数字纹身,其染色体也可能在表观遗传机制的作用下添上了化学涂层。"

诗人伊丽莎白·罗斯纳被表观遗传学的理念吸引,认为它可能是一种施加于大屠杀幸存者及其后代身上的记忆雕刻机制。2017 年,罗斯纳出了一本回忆录。她在书中缅怀了已逝的大屠杀幸存者,并将耶胡达的研究成果设定为整本书的核心基调。她写道:"在未来的十年间,随着最后一批第二次世界大战幸存者相继离世,我们终究会越过那道坎儿。届时,大屠杀将彻底成为历史上遥远的往事。"耶胡达认为,过去是"通过我们的细胞和我们的基因进行传承的"。罗斯纳认为这种观点或许可以解答一个问题,即当过去的一整代人已无法现身说法时,我们还会将他们亲历的事情铭记多久。目前仍然在世的大屠杀幸存者固然是历史的化身和见证者,但或许表观遗传学能使第二、第三代幸存者后代也成为这样的化身:"我们将继续履行承诺,让故事传承下去。一代又一代,经久不息,仿佛我们中的每一个人都曾亲历过那个时代一样。我们将会是逝者基因的化身。"

对于皮萨诺、凯勒曼和罗斯纳而言,人体内的表观遗传生物标志物让记忆保持鲜活。它是大屠杀罪恶的铁证,却也保留了真实的创伤。罗斯纳写道:"每当有新研究证实严重创伤的表观遗传学效应时,就又一次从科学上确证了祖辈传承给我的东西。尤其在这样一个定量证据总是好过模糊描述的世界里。"相较之下,语言本身以及用语言讲述的故事总是不够充分,不够准确。生物学或生理学证据为幸存者及其后代的描述带来了现实依据。"研究成果如此笃定,又如此让人心神不宁。欣慰之情与无可奈何夹杂,复杂的情绪同时涌上心头。倘若童年的饥饿真能彻底改变一个人的代谢机能,那么或许人体的记忆就像思想的记忆一样持久,甚至隽永。"

在本章分析的若干研究项目中,耶胡达的研究结论或许最为大胆,因为她对某个表观遗传生物标志物的稳定性及其参与的因果关联直言不讳。耶胡达认为,$FKBP_5$基因第7内含子的甲基化水平变化是一种适应机制,它能激活人体对压力作出协调的生理反应。这个位点的甲基化水平变化反映了一种特殊的创伤暴露类型。即使个体成人后,这种创伤及其背后的表观遗传机制也能持续、稳定地存在。母体这个位点发生的甲基化水平变化，还能通过某种化学机制的调控，以压力激素的形式传递给正在子宫内发育的胎儿。不仅如此，耶胡达还认为，这个位点的甲基化水平变化决定着一个人罹患心理疾病的倾向。因此，若想改变一个人的心理健康情况，这个位点就是一个可以施加人为干预的靶点。

耶胡达本人持有两项专利，一项是创伤后应激障碍相关基因专利，另一项是 $FKBP_5$ 基因——抗抑郁治疗的新靶点——专利。根据其自述，她目前仍在致力于研发针对遭受创伤者的表观遗传异常靶向治疗方法，而她在 2016 年的研究发现只是其中的一个组成部分。美国《新共和周刊》曾刊载文章《关于伤痛的科学：孩子正在从父母那里继承创伤——科学能有所作为吗？》。该文章将耶胡达的研究目的描述成"希望找到创伤引发分子变化的确切基因位点"，以此发现进行精准医学干预的"可逆转靶点"。某精神科医学期刊的评论员写道，"未来将有一门表观遗传医学在耶胡达研究发现的基础之上发展起来。这门医学或将提供更多的精确诊断方法，并对创伤及创伤后应激障碍提供更多包括心理药物在内的靶向治疗方案"。

但从生物学角度来说，单凭 $FKBP_5$ 基因第 7 内含子这一个位点的甲基化水平变化就能使人体的压力应激反应增加吗？在耶胡达看来，这个问题的答案是肯定的，她认为正是这个位点的表观遗传变化导致了克伦格尔等人在 2013 年发现的心理疾病病因风险上升的现象。然而，耶胡达做出这样的推论，从根基上就是站不住脚的。

克伦格尔等人研究的是童年时受到虐待的成人。他们发现，童年遭受极端虐待行为的人，其体内 $FKBP_5$ 基因的三个位点发生了表观遗传变化。同时，当体内存在某个 $FKBP_5$ 基因的高风险变体时，人体遭受创伤后将更容易产生心理障碍。与耶胡达 2016 年的研究发现相比，克伦格尔及其团队在 2013 年的研究观测到了更大幅度的表观遗传变化，且两者发现的变化方向相反，涉及的基因位点也不同。克伦格尔等人发现，第 7 内含子第 2 基因段第 3、5 位点有三处地方的甲基化水平下降了 12.3%。但耶胡达团队观测到的甲基化水平变化发生在其他地方（第 7 内含子第 3 基因段第 6 位点），并且父母和子女的甲基化水平变化方向相反。除此之外，实验组与对照组所有受试人员体内第 7 内含子其他位点的甲基化水平并没有什么不同。尽管克伦格尔等人在创伤受害者身上观测到第 7 内含子出现了甲基化水平的下降，但耶胡达反而在大屠杀幸存者身上观测到第 7 内含子甲基化水平的上升。

克伦格尔等人与耶胡达的研究发现还在另一个重要方面存在差异：遗传得来的基因是否扮演同等重要的角色。克伦格尔等人的确在童年受到虐待的成人体内观测到基因甲基化水平的下降，但这些人同时携带着一种与创伤后心理障碍风险相关的基因型。克伦格尔发现，即使是同样童年亲历过虐待行为的人，他们的 $FKBP_5$ 基因甲基化水平也不尽相同。然而，当且仅当某种遗传得来的基因变体存在时，$FKBP_5$ 基因的甲基化水平变化才与人体后期形成创伤后心理障碍有关。相较之下，耶胡达却发现，虐待经历本身并不是一种环境暴露因素，创伤后心理障碍也不是童年虐待经历的结果。相反，无论大屠杀幸存者及其子女是否真的患上创伤后心理障碍，其体内都存在着一种表观遗传效应，且这种效应不会受到那个风险基因变体的任何影响。真正与这种表观遗传效应相关的，只有大屠杀中死里逃生的亲身经历者（父母辈），以及自己的父母有过这样经历的子女辈，尽管父母和子女的甲基化水平变化方向相反。

可问题是，基因位点上是否真的存在大屠杀留下的持久印记，并且这个印记在幸存者家庭中世代流传呢？从耶胡达的数据来看，答案是不明朗的。图 6-3b 根据耶胡达 2016 年发表的论文总结而来。数据显示，无论在对照组还是实验组，也无论是实验组中的父母还是子女，都在两个位点上呈现相似的甲基化水平。仅在第 3 个位点上，大屠杀幸存者比其子女的甲基化水平平均高 3 个百分点。从绝对数来看，大屠杀幸存者的甲基化水平最多比对照组高 5 个百分点（实验组最大值为 56.39，对照组最大值为 51.33），但其子女的相应数值最多比对照组低 4.45 个百分点（实验组最大值为 53.13，对照组最大值为 57.58）。也就是说，耶胡达在两代人身上发现的甲基化水平变化的最大幅度，竟然出现在无大屠杀经历的对照组父母及其子女之间，而非出现在对照组与实验组的家庭之间。在没有经历过大屠杀的对照组中，子女比父母的甲基化水平高出 6.25 个百分点。由此看来，对照组子女比父母的甲基化水平平均升高的幅度（6.25 个百分点），要大于实验组子女比父母的甲基化水平平均减小的幅度（3 个百分点）。总结起来，这项研究的中心发现是大屠杀幸存者的甲基化水平平均升高了 10%，而其成年子女的甲基化水平平均降低

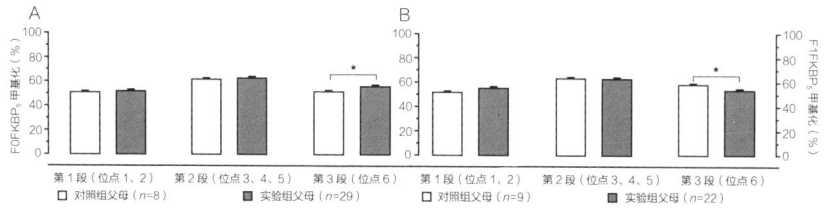

图 6-3b　FKBP$_5$ 基因第 7 内含子第 1、2、3 段的甲基化情况

其中（A）代表大屠杀幸存者，（B）代表大屠杀幸存者的后代，两者皆为与同类对照组人群的对比结果。仅第 3 段第 6 位点处出现了统计显著差异，但父母与子女的甲基化水平变化方向相反。最大的差异见于对照组中的父母与子女。
图片来源：Yehuda et al., "Holocaust Exposure Induced Intergenerational Effects on FKBP$_5$ Methylation." 图片经 Elsevier 授权许可使用。

了7.7%。这个发现非但没有显示大屠杀幸存者子女受到了怎样强烈的影响，反而突出了对照组子女受到的明显影响。因此，研究得出任何关于大屠杀幸存子女所受影响的结论，都不得不说是人为臆想下的牵强说法。

耶胡达研究采用的对照组样本量极小，只包含了8名父母和他们的9名子女。相较之下，实验组中却包含了经历过大屠杀的32名父母和他们的22名子女。在如此小的对照组中，任何一个过高或过低的偏离值都很容易扭曲整个组的均值。事实上，正如图6-3c所示，大屠杀幸存者及其子女之间的甲基化水平也存在很大差异，而且对照组的子女群体中出现了一个极端偏离值。各个群体的甲基化平均水平

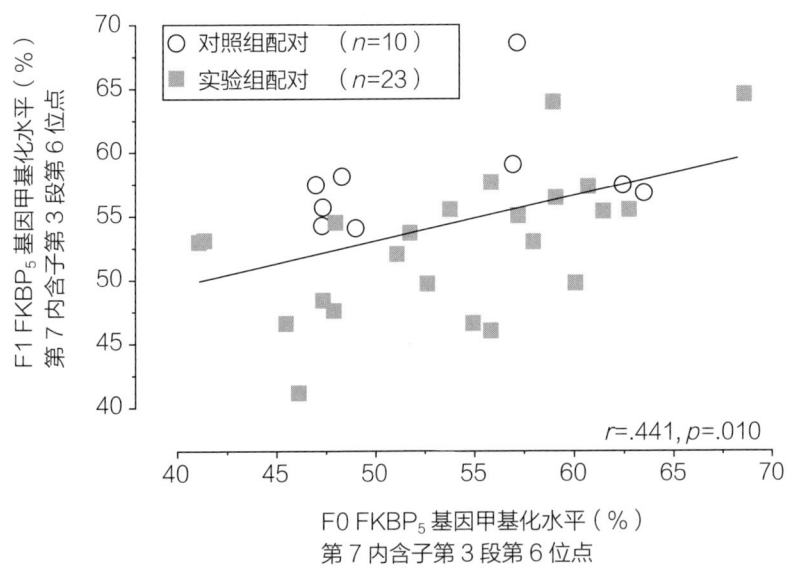

图6-3c　父母代（F0）及其第一代子女（F1）的$FKBP_5$基因第7内含子第3段第6位点的甲基化水平百分比关系

图片来源：Yehuda et al., "Holocaust Exposure Induced Intergenerational Effects on $FKBP_5$ Methylation." 图片经 Elsevier 授权许可使用。

从 40% 到 70% 不等。尽管实验组父母的甲基化平均水平略高于子女，但从一对对父母与子女的数据来看，FKBP$_5$ 基因第 7 内含子的甲基化水平呈现出一种正相关性：父母的甲基化水平升高，子女的甲基化水平也会升高。在耶胡达研究的所有 71 个人中，对照组子女中出现了一个值得商榷的极值，其 FKBP$_5$ 基因的甲基化水平高达 70%。因此，很可能正是这个极值拉高了研究发现的整体甲基化水平。

耶胡达的证据显示，FKBP$_5$ 基因第 7 内含子第 3 段第 6 位点的甲基化水平出现了几个百分点的变化。就算耶胡达的发现能够在更大规模的实验中重现，我们也很难根据耶胡达提出的证据来证实其中的确存在某种生物学上的因果关联。正如遗传学家埃文·博耶尔（Evan Boyle）指出的那样，以人体身高为例，与身高相关的遗传多态性（Genetic Polymorphism）就有超过 10 万种。外加有证据显示，"哪怕是基因组中最重要的位点，也只能产生轻微的影响"。因此，只有当实验能够探明"在明确特定的细胞类型中，或在免疫刺激等条件的精确作用下"，高风险基因变体如何影响生物学反应时，才能确定单个遗传因素（或基因调控因素）是否在某种因果关系中起到中介作用。但光有这些还不够，表观遗传学领域的研究发现往往在各种各样的细分人群和浩如烟海的数据中难以重现，再加上基因调控机制的复杂性与环境特异性，因此，要想从表观遗传学层面解释某种因果关系（就像耶胡达所做的那样），着实是一个无比巨大的挑战。而仅凭人类基因组中少量甚至单个 CpG 位点甲基化水平的小幅变化，显然是不足以攻克这个挑战的。

荷兰大饥荒 60 年后留下的伤疤

荷兰冬季大饥荒结束的几十年后，时间来到了 20 世纪 90 年代。

此时，肥胖症、心血管疾病及高血压、糖尿病、胰岛素抵抗等代谢相关的疾病大范围流行，成为公共卫生领域迫在眉睫的挑战。在这一背景下，科学界重新掀起了一股研究荷兰冬季大饥荒幸存婴儿的风潮。正是因为这个契机，使研究人员注意到 20 世纪 70 年代在首次荷兰冬季大饥荒研究（见本书第 5 章）中被人忽略的一项发现：1944 年饥荒期间仍在母亲肚子里的婴儿，当他们成长为应征入伍的 18 岁男性后，其患上肥胖症的概率要比普通人高 50%。大卫·巴克尔早年就预言，当产前营养不良遇上后来的营养过剩时，这种产前编程与发育环境的"不匹配"就会引发代谢失调问题。[①]回过头来看，那项被人忽略的发现与巴克尔的预言竟然如出一辙，因而引发了科学界的高度兴趣。

---

① 尽管我们今天经常看到因产前营养不良导致肥胖症的患病概率上升了 50%，但自从该数据在 20 世纪 70 年代出现后，并没有任何一项后续研究对其予以重现。2011 年的一篇文献旨在找出产前营养不良与肥胖症及相关效应间的关系，但这篇文章的最后总结道："受限于有限的样本量和偶然性的观测结果，目前该领域的研究发现仍是模糊不清、前后矛盾的，因此还处于探索和形成假说的阶段。" 20 世纪 70 年代的研究人员发现，受孕早期和晚期经历了饥荒的婴儿，其长大后患肥胖症的概率实际上反而有所下降。仅在孕期前半段持续遭受饥荒的婴儿，罹患肥胖症的概率才的确会增加。至于受孕早期遭受饥荒可致肥胖症概率上升 50% 的发现，可能只是当时的研究人员对所谓"肥胖症"的被试人群与相关衡量结果人为捏造出来的产物。当时的研究人员发现，18 岁的荷兰入伍男性的肥胖症发生率仅为 1.7%，这与今天全世界许多地区的肥胖症流行情况显著不同。此外，当时对"肥胖"这个变量的界定方式极为特殊，特指以当时荷兰保险公司公布的标准为参照，体重身高比大于 120% 的人群。1975 年至 2016 年，全球身体质量指数在 30 及以上的成人数量翻了三番；超过三分之一的美国成年人属于世界卫生组织定义的"肥胖"范畴。简而言之，今天的"肥胖"概念与 20 世纪 70 年代荷兰大饥荒系列研究中所采用的"肥胖"概念完全不同。

第 6 章　胚胎编程

20 世纪 90 年代，当年荷兰冬季大饥荒的幸存婴儿都已迈过了 50 岁的门槛。这个岁数也是各种慢性病逐渐高发的时期，整个国家的财政支出因此不堪重负。新一代的研究人员主动与荷兰卫生部开展紧密合作，抓取到饥荒期间仍在母亲肚子里的婴儿人口数据，希望探明这些幸存婴儿是否受到了产前营养不良的潜在长期影响。研究人员与这些现已成人的幸存婴儿进行了访谈，为他们体检，调取他们的出生记录并采集了他们的血样。在众多研究发现中，有一项发现格外显眼：相较于没有经历过饥荒的亲兄弟姐妹而言，饥荒幸存婴儿长大成人后的平均血压更高，其中女性在 59 岁时的体重更高一些。

这项荷兰冬季大饥荒的家庭研究由兰伯特·H. 鲁米在 20 世纪 90 年代初发起。最初，研究对象仅为荷兰 3 个城市中 3307 个经历过饥荒的人和没经历过饥荒的对照个体（两组人员年纪相仿，在某些情况下还是亲兄弟姐妹）。1992 年，研究人员找到了这些人的现居地址，并对他们进行了上门访谈。2003 年至 2005 年间，这些研究对象的年纪都为 59 岁，他们在这一年接受了包括抽血在内的各项体检。

正是基于这些血样的分析结果，才有了本章开篇介绍的 2008 年突破性表观遗传学研究发现。2008 年，海纪曼斯和鲁米想要通过对 IGF2 基因进行研究，从中找出饥荒幸存婴儿体内发生了哪些显著的表观遗传变化。IGF2 基因或许是最具代表性的人类基因，研究人员对该基因的表观遗传调控机制研究得最为透彻。IGF2 基因的全称为胰岛素样生长因子 2，是哺乳动物胎盘与胚胎发育的关键调控基因。每个人分别从父母双方各获得一份该基因拷贝，但母体的基因拷贝在甲基化状态下并不表达。当母体拷贝的甲基化状态受到干扰时，就会引发疾病。伯 – 韦综合征（Beckwith–Wiedemann Syndrome）就是这种病理机制下的一种典型疾病：由于患儿体内的胰岛素样生长因子 2 基因并未完全沉寂，因此患儿生来就表现出生长过剩的症状。

海纪曼斯和鲁米发现，比起未经历过饥荒的兄弟姐妹，饥荒幸存婴儿胰岛素样生长因子 2 基因若干位点的甲基化水平下降了 5.2%。这里补充一点背景信息：即使年纪相差 10 岁的人，其胰岛素样生长因子 2 基因的甲基化水平差异也不过 3.6 个百分点而已。海纪曼斯和鲁米认为，自己的发现佐证了此前的假设观点，即表观遗传机制极大地决定了早期生命的风险暴露与后期生命的代谢疾病间的关系。

但两位学者也有自知之明，知道从这个发现只能合理推导出有限的结论。首先，上述研究结果仅显示经历饥荒会影响甲基化水平，却没有检验甲基化水平与代谢功能之间存在怎样的联系。其次，该研究不能证明母亲的饮食状况是否引发了持续存在的表观遗传变化。由于没有测量胚胎或新生儿体内表观遗传生物标志物的变化情况，便不能证明这些表观遗传变化发生于妊娠期，接着又贯穿了孩子的一生。即使能证明表观遗传变化的确发生于妊娠期，也无法区分造成这种变化的究竟是饮食还是其他因素，如疾病、压力、战时毒素暴露、饥荒等。

2008 年的这项研究仅针对单个基因，在研究胚胎风险暴露造成的表观遗传变化时，可以说是一种投机取巧的方法。在第一波人类胚胎起源的表观遗传学研究中，这种典型的操作方法随处可见。海纪曼斯和鲁米充分认识到，在相对较小的人口抽样中，仅仅通过人全血组织某一个基因位点上观测到的微小表观遗传变化，并不能证明其中存在某种生物学上的因果关联机制。为了证明这样的机制的确存在，还需要从科学上更确凿地了解该血样中这一基因位点甲基化水平的微小变化、其他生物和环境因素、代谢相关组织器官及人体健康结果之间的相互关系。

自 2008 年以来，海纪曼斯和鲁米已经尝试了各种方法，以进一步探究表观遗传机制在胚胎饥荒暴露与长期代谢效应之间是否起着中介作用。在其中一项研究中，两位学者想看看正常情况下自然发生的遗传变异能否改变胰岛素样生长因子 2 基因位点的甲基化水平。这次的研究结果与 2008 年的那次饥荒研究如出一辙：个体的基因变异也可使胰岛素样生长因子 2 基因的甲基化水平发生变化，且变化的显著性具有同样的半标准差。因此，2008 年研究观测到的这类表观遗传变化，既可能是正常遗传变异的结果，也可能真像假设的那样与产前环境暴露有关，还可能是两者共同作用下的产物。

后来，海纪曼斯和鲁米的研究团队又于 2015 年和 2018 年相继发表了两篇论文。从 2015 年的论文内容来看，研究组采用了冰暴项目中所用的全基因组方法。虽然研究样本仍是 59 岁的荷兰饥荒幸存者，但样本量已经扩大到 348 名幸存者，还有 463 名差不多时间出生的普通人或兄弟姐妹作为对照组。研究人员检测了基因组中 100 多万个不同甲基化程度的 CpG 位点，发现其中 4 个位点仅与胎龄 10 周内遭遇饥荒的经历有关。相关的表观遗传变化是微小的：这 4 个 CpG 位点的甲基化水平分别出现了 2.3% 的上升、2.3% 的下降、0.7% 的上升和 2.7% 的上升。

2018 年，海纪曼斯和鲁米的研究团队用和 2015 年同样的全基因组数据做了一次中介分析，旨在找出可能影响代谢结果（如较高的身体质量指数，用于衡量肥胖程度的一种指标）和甘油三酯水平的基因位点。结果显示，在饥荒幸存婴儿体内，有 9 个位点出现了不同程度的甲基化变化，但这 9 个位点并不包含在 2015 年的研究发现中。而此前作为研究目标的胰岛素样生长因子 2 基因，无论在哪一次全基因组研究中，都未见起到任何可影响代谢结果的中介作用。

上述中介分析结果显示，在产前饥荒暴露与身体质量指数的关联性中，某一个 CpG 位点约占其中影响的 13.4%。在产前饥荒暴露与甘油三酯水平的关联性中，另外 6 个 CpG 位点一共占其中影响的 80%。还有 2 个 CpG 位点的变化情况与极早期产前饥荒暴露有关。"我们的数据佐证了此前的设想，即早期生命暂时遭遇不良环境因素后，到生命表现出长期的代谢问题之间，的确有一些表观遗传机制起着中介作用。"海纪曼斯和鲁米写道。但他们也强调，研究发现起中介作用的 9 个 CpG 位点"并不直接影响脂肪与甘油三酯的代谢"，也"不太可能直接参与代谢过程"，因此或许并非是导致不良代谢结果的原因。相反，他们认为，这些研究发现揭示的可能是广义上的"不良形态学或细胞变化"。最后，他们总结道："是否存在特异性的表观遗传机制还有待进一步探明。"

表观遗传学发现能证明母体宫内效应存在吗？

冰暴项目、耶胡达的犹太人大屠杀跨代创伤研究项目及荷兰大饥荒相关研究，都是利用不完美的人口样本及新兴技术来验证胚胎编程假说的大胆举措。正如这篇文献综述所展示的那样，在了解研究设计和甲基化水平测量技术局限性的前提下，如何正确解读这些发现才是关键所在。

海纪曼斯和鲁米对潜在表观遗传中介因素及其作用机制进行探索时，其分析的人群样本是显著的，即母亲妊娠期间遭受荷兰大饥荒的幸存婴儿。这不仅是因为两位学者对自身的研究结果表示谦虚，还因为研究设计本身就比较严谨。倘若表观遗传机制的确在胚胎健康与疾病起源过程中参与了某种因果关系，那么海纪曼斯与鲁米的观点也是可以自圆其说的。

样本量大小是决定研究发现可信度的关键因素。越小的样本，其整体结果越可能因为一个极值而受到扰动。值得注意的是，海纪曼斯和鲁米 2018 年的研究中包含了 348 名受试者，他们当年都在母亲肚子里经历了饥荒。相较之下，冰暴项目与耶胡达的研究仅囊括了几十名遭受风险暴露的受试者。与动辄 10 倍以上样本量的全球医学研究相比，348 人的样本规模尽管极小，却比同类研究更有可能发现普适性的表观遗传机制。荷兰大饥荒系列研究还加入了与出生时间相匹配的对照组，其中一些人是与饥荒幸存婴儿同性别的兄弟姐妹，另一些人是与饥荒幸存婴儿年纪相仿、人口学特征相似的人。此外，这一系列研究针对的风险暴露因素被界定得非常明确。在饥荒结束的几十年后重新召集当年的幸存婴儿，这样的回溯性研究难免存在局限，但多亏了当年保存完好的食物配给记录，使得科学家们仍能比较准确地获知受试人群经历饥荒的具体天数和严重程度。这一点对胚胎起源学研究十分重要，因为已有充分证据证实，生命极早期、孕早期和晚期的风险暴露能产生显著影响，其效应也会在孩子成长的后期得到放大。在荷兰大饥荒系列研究中，研究人员成功定位到了具体妊娠期时间段内的饥荒暴露情况，并在此基础上评估了饥荒暴露时长、表观遗传变化及相应结果三者间的关系。海纪曼斯和鲁米没有像冰暴项目那样采用宽泛的研究方法，希望借此发现任何表观遗传变化与任何测量结果指标间的联系，而是将注意力专门放在生长、代谢相关的生物路径上，通过检测这些路径上的表观遗传标记物，并搭配测量包括血压、身体质量指数和甘油三酯水平在内的各项结果指标，进而分析两者间是否存在任何关联。

尽管荷兰大饥荒系列研究在方法论上具有上述优势，但其发现也引发了业界质疑。由于前后三项研究分别发现了不同的 CpG 位点，其中两项研究用的还是同样的全基因组数据。在这些表观遗传标记物中，没有任何一个在其他方法或人群的研究中得到重现，因而其所谓的在饥荒暴露与健康结果间的中介作用也无法得到验证。此外，已有若干批评文章拿出有力证据，证明海纪曼斯和鲁米的研究发现很可能存在反向因果和干扰因素的问题。

针对海纪曼斯和鲁米2018年的研究，英国布里斯托大学的表观遗传学家们又进行了后续的统计学再分析。结果显示，没有充分证据表明甲基化与甘油三酯水平之间存在因果关联。他们在文章中写道："不幸的是，对许多人而言如此深奥的方法，竟然让人对获得的发现产生了错误的安全感。"这些评论家表示，有关人类母体宫内效应表观遗传研究的中介分析，"充斥着方法学上的缺陷"，而这以海纪曼斯和鲁米2018年的研究"尤甚"。阿尔伯特·爱因斯坦医学院科学家约翰·格瑞利（John Greally）曾提出证据，证明甘油三酯水平的上升可导致海纪曼斯和鲁米发现的表观遗传学变化，这与海纪曼斯和鲁米认为的正好相反。针对海纪曼斯和鲁米在2018年发表的论文，格瑞利用自己的推特账号发文说："如果说甘油三酯能导致DNA甲基化，那么中介分析结果的意思就是'在DNA甲基化的中介作用下，高水平的甘油三酯能使早期生命遭受饥荒'吗？这可真是表观遗传学的力量啊。它不仅能改变你的未来，还能改变你的过去。各位编辑、审稿人、期刊和资助机构：请开始为自己的行动负责，严肃对待你们眼前的科研结论。表观遗传学是科学，不是魔法。"

母婴表观遗传编程究竟是魔法还是科学，这个问题把我们带回到了原点，即一个多世纪前魏斯曼和胎教论者之间的激辩，也是本书开篇章节中讨论的内容。在接下来的第7章中，我们将看看当今时代的研究人员是如何与母体宫内效应科学中神秘的因果关系做斗争的。

第7章
都怪母亲！

过去10年来，健康和疾病发展起源学及胚胎编程假说的兴起，使各种母婴间关系理论强势抬头。这些理论不约而同地认为，母婴间关系是决定人体终身健康与跨代疾病传递模式的关键所在。今天人们这种突然涌现的兴致，以及对妊娠期、健康与遗传之间关系的强烈关注，令人不禁联想起19世纪末20世纪初盛行于美国社会的胎教论。

胎教论与健康和疾病发展起源学之间存在着一项根本性的共同点，即两者都主张胚胎期高度可塑，极易受到环境影响；早期环境暴露能在胚胎身上留下相对稳定的、固化的烙印，且这种烙印比其他同期及产后环境影响对孩子的遗留效应更加显著。无论在胎教论鼎盛的时代还是在今天，两种理论都强调母体产前因素较其他早期发育变量（如父方相关因素及更宏观的社会环境等）更为重要。同优生时代的胎教论一样，今天的健康和疾病发展起源学也在理论上强调，母亲一方的整体健康能在后代的躯体上留下印记，而这些印记又能产生潜在的跨代健康效应。

两个时代的研究人员也都在与母体效应的一个特征作斗争，即笔者认为的"因果关系的隐蔽性"。20世纪初的遗传学家们为母体效应扣上了"深不可测""难以理解"及"反复无常"的帽子，并就实证科学方法的局限性展开了辩论，探讨这样的方法能否可靠地验证宫内环境暴露与胎儿后期健康及性格结果间存在因果关系。尽管母体宫内效应科学领域已经发生了翻天覆地的变化，但怎样才能充分证明母体效应真实存在，以及其中究竟包含怎样的因果机制，这个问题直到今天依然未得到解决。

今天的母体效应研究仍在苦苦挣扎，试图找出当中确切存在的因果机制。这一点从2016年的一项研究中就能看出，且其中带有一丝戏谑的意味。该研究发现，9只妊娠期间接受了健身训练的母鼠，其生下的小鼠展现出更多的主动运动行为。此研究结果一出，《纽约时代》立即刊登在头版头条，题为《妊娠期健身能否带来爱运动的孩子？》。"一定程度上是这样的，"作者格蕾琴·雷诺兹（Gretchen Reynolds）称，"我们运动决心的大小，可能早在母亲怀孕期间就由她的运动习惯决定了。"但对于前述的研究发现应该如何解读呢？这篇文章引用了其中一名研究者的揣测观点："母亲的身体动作能使子宫发生轻微摆动，这种摆动能改善胚胎的脑发育情况，尤其能提高运动控制与行为的脑区功能。"

20世纪90年代，健康和疾病发展起源学创始人大卫·巴克尔提出胚胎编程假说，随即被批评家嘲讽为"归纳主义者的自娱自乐"。某批评家控诉道："一个例子接着一个例子，每个都与假说沾一点边儿，却又都没有认真地检验假说是否成立。"2001年《柳叶刀》杂志刊载了一篇题为《牵强的假说吗？》的社论。该社论讽刺道，巴克尔短短5年内就发表了61篇论文，可谓是精力旺盛。既然有如此超前"至少30年"的研究结论，那么是时候给他的研究也来上一次"真正的前瞻性检验"了。巴克尔的支持者们确信胚胎风险暴露与长期健康结果之间存在因果关系，于是抗辩称，对于宫内环境与生命后期罹患心脏病之间的关联性，尽管"我们目前还未探明其生物学基础"，但"这并不能证明这种关联不存在"。

今天的胚胎起源学研究热衷于探究所谓的因果关系，致力于追寻是否存在合理的生理机制，以解释母体宫内环境效应为何能影响一个人甚至几代人的健康。正如第6章介绍的那样，这方面尝试的中心任务是找出以表观遗传标记物为代表的生化机制，从而解释为什么一代人甚至几代人能同时受到宫内风险暴露的持续影响。在表观遗传学领域，许多胚胎编程的研究者认为，母体宫内环境与孩子后期健康结果之间存在某个有形的中介。这个中介既可靠，又可被人为操控。

但正如大家将在本章中看到的那样，尽管研究数据不断积累，研究人员一直试图在基因组层面找出可能参与胚胎编程机制的分子标记物，却并不能撼动这类研究面临的关键窘境。为了证明分子标记物的确参与了某种因果机制，研究者需要借助一些比传统生物医学方法更加包容的因果推断（Casual Inference）形式。只有借助这种包容的方法来回答因果关系问题，科学家们才能更好地思索那些事关胚胎期风险暴露的重大问题。否则，这样的问题一般难以着手。此外，这种包容的方法还能为社会假设和价值观腾出更大的空间，使研究人员也将这些因素考虑进因果关系的逻辑推演过程中。

胚胎起源研究对隐蔽因果关系的追寻

科学家是一帮热衷于解释现象背后因果机制的人。判断一个实验设计的好坏，关键在于看这个实验能否分离出单个"因"造成了多少"果"。拥有这种良好设计的实验，也有助于开发改善人体健康的干预手段,因此对实现宏观的公共卫生目标起着十分重要的作用。当我们能妥善界定事物间的因果关系时,人类就有可能通过操控"因"而改变"果"。

有别于以往的任何时期,今天的母婴效应研究者能全面接触到流行病学数据基础设施,跟踪各类暗示健康状况的生物标志物,并运用高级方法分析复杂数据间的关系。胚胎起源学研究者一方面通过开展深度纵贯实验获取关于社会、生物标志和健康的丰富数据,另一方面将实验与表观遗传编程理论相结合,希望借此加强证明该领域中的因果推断形式。

从表观遗传编程的概念来看,它暗示着基因组甲基化水平的变化是由某种特异因素导致的。表观遗传变化传递的不仅是信息,还有时空信号——它暗示着甲基化变异发生的部位、功能和时机,还暗示某个位点的甲基化变异与某个后果之间存在着一种可复制的、普适性的稳定关系。这种特异性是实施人为操控的先决条件。胚胎编程科学家们暗示说,从理论上讲,研究者可以发现程序,并对它进行操控和重新定向。

要想在因果关系框架中定位表观遗传因素发挥作用的具体环节,其中一种方法是借助"机制"的概念。机制是"因"与"果"之间的中介,可解释这个"因"是如何随着时间的推移导致"果"的。科学哲学家卡尔·克瑞弗(Carl Craver)及其同事认为,描述生物学机制最贴切的方式就是把它视为一个过程,即"能引发条件中止的一系列实体日常活动"。通过描述机制来解释现象,将"使现象变得容易理解",并"展示出事物可能的或实际上的工作原理"。

在健康和疾病发展起源学领域,基因调控的表观遗传编程被认为是一种机制,它与产前风险暴露和孩子后期健康结果之间有着生理上的关联。表观遗传标记物可能是这种机制的一部分。尽管机制本身是抽象的，但将甲基化水平变化视为机制的组成部分或隐秘线索，能让人感觉在决定后代基因表型的因果关系中，母体表观遗传印记是一种客观存在的、长期稳定的现实物质。

在经典的因果论中，"因"具有不变性（Invariance）、稳定性（Stability）和特异性（Specificity）。借用哲学家詹姆斯·伍德沃德（James Woodward）颇有影响力的观点，不变性指的是在人为操控条件下，"因"与几个特定因变量间的关系总是不变的。稳定性指的是因果关系将在不同的环境下持续存在，不依时间、地点和背景的改变而变化。特异性指的是一种精确性，其中"因"是确定的。高度特异的"因"就像开关，一个"因"严格对应一个"果"。

基因敲除实验就是解释上述因果论的一个经典例子。实验人员发现，破坏单个基因的功能后，对应的生理功能就会出现缺陷，无一例外。单就表观遗传学和母体效应研究而言，曾有研究人员对刺鼠进行基因修饰，在调控皮毛黑色素的转录起始基因段上游插入了一段逆转录病毒基因。这样，在这只基因变异的刺鼠体内，表观遗传机制就能通过甲基化的手段严格控制这段逆转录病毒基因。在母体子宫内生长的刺鼠胚胎，若在某个关键的窗口期受到营养条件的限制，其体内的这段逆转录病毒基因就会发生甲基化水平的改变。反过来，这个位点的甲基化程度也能预测幼鼠的毛色，包括黄色、棕色或介于两者间的各种杂色。

大多数情况下的因果关系，并不像基因敲除或人工合成基因的刺鼠那样泾渭分明。在包含多个"因"的复杂因果关系中，即使不存在开关似的单个"因"，我们仍能正确推导出其中的因果关系。这要求我们在一定的环境背景下，在一定程度上证明某个因果关系同时具备不变性、稳定性和特异性。但遗憾的是，在人体宫内表观遗传编程领域，研究发现能满足这些标准的概率十分渺茫。在表观遗传学中，要想证明某个因果关系真的存在，研究人员至少得了解细胞调控网络与信号转导网络间的相互作用机制，以及某个 CpG 位点的变异在这种机制中扮演着怎样的角色。但这不仅是个复杂的生物学问题，还因为人体宫内风险暴露相关的影响因素实在太多。正如本书第 6 章详细讨论的那样，目前还没有人体实验证据显示中度甲基化水平变化的诱因是妊娠期的子宫环境，也没有证据可以证明这种变化可以跨代传递并稳定伴随后代终身，更不能证明这种变化能够导致某些特异的结果产生。

需要说明的一点是，从实操层面来讲，这种证据上的不足源于这些所谓的"效应"在人体上进行研究的难度极大。我们在第 6 章中介绍过的冰暴项目、耶胡达的大屠杀幸存者研究及荷兰冬季大饥荒系列研究，它们之所以缺少许多建立因果关系的必要元素，很大程度上都是因为数据不完善。要想获得完善的数据，需要具备的条件包括：匹配度良好、充分驱动的对照组；关于胚胎风险暴露时机与程度的精确信息；有关其他早期发育影响因素的信息，如父母、环境与新生儿期的相关信息；经过良好保存的围产期生物样本，如脐带血、胎盘组织等；后代人生不同时间点上反复测评的生物标志物情况；与理论假说相关的目标生物组织样本等。

可即便实验设计尽善尽美，研究人员也有符合上述所有条件的完善数据，但任何涉及表观遗传变量的因果关系仍可能因为多方面原因而极易站不住脚，这些原因包括：表观遗传效应的规模不大、存在许多共同作用的因素、不同人群实验在观测方法上存在差异等。其中，甲基化水平变化似乎是最不靠谱的证据，以此为基础构建的因果关系和母体宫内效应自然也难以令人信服。第 6 章介绍过的所有研究都只测量了甲基化水平的平均变化幅度，但这不过是科学界目前研究最多、也最容易测量的表观遗传变量而已。研究报道的甲基化水平变化幅度要么很小，要么中等，在实验组结果中从 0.7% 到 10% 不等。截至目前，受当前技术条件限制，我们仍不知道如此小的表观遗传变化是否可信，也不知道它们能否真的在长时间内保持稳定，更不知道它们能否对某方面的生理功能产生足够大的影响，以至于改变了某个人群的疾病分布状况。

前文提及的海纪曼斯（就是和鲁米一起开展荷兰冬季大饥荒研究的那位）曾写道："我们对甲基化的了解程度，还停留于非常初始的阶段。对于个体间究竟存在着多大规模的 DNA 甲基化水平差异，我们还知之甚少。"他还表示，但从目前已掌握的信息来看，可以确信的是"并非所有表观遗传变异都因环境而起，有时这样的变异好像就是自然界随机的产物"，以及"基因组中的某些特定区域，本来就以随机变化的甲基化水平而著称"。此外，对甲基化的单一过分关注容易使组蛋白修饰等其他"层级的表观基因"受到忽略。发现、测量甲基化水平的技术也有局限。例如，相关技术只能发现人类基因组中不及 2% 的 CpG 位点，并且在很大程度上"仅仅关注了启动子和不怎么相关的 CpG 岛"。也就是说，相关技术对中、轻度的甲基化水平变化是否有可靠的检测能力还有待商榷。出于上述各种原因，再加上较小的样本规模、定义模糊的暴露风险、薄弱的纵贯实验设计及在检测中采用或许与目标组织甲基化水平无关的血液组织，海纪曼斯最后得出结论称，"我们可能一直在用次优的方法和样本，试图发现本质上规模很小的效应"。这些已知、未知的表观遗传生物学特征，以及技术、统计、实操及伦理道德方面的种种限制，再加上早期人体胚胎发育环境中的众多干扰因子，还有总是维持在微小规模的各种效应，所有这些因素都参与构成了笔者所称的"母婴表观遗传的隐蔽因果关系"。

经常有关于表观遗传修饰的研究发现声称能佐证胚胎暴露与后期健康结果间的因果关系。但我个人对此持有的观点是：甲基化纵然是一项客观存在的事实，化学结构也的确因为精确连接上甲基基团 $-CH_3$ 而成为一种可量化的分子衡量指标，但这并不能保证甲基化是某种因果关系的中介。事实上，哪怕是人体母婴表观遗传编程领域内引用次数最多的研究结果，也无法佐证胚胎暴露与后期健康结果间的因果关系。这都得归咎于母体效应的隐蔽性：该领域研究的健康结果是微小的；胚胎暴露、表观遗传标记物与健康结果之间的因果关系链，因为时间跨度太大而变得牵强；我们对人类基因组某些特定位点的甲基化变化知之甚少，对于这种变化的功能性、稳定性及可逆性几乎一无所知。简而言之，仅仅在实验中观测到某种表观遗传变化与胚胎暴露和后期健康结果相关，既不能证实这三者之间存在因果关系，也不能降低母体效应的隐蔽性程度。

既然表观遗传事实与母体效应都如此隐蔽，为什么研究胚胎编程的科学家们仍然坚称该领域存在强因果关系呢？在接下来的内容中，我将向大家介绍社会性别准则。它将母体作为独一无二的中介，并认为母体对胚胎的健康结果负责。正是社会性别准则为健康和疾病发展起源学领域的科学家们赋予了异常大的自由度，使他们锲而不舍地深信宫内事件及后期健康结果之间必然存在因果关系。

第 7 章　都怪母亲！

社会价值、性别观念与因果推论

业界已经广泛认可，社会环境、个人主观判断及群体共同的信仰和价值观都会影响因果关系的建立。这种因果关系不仅限于科研领域，还见于我们的日常生活。被归为"因"的东西，通常是那些与人类实际利益有关的事物，它能帮助我们更好地实施操纵、控制与干预。正如前述哲学家伍德沃德所言，我们能把一些"便于操纵的潜在可利用"事物归为"因"，并将注意力放在这些所谓的因素上。伍德沃德还认为，因果推论有着"对举结构"（Contrastive Structure），这样的结构可以"从因果关系上解释为什么某一个结果总是由某一项原因所致"。个人认知与社会准则既能影响我们对什么应当已经发生的直觉判断，也能影响我们对什么是正常或最优情况的评估。最后，人对因果关系的判断还是社会性的，因为我们后天习得了社会和文化对我们的期待，这些关于怎样才是正常事物的期待决定着"我们认为哪些事情极有可能发生"。结果正像学者彼得·马哈莫（Peter Machamer）及其同事认为的那样，"能被人理解的事物（以及让事物被人理解的不同方式）随着时间的推移而不同。事物的可理解性必须放在一定的历史背景下，它也与具体的学科领域相关"。

无怪乎社会心理学家安·麦克吉尔（Ann McGill）在其经典文章《因果判断的语境效应》中会特别提及这一点。这篇文章的主题是因果推论中的社会维度，作者麦克吉尔用未成年少女怀孕的例子生动地解释了这种归因中的性别偏见现象。她先是抛出了这样一个问题：造成未成年少女怀孕的原因是什么？是性行为、缺少避孕措施，还是男女本身的生殖功能呢？随后，麦克吉尔列举了一系列实验发现，证明为什么社会及其他环境会影响人们的归因。对于此前那个问题的答案，生殖医生、怀孕少女、少女的父母及学校里的性教育老师各执一词。麦克吉尔表示，不同的人选出来的原因，都是与自身期待的正常情形相背离的东西，而他们的期待又与其各自所处的社会地位有关。麦克吉尔最后得出结论，社会准则能"让人通过比较作出主观判断，赋予某些体验'令人惊讶的'特性"，而这一过程又将使不同的人对同一件事作出不同的因果关系解读。

人们对一件事的归因还会因个人对情境理解的不同而不同。近期，美国南卡罗来纳州发生了一件头条大事：一名黑人母亲把孩子孤零零地留在游乐园里待了一小时而自己去工作了，她因此被警方逮捕。认知心理学家塔妮娅·伦布罗佐（Tania Lombrozo）思考了这起事件背后的归因现象。她指出，在这则事件中，全部责任被推到了母亲一个人身上。这反映出事件背后存在着一些种族和阶级假设，这些假设预定了人们认为女性在这种情境下做出怎样的行为才是可以被接受的。然而，这样的归因其实忽略了很多其他方面的因素。例如，人们不相信这位母亲关于游乐园安全性和孩子成熟度的判断，也没有询问孩子父亲或其他家庭抚养成员的角色；没有考虑到轮班工作在时间上的不规律性，也不知道当地或许正好缺少质优价廉的日间儿童看护服务。又或者，地方政府只允许向有工作的人提供补助，而这样的政策要求让这位母亲分身乏术。伦布罗佐表示："在处理复杂的因果推论和追责过程时，价值观以不易察觉但尤其恶性的方式影响着我们从科学中得出的结论。这是因为我们'自认为'因果推论就像客观事物的描述一样简单，不带任何价值观的色彩，殊不知已有越来越多的实证研究显示这种想法是错误的。事实上，我们对事物的归因很大程度上取决于我们认为怎样才算是'正常的'，以及我们认为事物'应当'怎样发展。"社会对女性应当承担哪些责任有着隐蔽的假设与期待,它希望女性总是以最理想的方式养育后代。"甚至当其他原因也在起作用,而母亲本人或许并非处于十分合适的干预点时",那些假设与期待仍可能会使我们将责任过分归咎于母亲。

当争议行为具有强大的负面效应时,社会假设尤其能影响我们的归因过程。社会流行病学家、母婴公共卫生倡议者劳伦斯·沃勒克(Lawrence Wallack)联手数位认知心理学家研究发现,在公共卫生领域的信息传递上,仅凭"母亲对孩子或胎儿造成伤害"这一点暗示,就足以压倒性地扭转公众的社会和心理认知。只要一想到有位母亲在伤害婴儿,我们的社会联想功能就会立马关闭,阻止我们去思考这背后是否可能存在更宏观的影响因素,并将我们认为应当采取的干预手段缩减至十分有限的范围。沃勒克及其同事写道:"'今天,如果一名女性想要让自己的孩子避免患上慢性病,她可以做些什么呢?'与其采用这种狭隘的问法,倒不如问'如果我们想要为新生儿营造最安全的出生环境,我们的社会可以做些什么呢?'"

总之,关于母亲责任的种种假设根深蒂固且十分强大,它不仅能影响我们对事物的解释,还能限制我们对其他原因的想象空间。当然,这种现象并不仅仅发生在社会科学领域。生物医学研究者也经常对因果关系做出主观判断,无视各种相互作用的因素会共同造成某个被研究的结果。但在胚胎编程领域,这种现象究竟是怎么出现的呢?

母体记忆

"都怪母亲！"

表观遗传胚胎编程研究者经常用一堆互相指来指去的箭头来呈现自己的假说。箭头代表在胚胎发育的过程中，母婴与多种生态环境和暴露形式可能发生联系的理论路径。尽管这种表现形式看起来无比复杂，却揭示出健康和疾病发展起源学的确将原因主要归结于妊娠期的母体及其行为，因为这个学科领域的箭头图无论怎么画都有一个共同的形象：一个被透视的无头裸体人类女性，挺着夸张的孕肚，肚里有一个婴儿大小的胚胎。表示各种产前和宫内暴露的箭头指向孕妇的腹部，接着从孕妇的腹部穿出，暗示表观基因及后期生命风险的编程已经完成。

2015年，我曾在华盛顿参加过一次美国科学院组织的儿童肥胖症研讨会。会上展示了一张这样的箭头图，里面所有的箭头都指向母亲的身体，并最终停留在一张迷你救护车的卡通画上。画中的救护车亮着灯，将饱受折磨的孩子送往急诊室（见图7-1）。尽管这张图包含了好几种环境暴露，但孕妇身体及其胎儿就是整张图鲜明的中心。毕竟，在一堆方框、箭头和象征中介管道与疾病预防干预点的分子符号中，孕妇及其腹中的胎儿是图上唯一的人形。还是在这次会议上，另一张图干脆连复杂的箭头都不要了，转而将示意手法削减到只剩下一个又大又粗的箭头上。这个箭头的左边依然是一张无头的孕妇照，她正在对着汉堡和薯条大快朵颐。只见箭头狂热地向右一指，直接来到了一个肥胖的小孩子身上。这张图传达出的意思是，女性的不良行为是后代同样不良行为的直接原因。

健康和疾病发展起源学对母体宫内效应的关注，在各个阶段的研究中不断被强化。2018年，流行病学家杰玛·夏普（Gemma

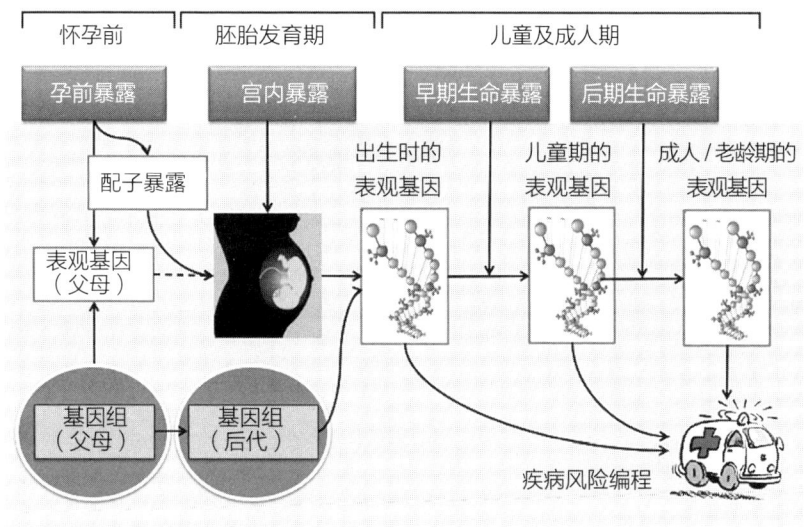

图 7-1 肥胖症风险的理论模型

图片经 Andrea Bacarelli 授权许可使用。

Sharp)、黛比·劳勒（Debbie Lawlor）及我本人在《社会科学与医学》杂志上发表的一篇分析文章发现，在健康和疾病发展起源学已发表的论文中，以母体效应为主题的论文数量竟然是以父性效应为主题的论文的 20 倍。业内有一些始于胚胎期的顶尖前瞻性队列研究，如美国的"Viva"项目与荷兰的"R 世代"项目，但它们只通过母亲收集了最基础的父方信息，并且报道的关联结果仅介于母体暴露与后代结果之间。就算是像英国"布拉德福德新生儿"（Born in Bradford）项目这类将父亲纳入研究的重大项目，对母亲数据的收集程度无论从数量还是质量来说也都要远远高于父亲数据。自 2007 年起，"布拉德福德新生儿"项目招募了 12453 位母亲及 3356 位这些母亲的伴侣。这些母亲每人填写了 22 份问卷，接受了多种临床指标的测量，还提供了各种生物样本。相较之下，她们的伴侣仅填写了

1份问卷，内容主要是关于配偶妊娠期或孩子出生时的情况，并且仅提供了1种生物样本。这个项目的研究人员辩解称，这样区别对待是因为父亲比较难招募，即使招募到了也不太愿意参与实验。如果这个原因说得过去的话，那么对于容易得到父本样本数据的动物实验而言，我们预期其中的父方参与率理应高很多才对。然而，我们的团队又于2019年在《健康和疾病发展起源学》杂志上就此发表了一篇分析文章，文章内容显示，90%的动物实验也仅仅考虑了母方的因素。

研究人员面临的一部分挑战是，他们需要通过发表文章来获得研究资助。这种压力迫使他们总是回到那些已经积累了丰富数据和论文的问题，而不敢贸然投身风险更大的新领域。同时，资金压力还迫使研究人员发表正向的结果，而非中立或负面的结果。这又反过来影响研究人员持续收集数据的种类，以及他们认为哪些类型的问题才是重要且易解决的。就这样，妊娠期的母体效应在决定后代健康结果上的重要性在一次次循环中不断得到强化（见图7-2）。明明父亲、产后及更宏观的社会与环境因素也会影响胎儿发育，但研究人员唯独对妊娠期的母体效应过分关注。这种关注基于的起始假设是，相对于其他潜在因素而言，母体效应对后代的健康结果起首要作用。然而，这样的假设往往是隐晦且未经反思的。随着研究设计、分析、发表及公众宣传的循环开展，这种假设在各个阶段被不断固化。

胚胎编程理论为具有生殖能力的女性身体和行为赋予了深刻的重要性。与此同时，父亲的身体及更宏观的社群组织则成了背景摆设。放眼相关的人类和动物实验，只需看看健康和疾病发展起源学有多经常将女性妊娠期的母体效应作为研究对象，而对其他因素视

第 7 章　都怪母亲！

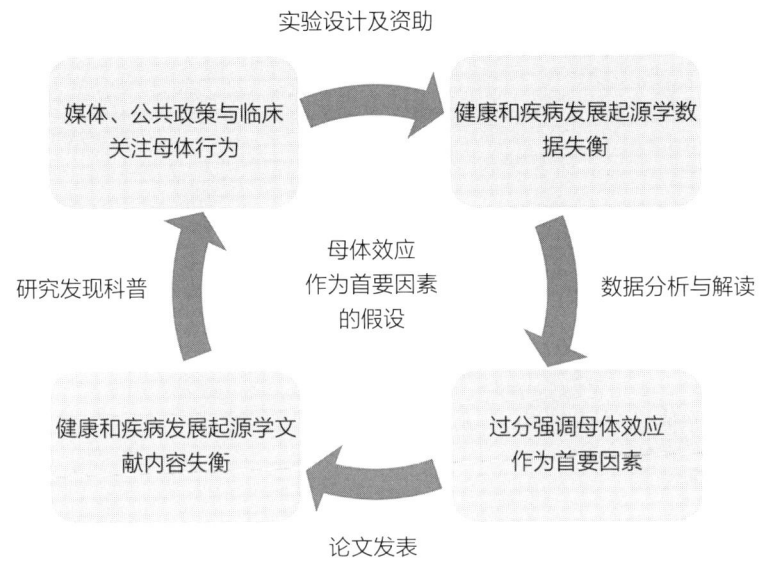

图 7-2　母体效应作为首要因素的假设图

研究的各个阶段都是基于这样的假设：母体妊娠期间的健康、生活方式与行为对孩子的健康与疾病风险起首要决定作用，而这正是健康和疾病发展起源学从实验设计到发现科普在内各个研究阶段的驱动力量。

图片来源：Sharp, Lawlor, and Richardson, "It's the Mother! How Assumptions about the Causal Primacy of Maternal Effects Influence Research on the Developmental Origins of Health and Disease."

若无睹时，我们就能知道这门学科内部存在着怎样的系统性偏见。2010 年至 2018 年发表于《健康和疾病发展起源学》杂志上的 325 篇文章中，84% 研究的是母体暴露。在这些以母体暴露为主题的文章中，又有 78% 的文章没有考虑除母体暴露外的其他任何因素。相较之下，在那 325 篇文章中，仅有 1 篇文章考虑了父体暴露。

仅仅是观察到母体宫内暴露与后代健康结果间存在关联，并不足以证明这种关联性是一种合理的因果关系。因为先天遗传、生活方式、社会经济、环境、父亲、产后或其他因素也可能与后代健康结果相关，甚至在其中起着更大的作用。当研究人员将其他变量纳入考虑，并采用能够佐证因果推论的流行病学方法时，原先将后代健康结果归咎于母体宫内效应的结论往往会受到挑战。例如，某研究招募了10000名孩子，旨在探究母亲怀孕期间的不良健康状况与孩子智力水平的关联性。结果显示，当其他因素同时被纳入进来时，预测孩子智力水平的最重要指标竟然是父亲所处的社会阶层。此前相关研究曾多次表示，母亲怀孕的年龄、饮酒或吸烟习惯与孩子未来的社会情感适应能力及认知能力相关。但若将产后因素也纳入研究，那么结果同样是出乎意料的：长期贫困将比任何一项妊娠期母体效应更能影响孩子未来人生的结果。

在研究中将父亲作为阴性对照，被证明可有效评估妊娠期母体效应是否真能决定后代的健康结果。某研究组此前发现，孕妇吸烟与孩子日后患上多动症有关。但将孩子父亲也纳入研究后，该研究组却发现，父亲在妻子怀孕期间的吸烟行为，与母亲本身在怀孕期间的吸烟行为，对孩子日后患上多动症具有类似的影响。由此看来，家庭成员之间共同的先天遗传或后天生活方式特征，或许能更好地解释家长吸烟行为与多动症患儿间的关联性。健康和疾病发展起源学老生常谈的一则核心观点是患有肥胖症的孕妇，其孩子患肥胖症的概率也更高。但对这种观点的挑战，或许也最让人诧异。若干研究项目都曾试图检验孕妇肥胖与孩子肥胖的关联性。但当它们同时将父亲与母亲纳入研究时，结果竟然显示，比起孕初期就已肥胖的母亲，父亲及其他干扰因素反而更能决定后代是否会患上肥胖症。

第7章　都怪母亲！

"子宫或许比家还重要"

健康和疾病发展起源学将母体宫内环境视为造成后代成年结果的首要原因，并将妊娠期视为胚胎表观遗传基因编程的最重要时期。这种观念严重地忽略了人体发育过程中受到的各种影响，抹杀了决定人体健康的体制、社会及环境因素。大卫·巴克尔曾出此妙语："子宫或许比家还重要。"但已有大量证据显示，现实情况与此正好相反。

对于健康和疾病发展起源学研究者关心的结果，就其决定因素而言，家、社区和社会的各方面因素可能比产前因素要重要得多。社会学家多萝西·罗伯茨对此有过言简意赅的表述："最能预测健康的指标是一个人所处的社会地位。"无论是出生体重还是标志性的甲基化水平变化，母体宫内指标都会受到各项社会因素的干扰。由此，这些指标与后期生命结果之间或许并不构成因果关系，它只是个体社会生活轨迹的产物。

"其实，生孩子和养孩子的各个方面都受到文化的影响、社会的塑造和体制的限制。"密歇根大学社会流行病学家阿尔林·格罗尼穆斯（Arline Geronimus）写道，"各个方面对孩子的生长、发育和健康都同时发挥着生物学意义上的影响。"母乳喂养就是这方面的绝佳例子，已有大量科研文献集中发表于这个饱受争议的领域。喝母乳的婴儿据说更不容易患上肥胖症、糖尿病和高血压，但这些研究发现忽略了这样一个事实：选择母乳喂养的父母与选择其他喂养方式的父母不同。格罗尼穆斯强调，选择母乳喂养的父母"受教育程度更高、经济状况更好、以白人占大多数、工作时间上有充分的弹性允许母乳喂养，并且在产生母乳的过程中更能保障充足的营养和较低的压力水平"。格罗尼穆斯表示,健康和疾病发展起源学的研究人员没能在研究宫内暴露时充分注意到这类干扰因素,因而也忽略了该因素可导致"早期生命健康指标与后期生命结果间的相关性",从而"夸大了早期生命暴露所带来的因果效应"。

我们目前还不能确定宫内因素就是导致成人后代患病的原因。可就算如此,我们也几乎可以肯定家比子宫重要。也就是说,产后因素和后期生命不断累积的各种暴露可能比母体宫内环境发生的微小波动重要得多。大量证据显示,健康风险在不同人群间的分布情况反映出人一生中累积的负面健康影响。例如,除欧洲移民外,其他种族的美国移民通常比其同种族的本土美国人更健康。不过,这些美国移民的后几代人健康会逐渐恶化,最终变得与美国少数族裔的健康情况相似。据格罗尼穆斯观察,这些变化反映出"美国的社会现实,那些原本出生于更温和子宫环境的个体(或其母亲),其健康会因为这种社会现实而发生可衡量的改变。同时,那些成年后才来到美国的人,虽然早已超出了专家认为的发育关键窗口期,却也会因为这种社会现实而出现健康结果的变化"。

在理解健康不平等问题上,胚胎编程研究者眼中的社会维度弱化了贯穿人青春期和成人期的结构性不平等现象,转而关注那些出生前就已决定的分子指标影响着后代的健康结果。正如罗伯茨所言,在该研究领域中,"科学家们将社会不平等转化为一系列毁灭性的环境暴露"及"发育缺陷"。在母婴表观遗传编程领域,环境无异于是一个人类女性,而先天不足就是这名女性向发育中的胚胎传递的种种细微信号。罗伯茨写道:"随着人们将注意力放于人体内的生化响应机制,而逐渐对人体面对的不平等社会结构视而不见时,原本存在的社会公序就已经开始衰退了。"将这些生化响应看成是被编程的、永久性的甚至是可遗传的东西，结果就是胎儿饱受"自我存续的生物学缺陷"折磨，从而得以"解释究竟是什么在阻碍着被压迫的人们逃离窘境、挣脱非正义的社会秩序"。罗伯茨表示，这样下去的最终结果不仅仅是对宏观社会因素的忽视，更是"主动对持续存在的缺陷进行混淆"。

将不良健康结果归咎于自我存续的生物学缺陷，将使公众的注意力投向这类缺陷带来的社会成本，并将首要任务转移到调控、修正和干预母亲行为而非社会结构上来。结果，受健康和疾病发展起源学启发而制定的政策措施往往脱离现实，他们将内容过分聚焦于母亲行为。这种做法与让贫困的母亲采用母乳喂养一样不切实际。格罗尼穆斯指出，这样的做法注定以失败告终，因为"正在怀孕或哺乳的母亲无法活在粉红泡泡中，她们只能一辈子与各种各样的压力源做斗争"。健康和疾病发展起源学传递出来的这类信息，可能产生意想不到的负面影响，使公众更加深信贫困问题是自作自受。

从大局观着手改善母婴健康结果

我们对胚胎起源学领域因果关系的主观判断很容易引发各种各样的问题。关于母体宫内效应的研究发现被迅速加工成了科普信息，这在一定程度上是因为任何有损母婴健康的风吹草动都会严重挑动社会公众和政治家的神经。同时，表观遗传学往往被宣传成一种颠覆性的新理念，鼓吹人类能利用主观能动性改变自己的生物学命运。只要加上这一点新奇刺激，表观遗传学立马就成了科普界的香饽饽。过去 10 年来，从《时代周刊》的封面报道《为什么 DNA 不能决定你的命运》、NOVA 电视台的特别节目《基因中的鬼魅》，再到取着诸如《表观遗传学革命：现代生物学如何改写着我们基因、疾病和遗传的理解》之类名字的书，表观遗传学已经吸引了社会公众的广泛关注，其中以母婴表观遗传编程最为引人注目。

我们有必要正确地理解、评价表观遗传学和胚胎起源学中的因果关系。倘若大家的共同目标都是改善母婴健康，那么为了实现这个目标，我们最应该采取哪些干预措施呢？女性群体最常收到的建议最多只在中等程度上经过充分证实，有的甚至极其缺少证据，而且与这些建议事关的健康结果可以说是微不足道。但有一项干预措施的确简单高效：专家们普遍同意，在医疗诊所里获得高质量的护理服务，是降低新生儿死亡率、改善新生儿健康状况的最重要因素。美国的历史证据已经支持了这个观点。在贫困的美国黑人社区设立免费诊所，已极大地改善了当地母婴健康结果。由此可见，相较于女性行为，结构性的种族主义和贫困才是导致不良妊娠结果的首要原因。社区健康服务不仅能有效降低胚胎和婴儿死亡率，还能改善母亲的健康状况。受过专业训练的接生人员（包括陪同生产过程的助产士）、指导老师和社会倡议者通力合作，可大幅降低剖腹产发生率和产妇死亡率。

2013 年，我参加了美国母婴医学会在旧金山召开的年度大会。会上，我与一名临床研究者有过一番对话。他自称是美国最早的一批母婴医学专科（大约设立于 20 世纪 70 年代）研究员。我问他，这个领域的研究在过去几十年来有了怎样的发展。他的回答让我惊讶：与其谈发展，倒不如说是基本没有进步。他说，几十年的研究下来，除了叶酸补充剂，临床医生几乎没有什么其他经过科学证实的手段能用来改善母婴健康。人类学家、健康和疾病发展起源学领域的顶尖研究者克里斯托弗·库扎瓦（Christopher Kuzawa）在 2016

年的一次会议上发表了类似的言论。我也参加了那次由芝加哥大学人类资本与经济机会全球工作组主持的会议，会议的主要内容就是健康和疾病的发展起源。库扎瓦在开场致辞中提到，经过20年的研究，这个领域依旧未能将众多的研究成果转化成一项临床或公共卫生干预手段，更别提用这样的科学手段来改善新生儿的存活率。

旨在评估胚胎健康能否带来更好生命结果的实证研究也已得出了类似的结论。从与出生体重及成人健康结果相关的海量研究来看，这一点显得尤为突出。卫生经济学家埃里克·施耐德（Eric Schneider）已经证实，尽管全球健康状况已经得到显著改善，但不同人群的平均出生体重和健康结果分布情况陷入了停滞。过去150年来，新生儿死亡率已大幅下降，成年男性身高增幅也已高达2.3个标准偏差。与此同时，双胞胎及出生时体重极低的新生儿的存活率均有提高，按理说这些情况将拉低整体平均出生体重。然而，自19世纪末以来，北美、北欧及西欧地区的平均出生体重一直没有变化。吸烟也会导致新生儿体重较轻，但就连吸烟率的下降也丝毫没有改变出生体重的任何历史记录。一方面，这或许进一步证明出生体重是一种效果极其不理想的指标，它无法可靠衡量宫内健康的改善程度（详见第5章）。另一方面，尽管人类健康、医学科技和生活水平已取得了巨大进步，但既然出生体重已经陷入停滞，或许施耐德的研究发现告诉我们，所谓胚胎发育与后期生命健康结果间的关系，充其量仍是一种极其隐蔽的关系。

在试图证明胚胎编程因果关系的文献中，最有力的证据来自大卫·巴克尔的研究。该研究结果显示，改善胚胎发育环境可预防成人心脏病。流行病学家戴安娜·库（Diana Kuh）和约亚夫·本-史洛莫（Yoav Ben-Shlomo）假设巴克尔的研究结果为真，他们考察在此基础上胚胎体重还需要增加多少，才能显著降低成人心脏病患病率。结果显示，所有新生儿的出生体重都得在 9~9.5 磅之间（比当前平均水平重 2 磅），才能与目前已有的高效干预措施（如戒烟、降低胆固醇）的效果相匹配。在心脏收缩压方面也有同样的发现。基于巴克尔的研究数据，库和本－史洛莫两位学者发现，新生儿平均出生体重至少还需要增加 2 磅，才能使成人心脏收缩压下降 1~3 个点。这种中等降幅远远低于已知的临床要求，即要想使成人心脏病风险显著下降 50%，需要使心脏收缩压下降 15 个点才行。

相关研究显示，借助营养补充或营养咨询等手段，使新生儿平均出生体重哪怕提高 0.25 磅的现象也极少发生。至少 2 磅的平均出生体重的提升不仅难以企及，其效果也不尽如人意。库和本－史洛莫两位学者指出，如果真的将新生儿平均出生体重提升至 9~9.5 磅，则必然牺牲某些方面的健康结果。例如，体型更大的胎儿更容易迫使分娩时动用高风险的手段，如剖腹产、产钳和催产素等，并增加产妇分娩过程中发生肩难产（Shoulder Dystocia）的概率。此外，体型更大的胎儿还要求孕妇增重更多，因而极大地提高了女性产后患肥胖症的风险。更有甚者，尽管更低的出生体重或许与更高的成人心血管疾病风险有关（但两者之间未必成因果关系），但更高的出生体重也同样与成人卵巢癌、前列腺癌、乳腺癌及其他癌症高度相关。既然如此，为了降低成人患心血管疾病的风险，我们就该以提高上述这些疾病的风险为代价吗？

由于促进胎儿生长的干预手段只能带来极小的健康收益，并且会同时增加不良健康结果的发生，库和本－史洛莫两位学者因此得出结论，称"主张需要人为促进胎儿生长的观点是站不住脚的，因为它仅仅基于胚胎编程方面的假说"。他们还强调，刻意促进胎儿生长还能带来额外的潜在危害。两位学者警示道，旨在优化新生儿出生结果的人为干预"将使应当关注的重点发生不适当的偏移，即从预防早产儿、极低体重新生儿转移到关注正常体重的新生儿上去"。这点尤其值得重视。胚胎编程研究关注的是正常体重的足月新生儿，并主张对这类胚胎的发育过程进行微小的改善。从公共卫生事项的优先级来看，过分关注提高正常体重足月新生儿的出生体重，将使社会资源不必要地向这个方面倾斜，进而使预防早产这一更加紧迫的事项被搁置。

健康和疾病发展起源学虽然在母体对胎儿的隐蔽影响方面发表了长篇大论，却几乎没有产出什么有效的干预措施来改善健康结果，反而只是徒增父母们的恐惧与焦虑，并让社会对某些类型的孕妇抱有成见。例如，那些关于母体妊娠期环境与后代肥胖症之间关系的研究，往往将这两者间的相关性说成是一项全球普遍存在的公共卫生挑战，它不仅带来高昂的社会和经济成本，还几乎不存在什么有效的干预措施。健康和疾病发展起源学领域的科学家们认为，母体营养与代谢状况能在生长中的胚胎身上留下表观遗传印记，而这些印记又将在胎儿成人后诱发某些疾病。基于这种假说，健康和疾病发展起源学研究几乎找遍了母体妊娠期肥胖与孩子的健康与生命结果之间的所有潜在关联，涉及孩子健康与生命的结果包括自闭症、多动症和大脑体积等热门研究领域。

媒体也喜欢报道那些支持母体肥胖症对后代具有潜在危害的研究发现。笔者自己当初怀孕时就注意到一篇典型的新闻报道。报道称，母亲本人有妊娠期肥胖，或胎儿在子宫内暴露于高脂肪的营养结构中，"可对孩子健康造成永久性、遍布全身的损害"。2012年，美国广播公司（ABC）登出了一则题为《母亲吃的东西决定了你》的报道。2014年，《科学》杂志宣传了近期一则有关胚胎代谢编程的研究发现,该宣传稿的名称为《母亲的营养之罪》。2012年的一份论文显示,雌性大鼠如在怀孕期间采用高脂肪饮食,其后代患癌的风险将更高。这篇文章一出,即引发媒体刊登诸如《为什么你应该担心外婆的饮食习惯》之类的文章,内容无非是告诫广大孕妇要"在吃薯片前三思"。但新闻报道没有披露的是,实验大鼠本来就是被诱导出更高患癌风险的模型,并且高脂肪饮食的大鼠后代反而比对照组大鼠的患癌率更低。

社会学家乔治·帕克(George Parker)采访了一些肥胖的孕妇。她们都看到了健康和疾病发展起源学相关的观点,并知道自己肥胖的身体能够对尚未出生的孩子及其后代烙下有害的印记。帕克尔发现,"有关研究对她们的体重进行大肆批评,让这些孕妇为自己的肥胖身材感到深深的担忧,生怕这样会给孩子带来潜在危害。有的孕妇甚至开始怀疑自己当初怀孕的选择是否正确,还有的孕妇责备自己在正式成为母亲前就已失职"。帕克尔表示,接受健康和疾病发展起源学观点的女性反而容易招致更高的健康风险。同时,社会倾向于为肥胖的孕妇提供更加粗暴、低水准的护理服务,故意不让她们知晓低干预、低风险的分娩护理选择。肥胖的孕妇也因此容易不信任医疗机构,拒绝接受医疗建议。相应地,她们更容易抑郁,并难以接纳自己的身体形象。最后,帕克尔的受访者还表示,自己"感觉好像已经伤害了孩子,给社会增添了负担,并在正式为人母前感到深深的情绪低落"。帕克尔慨叹,胚胎编程言论已"使孕妇疲于采取各种抢占行为,力争在起跑线上保障孩子未来的健康,否则就是政治不正确的表现"。此外,这些言论还"否认女性在人生中面对的社会、政治、经济与文化现实,而正是这些现实束缚了她们的能力"。在肥胖孕妇的案例中,除上述顾虑外,我们还应该担心肥胖的孩子也会因此遭到和母亲一样有害的刻板印象与错误观念，从而有损这些孩子的身心健康甚至人身安全。胚胎编程、健康和疾病发展起源学的研究观点时常认为，胖孩子是一个令人扼腕叹息的特殊群体，因而值得社会不计一切代价加以避免。

这些关于妊娠期躯体经验的观点，其影响不可小觑。当前，超过1/3的育龄期女性被划入了肥胖范畴。试想，如果我们停止将一些人视为危害孩子、社会和后世子孙的不充分容器，而是不加区别地帮助每个人，不论他们有着怎样的身材和健康状况，也不论他们能否产下健康的孩子，那么这个世界将变成什么样呢？帕克尔的受访对象渴望"让人用更加肯定、接纳的眼光看待她们在怀孕和生产时的心路历程"。她们希望能够在怀孕期间自由地体验，了解关于自己身体的新知识，知晓自己有着怎样的能力和优势。她们还希望"获得尊严，受到他人尊重"，希望他人"摒弃产生责备、羞辱的妊娠期保健方法，并以关怀和庆祝生命取而代之"，她们还希望更多地强调"共担责任，共同为妊娠期健康创造所需的物质条件"。帕克尔表示，到头来，这样的方式比起将某些人的身体贬损成伤害胎儿、危害社会，将使孕妇采纳医疗建议的意愿大幅提升。

这并不是在否认相关研究所起到的作用。关于母婴效应如何影响健康结果的实证研究涉及复杂的因果关系，或许某天也会产生帮助改善目标人群胚胎结果的信息。母婴健康领域的确有更大的挑战有待攻坚，但这并非与健康和疾病发展起源学研究发现的隐蔽现象无关。这块领域的知识一脉相承，即使被研究的效应仅在有限的情况下才会发生，并具有相对较小的规模和有待证实的因果关系。

不过，孕妇仍然需要借助信息以评估产前风险，并在目前的生活状态下做出最佳选择。风险无处不在。父母必须工作、开车、锻炼、进食，还得忍受日常生活和极端情况下大大小小的压力。无论哪个社会阶层和种族的父母，都一样会担心自己的孩子，并希望孩子幸福。孕妇真正需要的是那些能给她们力量的知识。在估算风险大小时，母婴效应科学需要更精确地界定风险等级。同时，广大父母也得有能力权衡各种风险的相对大小，知道它们和人生中的其他目标与价值孰轻孰重。父母们不可能刚开始就拒绝承担一切风险，也不可能使所有暴露情形都尽在掌控之中。

如果科学家不重视这些问题，胚胎编程科学将发展成另一种主张宿命论的污名化论调。它将威胁女性的生殖自主权，助长社会对贫困、有色人种及各种非常规母亲的污名化与道德恐慌。可以想象，未来的科学家应当同时探索包括母体、父体及其他相关环境在内的各种孕前与产前暴露，将它们通盘考虑，放在整体框架下赋予不同的权重，而非先入为主地将关注重点压倒性地放在母亲身上。但为了实现这一愿景，胚胎编程科学、健康和疾病发展起源学的研究者必须摒弃"母亲损害胎儿"的既定偏见，努力终止脱离具体情境而空谈的因果关系论调。

我们所有人都得对母体效应科学中"效应"与"因果"的隐蔽性抱有深深的谦卑之心，也得开诚布公地谈论胚胎表观遗传编程及健康和疾病发展起源学研究的潜在危害性。毕竟，这些学科使社会关注有失偏颇地放在胚胎暴露上，而忽略了其他风险因素。我们不能仅仅因为某个因素可以表现出一定的甲基化水平，并且这种水平可以被基因芯片定量测出，可以用生物医学术语加以描述，就认为这一个因素合理参与了某段因果关系并在其中起首要作用。否则，我们就犯了一种逻辑谬误。我们必须始终拥有大局观，谨记为了保障母亲和孩子的健康，有一些最重大、最迫切的事项需要优先解决，且这些事项已有事实依据支持。这些事项便是：为母亲和孩子平等地提供产前、分娩及产后护理服务，使他们能够获得营养、基本药物和教育方面的资源，让他们拥有稳定的收入、住所，并保护他们免受暴力侵害，享受自由的人生。

本章小结

在这本书中，笔者有自己的一套方法来看待母体效应科学的花式发展史。这套方法致力于探寻的中心问题是：在科学知识的产生和验证过程中，有哪些社会过程的参与。通过检视代表性的科学观点及围绕这些观点展开的争论，我想弄清这个领域的研究者对推理有效性和证据相关性有着怎样的主观判断，以及这些判断又反映出了怎样的背景假设。这些假设事关科学工作者对科学事实的认定标准，如哪些事物是可以确定的，哪些是有可能的，哪些又只是貌似可能的。

从我个人读到的内容来看，过去一个世纪以来，母体效应科学的观点发生了一次戏剧性的关键转变：它原先认为母体环境造成的效应在很大程度上无法由科学证实，后来转而认为科学能够通过观测这些效应推导出其中存在的因果关系。以前的科学家认为母体效应的程度很轻，相较于其他影响因素而言不那么重要，并且几乎无法用科学方法证实其中的因果关系。时过境迁，今天的科学家对母体效应抱有一种更加宽泛且包容的观点，把母体效应视作普遍存在的强大因素，可驱动后代的生命结果发生改变。同时，这种生命结果从原则上说是可以测量的，并且能够借助科学方法推导出其中存在的因果关系。也就是说，过去一个世纪以来，对于哪些类型的论点是可允许的、哪些是科学能够宣告成立的，科学界的立场发生了转变。用魏斯曼的话来说就是，母体效应已然"有权被视为科学事实"，并"有权被作为科学问题"看待。

在我看来，虽然近几十年来的确积累了新数据，也出现了一些新的技术与因果推论方法，但单凭这一点并不足以解释科学界为何会发生上述转变。毕竟，科学界至今没能突破母体效应的隐蔽性，也无法证实母体宫内环境与后代健康结果之间存在必然的因果关系，更没有产出任何有助于改善父母或后代健康结果的干预手段。自20世纪中期以来，在科学家、资助方和公共卫生及其他相关领域合作伙伴的协作下，这才发生了前述的戏剧性转变。从此，胚胎早期发育被描述成一片环境决定人类生命结果的重要战场。当母体效应被视为一门改良性的生物社会学科时，人们就母体宫内环境对后代的长期影响方面开始有了更多五花八门的预测。在这一套观念的影响下，母体宫内环境成了一个不利因素的载体，它能够对脆弱的胎儿产生永久性的负面影响，进而固化社会的不平等。与此同时，社会上存在着一些强有力的假设，公众在这些假设的影响下，对可接受的胎儿风险水平及女性生育自主权的受限程度设定了心理预期。这些社会假设连同前述的一套逻辑，共同使社会对有关隐蔽母体效应的论调采取了更加接纳的态度。

鉴于母体效应具有隐蔽性，同时考虑到信念与价值观在人们评估相关科学理论及观点的充分性、合理性时起主要作用，我们不能被科学证据牵着走。探明母体宫内效应的波及范围及重要性，还有一段漫长且艰辛的实证之路要走。由于社会假设与价值观影响着我们对现有数据的解读，因此我们在前进的道路上需要打开科学的大门，欢迎更多的人对其中的观点进行检验并作出批判。同时，我们还得承认，在种族、性别与阶层差异持续存在的今天，有关母体效应因果推论方面的主观判断永远与生殖政治脱不了干系。

结语
后基因组时代的性别与遗传问题

2001年，恐怖分子袭击纽约世贸中心大楼，造成近3000人丧生。袭击事件发生后，美国妇产科医师学会立即发出警告，表示孕妇尤其容易受到此次事件的不良影响。此后10年间，顶尖的公共卫生与人类生殖学期刊上总能见到相关研究的身影。这些研究结果显示，"9·11"恐怖袭击事件发生时仍在母亲肚子里的胎儿，会被烙上这次灾难性事件的印记，并将使此后的几代人持续蒙受该事件的阴影。

其中一项研究发现，加利福尼亚州地区有阿拉伯姓名的新生儿显著存在更高的低出生体重风险。另一项研究发现，袭击事件发生时还在怀孕、后来表现出创伤后应激障碍的曼哈顿下城区的母亲，其产下的婴儿与正常婴儿相比具有明显不同的出生体重和发育结果。一群从事临床工作的科学家们对此前所有相关研究进行了查证，并在此基础上研究了"9·11"事件产生的公共卫生影响。他们称："需要对在子宫里遭受事件暴露的婴儿进行长期跟踪随访，以定性并管理好此次灾难事件造成的长期性、延迟性影响，由此才能完整确定（世贸中心）袭击事件产生了多大的公共卫生影响。"①

20世纪前10年间，谁要是说恐怖袭击激发的群体焦虑可影响胚胎发育及其未来命运，想必会遭到当时大多数生物学家和医生的强烈抨击。他们鄙视母体体验能在胎儿身上留下烙印的说法，将这类观念贬为老太婆讲的故事和社会现代化之前的神秘主义，称它们是少数人才会有的封建迷信思想，认为信奉这种观念的人还抓着拉马克那套社会和环境遗传学说不放。但在今天，母体效应科学已然成了一个以推测为研究方法的学科，它被人们用来理解并应对这个世界的风险和不确定性。胚胎表观遗传编程研究也站在了生物学领域的前沿，成了基因组学、公共卫生、精神病学和生殖医学的跨领域集散地。②

不同于喜欢向中产阶级父母提供优生优育建议的胎教论者，今天的母体效应研究者们乐于从生物社会学角度审视自己的工作，他们毫不遮掩地将自身研究与社会公正挂钩，旨在让资源向弱势群体倾斜，并向公众揭示社会不平等、种族歧视、战争、饥荒与虐待的种种危害。"我们现在已经知道，生活质量直接影响着人体基因的运作方式。"2014年，公共卫生学教授拉里·沃勒克（Larry Wallack）在一部名为《表观遗传学与平等》的影片中说道，"表观遗传学告诉

---

① 19世纪末的法国曾有过类似的历史现象。当时，法国国内开始关注普法战争和1870年至1871年期间巴黎公社对巴黎本地的孕妇及其孩子造成了怎样的"精神打击"，以及这类打击的长期影响。正如历史学家卡洛琳·阿尼（Caroline Arni）所言，乔治·巴罗（Georges Barral）"以受影响的孩子为由，证明生育环境存在'遗传'相关性"。

② 亨德里克斯（Hendrickx）与范·胡维根（Van Hoyweghen）共同发明了"生物政治归罪"（Biopolitical Imputation）这一术语，用以呼吁表观遗传学真正解决问题并将政治关注点引向社会政策领域。

我们，疾病实际上发生于人体发育的最初阶段，甚至是在上一代就已注定，而不是等到一个人长大成人后。每个人出生时，都是带着某种根本性的缺陷来到这世上。这不只是一个健康问题，更是一个宏观意义上的社会平等性问题。"

前文提及的社会学家多萝西·罗伯茨将表观遗传学称为"一门新的生物社会学"，她显然将表观遗传学定位成了一门进步而民主的科学，其宗旨在于帮助政策制定者"抗击社会不平等现实"。新生物社会学领域的科学家们深信社会因素可以"潜移默化"——流行病学家南希·克里格（Nancy Krieger）戏称的"具象化不平等"（Embodied Inequality）。于是她把表观遗传学之类的分子研究方法包装成有力的工具，称这些工具能揭示"社会不平等在分子层面造成的生物学结果"，并帮助发现"得以具象体现社会不平等的生物路径"。

尽管本书表明在母婴间关系上寻求生物社会学进步的尝试早有历史依据，但当今时代强调生物社会学进步观点的标志性著作是社会学家道尔顿·康利（Dalton Conley）于2003年出版的名为《起跑门：出生体重与人生机会》。在这本书中，康利向读者描绘了关于生物社会学发展的愿景。在这幅愿景中，生物社会学是民主、进步的，它关注儿童及其母亲的幸福，用科学知识揭示了贫穷与种族主义带来的恶果，并指引人类要怎样摆脱这些恶果。康利及其合著者试图分析"社会、生物学和遗传学之间如何相互作用，共同影响着世代人类"。他们下决心纠正社会学家们的盲点，让"社会生活中的生物与遗传因素重新被重视起来"，他们不害怕被扣上"生物宿命论"的帽子。康利关注出生体重，称这是一种"内容丰富的指标，或可用于跨代生物社会学分析"。他希望以此有力地告诉公众，社会因素究竟以怎样深刻的方式塑造着我们的生物学人生体验，并影响着个人及其后代的未来成就。

今天，康利的愿景获得了社会的普遍认同。越来越多的人体表观遗传学研究表示，早期发育阶段经历的不良事件，包括甲基化水平在内的生物学变量，以及抑郁、心理疾病和心血管疾病等健康结果之间存在关联性。2016 年，纽约的罗素·塞奇基金会（Russell Sage Foundation）注意到了这个蓬勃发展的社会生物学领域，于是设立了名为"整合生物学与社会科学知识"的新资助项目。该基金会向社会公开招募研究资助申请，称自身资助方向向生物社会学的转变是为了顺应生命科学领域正在发生的模式转变，因为基金会"意识到许多生物学过程不是给人带来特定生命结果的固定不变机制，而是会对人类社会与物理环境做出响应的动态变化机制"。该基金会在招募书中写道，上述转变已"促使研究人员着手开展跨学科研究，希望找到集社会学与生物学之大成的研究方法，借此更深入地了解社会不平等是如何产生、存续并传递下去的"。无独有偶，英国经济与社会研究委员会（British Economic and Social Research Council）携手生物科技与生物学研究委员会（Biotechnology and Biological Sciences Research Council），联合宣布了一项专门资助生物社会学研究的计划。根据英国经济与社会研究委员会的定义，生物社会学研究的是"生物学、人生体验与人类行为间的动态相互作用机制"。同塞奇基金会一样，该协会也强调要整合生物学、医学和社会科学的研究方法，集合这些学科的力量，使之共同向公共卫生及政策应用的方向迈进。一名科学家在这项资助计划的宣传博客上写道："对于像长、短期贫穷或父母离婚这样的负面体验，或失业造成的创伤对健康的影响，研究它们如何在一个或多个层面上潜移默化地改变生物机能,将使我们能够更有针对性地开发干预措施,并用更精确的方法逆转这些结果。"

人体母婴表观遗传编程学将隐藏的研究发现集结成大胆的生物社会学理论,通过理论将因果关系与中介作用归结于胚胎在子宫内发育的时期。从表观遗传角度做出的解释,使生物物质性(Biological Materiality)的衡量依据从分子变成巨大儿,该解释将生物与社会分析从代谢层面转移到战争创伤层面,还把个人记忆、代际遗传与文化历史按时间顺序组合成关于基因甲基化水平具体数量变化的观点。一系列有理有据的生物社会学观点就此形成,当中饱含着研究者以第一视角看见胚胎受损时的紧迫感,同时带有研究者的公开许诺,表示一门即将到来的胚胎编程应用科学能解决这个问题。

有人将表观遗传学视为集生物学与社会学之大成的变革性理论框架。就这种愿景公开发出的最强音莫过于来自麦吉尔大学的两位表观遗传学家迈克尔·米尼(Michael Meaney)与莫西·希夫(Moshe Szyf)。米尼在文章中写道:"论及社会结构如何影响人类认知能力的发展,或许在其中起深刻作用的正是表观遗传机制。面对众多的社会与经济宏观变量,我们才开始探索它们与儿童大脑发育水平之间存在着怎样的因果关系。这种关联性可能是非常强大的。"在米尼看来,表观遗传学将在分子层面展示早期压力、剥夺条件及创伤可能造成的细微生物学效应,并为制定旨在降低相关损害的社会政策提供支持。希夫将表观遗传学的意义做了进一步延伸,称它是自然科学与社会科学的统一,还是化解先天与后天冲突的突破口。他在文章中写道:"表观遗传学将对我们理解历史学、社会学和政治学的方式产生深刻影响。如果环境能够在一定程度上改变人类基因组，就意味着我们已在社会过程和生物过程之间建起了桥梁。这将改变我们看待一切事物的方式。"

2013年《社会学年鉴》上刊登了一篇文章。作者汉娜·兰德克（Hannah Landecker）与亚伦·帕诺夫斯基（Aaron Panofsky）对上述观点表示赞同。他们认为，表观遗传学使人们得以"重新审视并确定生物学、社会学及两者间的相互关系"。许多性别学者也被表观遗传学吸引。女性主义者们看见了表观遗传学的潜力，她们认为它能使生物学家团结起来，共同探索社会性别准则在物质层面上有哪些具体的象征，并促使人们重新思考生殖体的责任边界，承认个体与其所在的物理和社会环境有着密切的联系。历史学家、生物哲学家伊芙琳·福克斯·凯勒（Evelyn Fox Keller）在其2010年出版的著作《先天与后天间的海市蜃楼》中表示，表观遗传学等研究领域的新发现，预示着后基因组时代即将到来一门新的科学。这门科学能为人们带来寻觅已久的思想，一举取代宿命论、还原论和唯基因论。政治科学家莫里吉奥·梅洛尼（Maurizio Meloni）也将表观遗传学视为"一种现实的颠覆""后基因组时代的一座里程碑"和"一种新的思想风格"。他还表示，表观遗传学摒弃了分子生物学的"僵化假设"，转而将生物学与"彼此复杂关联的社会与环境因素"结合起来。

以上多种多样的观点都将近期大热的表观遗传学及像健康和疾病发展起源学之类的研究领域视为一种思想上的回归。由于它们所代表的思想长期受到忽略和排挤，因此这种回归是对风气的修正。这些研究领域共同构成了一门"软遗传学"，它与20世纪的"硬遗传学"相抗衡。基于这种观点，我们便不难理解为什么业界当前对母体效应有着如此高的关注度了。但在这本书中，笔者对此已经提出了不同看法。

结语 后基因组时代的性别与遗传问题

　　健康和疾病发展起源学提出了一种关于人类遗传和发展的模型，其中糅合了更宏观的社会与物理环境，且这些环境被认为是可遗传的，并能借助母体这样的中介，引入具体的生化修饰，最终决定胎儿未来的生物医学结果。《纽约客》杂志上的一幅插图就精妙地展示出了这种模型。我们能从图中明显看到，两条线从孕妇腹中的胎儿向外发散开来，暗示孕妇的子宫决定着胎儿未来的发育结果（见图1）。今天的人类表观遗传研究项目非但没有挑战遗传决定论和生物还原论的思想，反而策略性地修改了这些主张，他们在其中特别加入了影响健康的社会因素，并将母婴关联置于这一切的核心，以达到为己所用的目的。

结-1 被表观遗传学视为中介的母体

图片来源：《纽约客》杂志，Stephen S. Hall, "Small and Thin". Credit: Laurent Cilluffo.

就连那些相当有洞察力的分析文章，也很少对当代表观遗传学刻意突出母体形象的做法发表评论。例如，人类学家约尔格·纽沃纳（Jörg Niewöhner）对表观遗传学模型中的"嵌入体"（Embedded Body）与西方生物医学模型中的经典人体进行了比较，他发现"嵌入体"与机械论和遗传决定论异曲同工，并主张人体的主观能动性。纽沃纳称，"强调环境因素的表观遗传学使当前出现的这种新兴现象看似合理"。但若细看纽沃纳的表述，我们便能从中发现某些盲点，这些盲点在其他许多关于表观遗传学理论创新的评论观点中也时常可见。纽沃纳写道："表观遗传学营造出了一个'嵌入体'的形象，即一个人不仅受到自身过去的高度影响，还受到其所处社会和母体环境的高度影响。"进化过程和世代繁衍在人类的身体上留下了烙印。凡是被打上这种"早期生命"烙印的人体，将极易受到社会和母体环境变动的影响。这种看待人体的观念，与将人体视为"皮肤包裹下的自主个体"的平常观念有着明显的不同。它暗示着人体与"背景环境"整体上有着不同程度的纠缠。在纽沃纳看来，"嵌入体"这种新兴现象处于持续的变化之中，它与诸多因素交联，并被环境打上烙印。事实上，"嵌入体"就是一种胚胎原型。模糊不清的、渐行渐远的母体形象反而成了环境的代名词。

德国新闻杂志《明镜》周刊曾就表观遗传学这门新兴科学专门出过一期内容，其封面淋漓尽致地呈现了后基因组时代的健康优化理念中包含了怎样的性别社会与象征意味（见图2）。在图中，一名漂亮的金发白人模特在波光粼粼的水面上。水流在她周身盘旋，仿佛基因双螺旋结构。她的背后是闪着荧光的基因序列读数。模特抖掉盘旋在她周围的双螺旋，在"基因池"中站起身来。现在的她干净、纯粹、恍若重生。她指向上方的天空，那里远远高于池里的淤

结语　后基因组时代的性别与遗传问题

泥,也远远高于她背后的基因序列读数。几行粗体字写道,"赢过基因——更聪明、更健康、更快乐:我们如何战胜遗传物质"。这幅图不仅向读者传达出表观遗传学在优化健康、塑造人类命运上的潜能,同时也包含着一大堆关联事物:新生命、胚胎与子宫;违背自然的魔幻现象,既似美人鱼,又似好莱坞影片中的女鬼;美国自由女神像与希腊胜利女神像似的标志性形象;西方艺术中正在沐浴的性感女性,带有生育能力旺盛的象征;催生宣传海报中常见的卫道士,对未来的家庭有着高瞻远瞩的设想;还有化妆品与自然疗法广告中喜欢采用的白色调,在传统意义上象征着干净与纯洁。

结-2　《明镜》周刊 2010 年表观遗传学专刊封面图:"赢过基因"

图片版权归 Der Spiegel 32/2020 所有。

273

在表观遗传学中，某些人体被视为风险的载体和干预手段针对的众矢之的。如果能严肃对待这种观点，我们将有机会重新审视纵横交错的分子生物学发展史，看它是如何将传统观点连根拔起再予以创新，并从中有了意料之外的发现。从其崇尚的妊娠生殖体形象来看，表观遗传学并没有刻意地使嵌入体"变得合理"。相反，它从分子生物学的视角凝视着这个之前就已成型的嵌入体，任它在母婴科学和政治领域里横冲直撞，并将它提升至生物医学的高度，称它是相关理论、干预手段和监督体系的内核。因此，我们才说，表观遗传学并没有刻意地"把人体和环境相交缠"。相反，它在20世纪分子生物学业已积累的内容之上，以母体为中介，把"环境"带进了生物医学理论形成、健康结果优化及生命操纵的过程之中。

参考文献

ABC News. "You Are What Your Mum Ate: Obesity Research." March 13, 2012. https://www.abc.net.au/news/2012-03-14/you-are-what-your-mum-ate3a-obesity-research/3887848.

Ackerknecht, E. H. "Diathesis: The Word and the Concept in Medical History." *Bulletin of the History of Medicine* 56, no. 3 (1982): 317.

Additon, Lucia H. Faxon. *Twenty Eventful Years of the Oregon Woman's Christian Temperance Union, 1880-1900.* Portland: Gotshall, 1904.

Albert, Saige. "Starting from Inside: Fetal Programming Center Looks at Impact of Maternal Diets on Offspring." *Wyoming Livestock Roundup.* December 23, 2017. https://www.wylr.net/animal-health/301-research/7101-starting-from-inside-fetal-programming-center-looks-at-impact-of-maternal-diets-on-offspring.

Alberts, Bruce, Marc W. Kirschner, Shirley Tilghman, and Harold Varmus. "Rescuing US Biomedical Research from Its Systemic Flaws." *Proceedings of the National Academy of Sciences* 111, no. 16 (2014): 5773-77.

Alexander, Charles. "Our Literary Folks." *Freeman*, November 24, 1900.

Alkema, Leontine, Doris Chou, Daniel Hogan, Sanqian Zhang, Ann-Beth Moller, Alison Gemmill, Doris Ma Fat, et al. "Global, Regional, and National Levels and Trends in Maternal Mortality between 1990 and 2015, with Scenario-Based Projections to 2030: A Systematic Analysis by the UN Maternal Mortality Estimation Inter-Agency Group." *Lancet* 387, no. 10017 (2016): 462-74.

Almeling, Rene. *Guynecology: Men, Medical Knowledge, and Reproduction.* Oakland: University of California Press, 2020.

Anderson, N. A., E. W. Brown, and R. A. Lyon. "Causes of Prematurity, III: Influence of Race and Sex on Duration of Gestation and Weight at Birth." *American Journal of Diseases of Children* 65, no. 4 (1943): 523–34.

Annas, George. "Pregnant Women as Fetal Containers." *Hastings Center Report* 16 (1986): 3–14.

Aristotle. *Generation of Animals.* Translated by A. L. Peck. Loeb Classical Library. Cambridge, MA: Harvard University Press, 1943.

Aristotle's Complete Master Piece. London: Printed and Sold by the Booksellers, 1762 [multiple editions].

Armstrong, Elizabeth M. *Conceiving Risk, Bearing Responsibility: Fetal Alcohol Syndrome and the Diagnosis of Moral Disorder.* Baltimore: Johns Hopkins University Press, 2003.

Arni, Caroline. "The Prenatal: Contingencies of Procreation and Transmission in the Nine-teenth Century." In *Heredity Explored: Between Public Domain and Experimental Science 1850-1930*, edited by Staffan Müller–Wille and Christina Brandt, 285–309. Cambridge, MA: MIT Press, 2016.

Artzt, K. "Mammalian Developmental Genetics in the Twentieth Century." *Genetics* 192, no. 4 (2012): 1151–63.

Atlanta Daily World. "Low Birth Weight Causes Half of US Infant Deaths." March 6, 1975.

Atwood, Margaret. *The Handmaid's Tale.* Toronto: McClelland and Stewart, 1985.

Aylward, Glen P., Steven I. Pfeiffer, Anne Wright, and Steven J. Verhulst. "Outcome Studies of Low Birth Weight Infants Published in the Last Decade: A Metaanalysis." *Journal of Pediatrics* 115, no. 4 (1989): 515–20.

Baccarelli, Andrea. "Conceptual Model of Epigenetic Influence on Obesity Risk." In *Examining a Developmental Approach to Childhood Obesity: The Fetal and Early Childhood Years: Workshop Summary*, edited by Institute of Medicine. Washington, DC: The National Academies, 2015.

Baedke, J., and A. Nieves Delgado. "Race and Nutrition in the New World: Colonial Shadows in the Age of Epigenetics." *Studies in History and Philosophy of*

Biological and Biomedical Sciences 76 (2019): 101175.

Ballantyne, J. W. *Expectant Motherhood: Its Supervision and Hygiene.* New York: Funk & Wagnalls, 1914.

Barker, D. J. P. "The Fetal and Infant Origins of Adult Disease." *British Medical Journal* 301, no. 6761 (1990): 1111.

Barker, D. J. P. *Mothers, Babies, and Health in Later Life.* 2nd ed. Edinburgh: Churchill Livingstone, 1998.

Barker, D. J. P. "Rise and Fall of Western Diseases." *Nature* 338, no. 6214 (1989): 371–72.

Barker, D. J. P., J. G. Eriksson, T. Forsen, and C. Osmond. "Fetal Origins of Adult Disease: Strength of Effects and Biological Basis." *International Journal of Epidemiology* 31, no. 6 (2002): 1235–39.

Barker, D. J. P., C. Osmond, J. Golding, D. Kuh, and M. E. Wadsworth. "Growth in Utero, Blood Pressure in Childhood and Adult Life, and Mortality from Cardiovascular Disease." *British Medical Journal* 298, no. 6673 (1989): 564–67.

Barker, D. J. P., P. D. Winter, C. Osmond, B. Margetts, and S. J. Simmonds. "Weight in Infancy and Death from Ischaemic Heart Disease." *Lancet* 2, no. 8663 (1989): 577.

Barnard, Henry. *Kindergarten and Child Culture Papers: Papers on Froebel's Kindergarten, with Suggestions on Principles and Methods of Child Culture in Different Countries.* Syracuse, NY: C. W. Bardeen, 1880.

Basso, O., and A. J. Wilcox. "Intersecting Birth Weight–Specific Mortality Curves: Solving the Riddle." *American Journal of Epidemiology* 169, no. 7 (2009): 787–97.

Bateson, Patrick, and Peter Gluckman. *Plasticity, Robustness, Development and Evolution.* Cambridge: Cambridge University Press, 2011.

Bateson, William. *Mendel's Principles of Heredity.* Cambridge: Cambridge University Press, 1909.

Bayer, C. J. *Maternal Impressions: A Study in Child Life before and after Birth and Their Effect upon Individual Life and Character.* Vol. 2. Winona, MN: Jones & Kroeger, 1897.

Beall, Otho T. "Aristotle's Master Piece in America: A Landmark in the Folklore of Medicine." *William and Mary Quarterly* 20, no. 2 (1963): 207–22.

Beauvoir, Simone de. *The Second Sex.* 1st American ed. New York: Knopf, 1953.

"Begin Before Birth." BeginBeforeBirth .org.

Behrman, Jere R., and Mark R. Rosenzweig. "Returns to Birthweight." *Review of Economics and Statistics* 86, no. 2 (2004): 586–601.

"Ben B. Lindsey." *Encyclopedia Britannica Online.* http://www.britannica.com/biography/Ben-B-Lindsey.

Bergström, Staffan. "Global Maternal Health and Newborn Health: Looking Backwards to Learn from History." *Best Practice & Research Clinical Obstetrics & Gynaecology* 36 (2016): 3–13.

Berkowitz, Gertrude S., Mary S. Wolff, Teresa M. Janevic, Ian R. Holzman, Rachel Yehuda, and Philip J. Landrigan. "The World Trade Center Disaster and Intrauterine Growth Re-striction." *JAMA: Journal of the American Medical Association* 290, no. 5 (2003): 595–96.

Bibikova, Marina. "DNA Methylation Microarrays." In *Epigenomics in Health and Disease*, ed-ited by Mario F. Fraga and Agustín F. Fernández, 19–46. Boston: Academic Press, 2016.

Biffen, R. H. "Mendel's Laws of Inheritance and Wheat Breeding." *Journal of Agricultural Science* 1, no. 1 (1905): 4–48.

"Biological Resources." Avon Longitudinal Study of Parents and Children. http://www.bristol.ac .uk/alspac/researchers/our-data/biological-resources/.

Birch, Herbert George, and Joan Dye Gussow. *Disadvantaged Children: Health, Nutrition and School Failure.* New York: Harcourt, Brace & World, 1970.

Birney, E., G. D. Smith, and J. M. Greally. "Epigenome-Wide Association Studies and the Interpretation of Disease-Omics." *PLOS Genetics* 12, no. 6 (2016): e1006105.

Bivings, Lee. "Racial, Geographic, Annual and Seasonal Variations in Birth Weights." *American Journal of Obstetrics and Gynecology* 27 (1934): 725–726.

Blackwell, Tom. "Pregnancy Stress Linked to Babies with Lower IQs: 1998 Quebec Ice-Storm Study." *National Post* (Canada), July 10, 2004, A5.

Blondel, James. *The Power of the Mother's Imagination over the Fœtus Examin'd.* London: John Brotherton, 1729.

Boas, Franz. "Changes in the Bodily Form of Descendants of Immigrants." *American Anthropologist* 14, no. 3 (1912): 530–62.

Bordin, Ruth. *Woman and Temperance: The Quest for Power and Liberty, 1873-1900.* Philadelphia: Temple University Press, 1981.

Boveri, Theodor. "Ein Geschlechtlich Erzeugter Organismus ohne Mütterliche Eigenschaften." *Sitzungsb. Gesellsch. Morph. u. Physiol. München* 5 (1889): 73–80.

Boveri, Theodor. "An Organism Produced Sexually without Characteristics of the Mother." *American Naturalist* 27 (1893): 222.

Bowler, Peter J. *The Eclipse of Darwinism: Anti Darwinian Evolution Theories in the Decades around 1900.* Baltimore: Johns Hopkins University Press, 1983.

Boycott, A. E., and C. Diver. "On the Inheritance of Sinistrality in *Limnaea peregra*." *Proceedings of the Royal Society of London Series B, Containing Papers of a Biological Character* 95, no. 666 (1923): 207.

Boycott, A. E., C. Diver, S. L. Garstang, and F. M. Turner. "The Inheritance of Sinistrality in *Limnaea peregra* (Mollusca, Pulmonata)." *Philosophical Transactions of the Royal Society B* 219 (1930): 51–131.

Boyd, Andy, Jean Golding, John Macleod, Debbie A. Lawlor, Abigail Fraser, John Henderson, Lynn Molloy, et al. "Cohort Profile: The 'Children of the 90s'— the Index Offspring of the Avon Longitudinal Study of Parents and Children." *International Journal of Epidemiology* 42, no. 1 (2013): 111–27.

Boyle, E. A., Y. I. Li, and J. K. Pritchard. "An Expanded View of Complex Traits: From Polygenic to Omnigenic." *Cell* 169, no. 7 (2017): 1177–86.

Bradford, G. E. "The Role of Maternal Effects in Animal Breeding, VII: Maternal Effects in Sheep." *Journal of Animal Science* 35, no. 6 (1972): 1324–34.

Braidotti, Rosi. "Signs of Wonder and Traces of Doubt: On Teratology and Embodied Differences." In *Feminist Theory and the Body: A Reader*, edited by Janet Price and Margrit Shildrick, 291–301. New York: Routledge, 1999.

Bresler, David E., Gaylord Ellison, and Stephen Zamenhof. "Learning Deficits in Rats with Malnourished Grandmothers." *Developmental Psychobiology* 8, no. 4 (1975): 315–23.

Brittan, Samuel Byron. *Man and His Relations: Illustrating the Influence of the Mind on the Body; the Relations of the Faculties to the Organs, and to the Elements, Objects and Phenomena of the External World.* New York: W. A. Townsend, 1864.

Brooks, William Keith. *The Law of Heredity: A Study of the Cause of Variation, and the Origin of Living Organisms.* Baltimore: J. Murphy, 1883.

Burbank, Luther. *The Training of the Human Plant.* New York: Century, 1906.

Burrell, Celia, and Leroy C. Edozien. "Surrogacy in Modern Obstetric Practice." *Seminars in Fetal and Neonatal Medicine* 19, no. 5 (2014): 272–78.

Cao-Lei, L., Kelsey N. Dancause, Guillaume Elgbeili, David P. Laplante, Moshe Szyf, and Suzanne King. "DNA Methylation Mediates the Effect of Maternal Cognitive Appraisal of a Disaster in Pregnancy on the Child's Cpeptide Secretion in Adolescence: Project Ice Storm." *PLOS One* 13, no. 2 (2018): e0192199.

Cao-Lei, L., Kelsey N. Dancause, Guillaume Elgbeili, Renaud Massart, Moshe Szyf, Aihua Liu, David P. Laplante, and Suzanne King. "DNA Methylation Mediates the Impact of Exposure to Prenatal Maternal Stress on BMI and Central Adiposity in Children at Age 13½ Years: Project Ice Storm." *Epigenetics* 10, no. 8 (2015): 749–61.

Cao-Lei, L., S. R. de Rooij, S. King, S. G. Matthews, G. A. S. Metz, T. J. Roseboom, and M. Szyf. "Prenatal Stress and Epigenetics." *Neuroscience & Biobehavioral Reviews* 117 (2017): 198–210.

Cao-Lei, L., G. Elgbeili, R. Massart, D. P. Laplante, M. Szyf, and S. King. "Pregnant

Women's Cognitive Appraisal of a Natural Disaster Affects DNA Methylation in Their Children 13 years Later: Project Ice Storm." *Translational Psychiatry* 5 (2015): e515.

Cao-Lei, L., R. Massart, M. J. Suderman, Z. Machnes, G. Elgbeili, D. P. Laplante, M. Szyf, and S. King. "DNA Methylation Signatures Triggered by Prenatal Maternal Stress Exposure to a Natural Disaster: Project Ice Storm." *PLOS ONE* 9, no. 9 (2014): e107653.

Cao-Lei, L., Franz Veru, Guillaume Elgbeili, Moshe Szyf, David P. Laplante, and Suzanne King. "DNA Methylation Mediates the Effect of Exposure to Prenatal Maternal Stress on Cytokine Production in Children at Age 13½ Years: Project Ice Storm." *Clinical Epigenetics* 8, no. 1 (2016): 54.

Carey, Nessa. *The Epigenetics Revolution: How Modern Biology Is Rewriting Our Understanding of Genetics, Disease, and Inheritance.* New York: Columbia University Press, 2012.

Carmichael, Mary. "Who Says Stress Is Bad for You?" *Newsweek*, February 23, 2009.

Castle, W. E. "A Further Study of Size Inheritance in Rabbits, with Special Reference to the Existence of Genes for Size Characters." *Journal of Experimental Zoology* 53, no. 3 (1929): 421–54.

Castle, William E. *Genetics and Eugenics: A Text-Book for Students of Biology and a Reference Book for Animal and Plant Breeders.* 1st ed. Cambridge, MA: Harvard University Press, 1916.

Castle, William E. *On Germinal Transplantation in Vertebrates.* Edited by John C. Phillips. Washington, DC: Carnegie Institution of Washington, 1911.

Cedar Rapids Evening Gazette. "Happy Dispositions Bring Good Health." November 13, 1913, 3.

Centre for Fetal Programming. "About CFP." https://www.cfp-research.com/about-cfp.

Centralia Chronicle. "At Mass Meeting, April 5." April 1, 1908, 2.

Charuchandra, Sukanya. "Maternal Obesity and Diabetes Linked to Autism in

Children." *Scientist*, October 1, 2018.

Chasnoff, Ira J., William J. Burns, Sidney H. Schnoll, and Kayreen A. Burns. "Cocaine Use in Pregnancy." *New England Journal of Medicine* 313, no. 11 (1985): 666–69.

Chavkin, Wendy, Denise Paone, Patricia Friedmann, and Ilene Wilets. "Reframing the Debate: Toward Effective Treatment for Inner City Drug-Abusing Mothers." *Bulletin of the New York Academy of Medicine* 70, no. 1 (1993): 50–68.

Chike-Obi, U., R. J. David, R. Coutinho, and S. Y. Wu. "Birth Weight Has Increased over a Generation." *American Journal of Epidemiology* 144, no. 6 (1996): 563–69.

Christiansen, K. "Who Is the Mother? Negotiating Identity in an Irish Surrogacy Case." *Medicine, Health Care and Philosophy* 18, no. 3 (2015): 317–27.

Church, Dawson. *The Genie in Your Genes: Epigenetic Medicine and the New Biology of Intention.* Santa Rosa, CA: Elite Books, 2007.

Churchill, F. B. *August Weismann: Development, Heredity, and Evolution.* Cambridge, MA: Harvard University Press, 2015.

Churchill, F. B. "August Weismann Embraces the Protozoa." *Journal of the History of Biology* 43, no. 4 (2010): 767–800.

Churchill, F. B. "Hertwig, Weismann, and the Meaning of Reduction Division circa 1890." *Isis* 61, no. 4 (1970): 428.

Churchill, F. B. "Weismann: The Pre-eminent Neo-Darwinian." *Endeavour* 27, no. 2 (2003): 46–47.

Clark, Frederick G. "Child Culture: An Experiment Proposed." *New York Evangelist* 47, no. 18 (1876): 6.

Clarke, Adele E., Janet Shim, Sara Shostak, and Alondra Nelson. "Biomedicalizing Genetic Health, Diseases and Identities." In *Handbook of Genetics and Society: Mapping the New Genomic Era*, edited by Paul Atkinson, Peter Glasner, and Margaret Lock. London: Routledge, 2009.

Cloud, John. "Why Your DNA Isn't Your Destiny." *Time*, January 6, 2010.

Clymer, R. Swinburne. *How to Create the Perfect Baby by Means of the Art or Science Generally Known as Stirpiculture; or, Prenatal Culture and Influence in the Development of a More Perfect Race.* Quakertown, PA: Philosophical Pub. Co., 1902.

Coleman, William. *Biology in the Nineteenth Century: Problems of Form, Function, and Transformation.* New York: Wiley, 1971.

Colen, Cynthia G., Arline T. Geronimus, John Bound, and Sherman A. James. "Maternal Upward Socioeconomic Mobility and Black–White Disparities in Infant Birthweight." *American Journal of Public Health* 96, no. 11 (2006): 2032–39.

Combe, George. *The Constitution of Man Considered in Relation to External Objects.* Boston: Carter and Hendee, 1829.

Conklin, Edwin Grant. *Heredity and Environment in the Development of Man.* Princeton: Princeton University Press, 1915.

Conley, Dalton, Kate W. Strully, and Neil G. Bennett. *The Starting Gate: Birth Weight and Life Chances.* Berkeley: University of California Press, 2003.

Cooper Owens, Deirdre. *Medical Bondage: Race, Gender, and the Origins of American Gynecology.* Athens: University of Georgia Press, 2017.

Cooper Owens, Deirdre, and Sharla M. Fett. "Black Maternal and Infant Health: Historical Legacies of Slavery." *American Journal of Public Health* 109, no. 10 (2019): 1342.

"The Correspondence School of Gospel and Scientific Eugenics (Advertisement)." *Physical Culture* 26, no. 4 (1911): 38a.

Costa, Dora L. "Race and Pregnancy Outcomes in the Twentieth Century: A Long-Term Comparison." *Journal of Economic History* 64, no. 4 (2004): 1056–86.

Costandi, Mo. "Pregnant 9/11 Survivors Transmitted Trauma to Their Children." *Guardian*, September 9, 2011.

Cowan, John. *The Science of a New Life.* New York: Fowler & Wells, 1869.

Crackanthorpe, Montague. *Population and Progress.* London: Chapman & Hall, 1907.

Cravens, Hamilton. *The Triumph of Evolution: American Scientists and the Heredity-Environment Controversy, 1900-1941*. Philadelphia: University of Pennsylvania Press, 1978.

Crider, Krista S., Lynn B. Bailey, and Robert J. Berry. "Folic Acid Food Fortification— Its History, Effect, Concerns, and Future Directions." *Nutrients* 3, no. 3 (2011): 370.

Crump, E. P. "Negroes and Medicine." *Pediatrics* 24, no. 1 (1959): 165.

Crump, E. P., C. P. Horton, J. Masuoka, and D. Ryan. "Relation of Birth Weight in Negro Infants to Sex, Maternal Age, Parity, Prenatal Care, and Socioeconomic Status." *Journal of Pediatrics* 51, no. 6 (1957): 678–97.

Cundiff, Larry V. "The Role of Maternal Effects in Animal Breeding, VIII: Comparative Aspects of Maternal Effects." *Journal of Animal Science* 35, no. 6 (1972): 1335–37.

Currie, Janet, and Rosemary Hyson. "Is the Impact of Health Shocks Cushioned by Socio-economic Status? The Case of Low Birthweight." *American Economic Review* 89, no. 2 (1999): 245–50.

D'Alton-Harrison, Rita. "Mater Semper Incertus Est: Who's Your Mummy?" *Medical Law Review* 22, no. 3 (2014): 357–83.

Darling, K. W., S. L. Ackerman, R. H. Hiatt, S. S. Lee, and J. K. Shim. "Enacting the Molecular Imperative: How Gene-Environment Interaction Research Links Bodies and Environments in the Postgenomic Age." *Social Science & Medicine (1982)* 155 (2016): 51–60.

Darwin, Charles. *Variation of Animals and Plants under Domestication*. New York: New York University Press, [1868] 1988.

Darwin, Erasmus. *Zoonomia: Or, the Laws of Organic Life*. Dublin: P. Byrne and W. Jones, 1794.

Davenport, Charles Benedict. *Heredity in Relation to Eugenics*. New York: Henry Holt, 1911.

Davey Smith, George, and Gibran Hemani. "Mendelian Randomization: Genetic

Anchors for Causal Inference in Epidemiological Studies." *Human Molecular Genetics* 23, no. R1 (2014): R89–98.

David, Richard. "Commentary: Birthweights and Bell Curves." *International Journal of Epidemiology* 30, no. 6 (2001): 1241–43.

Davies, P. A. "Low Birthweight Infants: Immediate Feeding Recalled." *Archives of Disease in Childhood* 66, no. 4 (1991): 551–53.

Davis, Dána-Ain. *Reproductive Injustice: Racism, Pregnancy, and Premature Birth*. New York: New York University Press, 2019.

Davis, Noela. "Politics Materialized: Rethinking the Materiality of Feminist Political Action through Epigenetics." *Women: A Cultural Review* 25, no. 1 (2014): 62–77.

de Assis, Sonia, Anni Warri, M. Idalia Cruz, Olusola Laja, Ye Tian, Bai Zhang, Yue Wang, Tim Hui-Ming Huang, and Leena Hilakivi-Clarke. "High-Fat or Ethinyl-Oestradiol Intake during Pregnancy Increases Mammary Cancer Risk in Several Generations of Offspring." *Nature Communications* 3 (2012): 1053.

Defiance Daily Crescent News. "Maumee Valley Chautauqua, July 30–Aug. 6, Prof. Newton N. Riddell of Chicago, Ill." July 19, 1911, 5.

de Grazia, Margareta. "Imprints: Shakespeare, Gutenberg and Descartes." In *Printing and Parenting in Early Modern England*, edited by Douglas A. Brooks, 29–58. Burlington, VT: Ashgate, 2003.

Delaney, Carol. "The Meaning of Paternity and the Virgin Birth Debate." *Man* 21, no. 3 (1986): 494–513.

Delaney, Carol. *The Seed and the Soil: Gender and Cosmology in Turkish Village Society*. Berkeley: University of California Press, 1991.

Denbow, Jennifer. "Good Mothering before Birth: Measuring Attachment and Ultrasound as an Affective Technology." *Engaging Science, Technology, and Society* 5 (2019): 1–20.

Derfel, Aaron. "Prenatal Stress from Extreme Weather Is Having Negative Effect on Babies." *Montreal Gazette*, January 31, 2009.

Descartes, René. *Primae Circa Generationem Animalium et nonnulla de*

Saporibus. Utrecht Universiteitsbibliotheek. 1701.

Devlin, D. S., and C. L. Wickey. "'Better Living through Heredity': Michael F. Guyer and the American Eugenics Movement." *Michigan Academician* 16, no. 2 (1984): 199.

Dickerson, G. E. "Composition of Hog Carcasses as Influenced by Heritable Differences in Rate and Economy of Gain." USDA Bureau of Animal Industry. Ames: Agricultural Experiment Station, Iowa State College of Agriculture and Mechanic Arts, 1947.

"Diets Threat to Unborn, Expert Says." *Hartford Courant*, December 8, 1972, 25.

Dixon, Arch. "The Truth about So-Called Maternal Impressions." *Surgery, Gynecology and Obstetrics* 3 (1906): 424–35.

"DNA Signature Found in Ice Storm Babies— Prenatal Maternal Stress Exposure to Natural Disasters Predicts Epigenetic Profile of Offspring." Canada Newswire Telbec, September 29, 2014.

Dobzhansky, T. "Maternal Effect as a Cause of the Difference between the Reciprocal Crosses in *Drosophila pseudoobscura*." *Proceedings of the National Academy of Sciences* 21, no. 7 (1935): 443–46.

Dodge, C. T. J. "Weight of Colored Infants: Growth during the First Eighteen Months." *American Journal of Physical Anthropology* 10, no. 3 (1927): 337–45.

Drake, Amanda J., and Lincoln Liu. "Intergenerational Transmission of Programmed Ef-fects: Public Health Consequences." *Trends in Endocrinology & Metabolism* 21, no. 4 (2010): 206–13.

Drake, Emma F. A. *What a Young Wife Ought to Know.* Philadelphia: Vir, 1901.

"Dr. Winfield Scott Hall to Deliver Five Addresses." *Stanford Daily*, January 17, 1917, 1.

Duden, Barbara. *Disembodying Women: Perspectives on Pregnancy and the Unborn.* Cambridge, MA: Harvard University Press, 1993.

Duley, Lelia, and Diane Farrar. "Commentary: But Why Should Women Be Weighed Routinely during Pregnancy?" *International Journal of Epidemiology* 36, no. 6 (2007): 1283–84.

Duncan, William. "Have Maternal Impressions Any Effect on the Fetus in Utero?" *Lancet* 2, no. 4027 (1900): 1266.

Durst, Dennis L. "Evangelical Engagements with Eugenics, 1900–1940." *Ethics and Medicine* 18, no. 2 (2002): 45–53.

Eames, Blanche. *Principles of Eugenics: A Practical Treatise.* New York: Moffat, Yard, 1914.

Eclarinal, J. D., S. Zhu, M. S. Baker, D. B. Piyarathna, C. Coarfa, M. L. Fiorotto, and R. A. Waterland. "Maternal Exercise during Pregnancy Promotes Physical Activity in Adult Offspring." *FASEB Journal* 30, no. 7 (2016): 2541–48.

Economic and Social Research Council. "Biosocial Research." https://esrc.ukri.org/research/our-research/biosocial-research/.

Eisen, E. F. "Mating Design for Estimating Direct and Maternal Genetic Variances and Direct-Maternal Genetic Covariances." *Canadian Journal of Genetics and Cytology* 9 (1967): 13–22.

El-Sayed, A., C. Hadley, and S. Galea. "Birth Outcomes among Arab Americans in Michigan before and after the Terrorist Attacks of September 11, 2001." *Ethnicity & Disease* 18, no. 3 (2008): 348–56.

Engel, Stephanie Mulherin, Gertrud S. Berkowitz, Mary S. Wolff, and Rachel Yehuda. "Psychological Trauma Associated with the World Trade Center Attacks and Its Effect on Pregnancy Outcome." *Paediatric and Perinatal Epidemiology* 19, no. 5 (2005): 334–41.

Epstein, Barbara Leslie. *The Politics of Domesticity: Women, Evangelism, and Temperance in Nineteenth-Century America.* Middletown, CT: Wesleyan University Press, 1981.

Eskenazi, Brenda, Amy R. Marks, Ralph Catalano, Tim Bruckner, and Paolo G. Toniolo. "Low Birthweight in New York City and Upstate New York following the Events of September 11th." *Human Reproduction* 22, no. 11 (2007): 3013–20.

Evans, F. A. "Maternal Impressions." *JAMA* 40 (1903): 1519.

Falconer, D. S. "Maternal Effects and Selection Response." In *Genetics Today, Proceedings of the XI International Congress on Genetics*, edited by S. J. Geerts, 763–74. Oxford: Pergamon, 1965.

Farrar, D., L. Fairley, G. Santorelli, D. Tuffnell, T. A. Sheldon, J. Wright, L. van Overveld, and D. A. Lawlor. "Association between Hyperglycaemia and Adverse Perinatal Outcomes in South Asian and White British Women: Analysis of Data from the Born in Bradford Cohort." *Lancet Diabetes & Endocrinology* 3, no. 10 (2015): 795–804.

Fekete, E. "Differences in the Effect of Uterine Environment upon Development in the DBA and C57 Black Strains of Mice." *Anatomical Record* 98, no. 3 (1947): 409–15.

Fekete, E. and C. C. Little. "Observations on the Mammary Tumor Incidence of Mice Born from Transferred Ova." *Cancer Research* 2, no. 8 (1942): 525–30.

Fissell, Mary E. "Hairy Women and Naked Truths: Gender and the Politics of Knowledge in 'Aristotle's Masterpiece.'" *William and Mary Quarterly* 60, no. 1 (2003): 43–74.

Flanagan, J. M. "Epigenome–Wide Association Studies (EWAS): Past, Present, and Future." *Methods in Molecular Biology* 1238 (2015): 51–63.

Flynn, James R. "Massive IQ Gains in 14 Nations: What IQ Tests Really Measure." 101, no. 2 (1987): 171.

Flynn, James R. "Race and IQ: Jensen's Case Refuted." In *Arthur Jensen: Consensus and Controversy*, edited by Sohan Mogdil and Celia Mogdil, 221–32. New York: Falmer, 1987.

Flynn, James R. "Requiem for Nutrition as the Cause of IQ Gains: Raven's Gains in Britain 1938–2008." *Economics & Human Biology* 7, no. 1 (2009): 18–27.

Forel, August. *The Hygiene of Nerves and Mind in Health and Disease.* Translated by Herbert Austin Aikins. 2nd ed. New York: Putnam's Sons, 1907.

Foster, Kenneth R. "Miscarriage and Video Display Terminals: An Update." In *Phantom Risk: Scientific Inference and the Law*, edited by Kenneth R. Foster, David E. Bernstein and Peter W. Huber, 123–37. Boulder: NetLibrary, 1999.

"Founds School of Gospel and Scientific Eugenics, Mrs. Mary E. Teats Visiting with Friends in Berkeley." *San Francisco Call*, 1909.

Fowler, O. S. *Creative and Sexual Science*. Philadelphia: National Pub. Co, 1870.

Fox, Maggie. "A Million Babies Have Been Born in the U.S. with Fertility Help." NBC News, April 28, 2017.

Fox, N. S. "Dos and Don'ts in Pregnancy: Truths and Myths." *Obstetrics & Gynecology* 131, no. 4 (2018): 713–21.

Francis, Richard C. *Epigenetics: The Ultimate Mystery of Inheritance*. New York: W. W. Norton, 2011.

Frank, D. A., M. Augustyn, W. Knight, T. Pell, and B. Zuckerman. "Growth, Development, and Behavior in Early Childhood Following Prenatal Cocaine Exposure: A Systematic Review." *JAMA* 285, no. 12 (2001): 1613–25.

Fraser, A., C. Macdonald-Wallis, K. Tilling, A. Boyd, J. Golding, G. Davey Smith, J. Henderson, et al. "Cohort Profile: The Avon Longitudinal Study of Parents and Children: ALSPAC Mothers Cohort." *International Journal of Epidemiology* 42, no. 1 (2013): 97–110.

"Frederick Walker Mott." *Journal of Nervous and Mental Disease* 64, no. 5 (1926): 555–59.

Friedman, Jacob E. "Epigenetic Mechanisms for Obesity Risk." In *Examining a Developmental Approach to Childhood Obesity: The Fetal and Early Childhood Years: Workshop Summary*. Washington, DC: National Academies, 2015.

Gage, S. H., M. R. Munafo, and G. Davey Smith. "Causal Inference in Developmental Origins of Health and Disease (DOHaD) Research." *Annual Review of Psychology* 67 (2016): 567–85.

Gallagher, James. "Mother's Diet during Pregnancy Alters Baby's DNA." BBC News, April 18, 2011. https://www.bbc.com/news/health-13119545.

Galton, Francis. *Hereditary Genius: An Inquiry into Its Laws and Consequences*. London: Macmillan, 1869.

Galveston Daily News. "Missionary to China Slated for Lecture." 1914, 16.

Gasking, Elizabeth B. *Investigations into Generation, 1651-1828.* London: Hutchinson, 1967.

Gates, Elmer. "The Art of Rearing Children." *Practical Medicine* 8, no. 5 (1897): 241.

Gates, Elmer. *The Relations and Development of the Mind and Brain.* New York: Theosophical Society, 1909.

"Gave Profitable Lecture, Heredity and Prenatal Culture Dr. Riddell's Subject." *Iola Register*, December 7, 1917.

Geddes, Patrick, and John Arthur Thomson. *The Evolution of Sex.* London: Walter Scott, 1889.

Geronimus, Arline T. "Deep Integration: Letting the Epigenome Out of the Bottle without Losing Sight of the Structural Origins of Population Health." *American Journal of Public Health* 103 (2013): S56.

Gillman, Matthew W. "Developmental Origins of Health and Disease." *New England Journal of Medicine* 353, no. 17 (2005): 1848–50.

Gissis, Snait, and Eva Jablonka. *Transformations of Lamarckism: From Subtle Fluids to Molecular Biology.* Cambridge, MA: MIT Press, 2011.

Gluckman, Peter, and Mark Hanson. *The Fetal Matrix: Evolution, Development, and Disease.* New York: Cambridge University Press, 2005.

Gluckman, Peter, and C. Pinal. "Glucose Tolerance in Adults after Prenatal Exposure to Famine." *Lancet* 357, no. 9270 (2001): 1798.

Godfrey-Smith, Peter. "On the Theoretical Role of 'Genetic Coding.'" *Philosophy of Science* 67 (2000).

Golden, Janet. *Message in a Bottle: The Making of Fetal Alcohol Syndrome.* Cambridge, MA: Harvard University Press, 2005.

Goldenberg, Robert L., and Elizabeth M. McClure. "Maternal, Fetal and Neonatal Mortality: Lessons Learned from Historical Changes in High Income Countries and Their Potential Application to Low-Income Countries." *Maternal Health, Neonatology and Perinatology* 1, no. 1 (2015): 3.

Goldschmidt, Richard. "The Influence of the Cytoplasm upon Gene-Controlled Heredity." *American Naturalist* 68, no. 714 (1934): 5–23.

Goodwin, Michele. *Policing the Womb: Invisible Women and the Criminal Costs of Motherhood.* New York: Cambridge University Press, 2020.

Gould, Stephen Jay. *The Mismeasure of Man.* New York: Norton, 1981.

"Grab A Husband." *Washington Evening Journal*, October 24, 1907, 2.

Gradwohl, Nirit. *Granddaughters of the Holocaust: Never Forgetting What They Didn't Experience.* Brighton, MA: Academic Studies Press, 2012.

Graham, Loren R. *Lysenko's Ghost: Epigenetics and Russia.* Cambridge, MA: Harvard University Press, 2016.

Greally, John. "Human Disease Epigenomics 2.0." *PLOS Biologue* (2015). http://blogs.plos.org/biologue/2015/07/07/human-disease-epigenomics-2-0/.

Greally, John. "Thread: Why Are We Publishing Uninterpretable #epigenetic association studies in @sciencemagazine?" *Twitter*, January 31, 2018. https://twitter.com/EpgntxEinstein/status/958887480782077952.

Green, E. L., and W. L. Russell. "A Difference in Skeletal Type between Reciprocal Hybrids of Two Inbred Strains of Mice (C57 Blk and C3h)." *Genetics* 36, no. 6 (1951): 641–51.

Gribben, Alan. "Mark Twain, Phrenology and the 'Temperaments': A Study of Pseudoscientific Influence." *American Quarterly* 24, no. 1 (1972): 45–68.

Grossi, Élodie. "New Avenues in Epigenetic Research about Race: Online Activism around Reparations for Slavery in the United States." *Social Science Information* 59, no. 1 (2020): 93–116.

Gruenwald, P. "Fetal Growth as an Indicator of Socioeconomic Change." *Public Health Reports* 83, no. 10 (1968): 867–72.

Gruenwald, P. "Fetal Deprivation and Placental Insufficiency." *Obstetrics and Gynecology* 37, no. 6 (1971): 906–8.

"G. Stanley Hall." *Encyclopedia Britannica Online.* http://www.britannica.com/

biography/G-Stanley-Hall.

Gurdon, J. B. "Sinistral Snails and Gentlemen Scientists." *Cell* 123, no. 5 (2005): 751–53.

Guyer, Michael F. *Being Well-Born: An Introduction to Eugenics.* Indianapolis: The Bobbs–Merrill Company, 1916.

Guyer, Michael F., and E. A. Smith. "Transmission of Eye–Defects Induced in Rabbits by Means of Lens–Sensitized Fowl–Serum." *Proceedings of the National Academy of Sciences* 6, no. 3 (1920): 134–36.

Habicht, J. P., C. Yarbrough, A. Lechtig, and R. E, Klein. "Relation of Maternal Supplementary Feeding during Pregnancy to Birth Weight and Other Sociobiological Factors." In *Nutrition and Fetal Development*, edited by Myron Winick, 127–45. New York: Wiley–Interscience, 1974.

Hagemann, Rudolf. "The Foundation of Extranuclear Inheritance: Plastid and Mitochondrial Genetics." *Molecular Genetics and Genomics* 283, no. 3 (2010): 199–209.

Hale, Piers J. "Of Mice and Men: Evolution and the Socialist Utopia. William Morris, H. G. Wells, and George Bernard Shaw." *Journal of the History of Biology* 43, no. 1 (2010): 17–66.

Hall, Stephen S. "Small and Thin: The Controversy over the Fetal Origins of Adult Health." *New Yorker*, November 19, 2007, 52–57.

Hall, Winfield Scott. *Sex Training in the Home.* Chicago: W. E. Richardson, 1914.

Hall, Winfield Scott, and Jeannette Winter Hall. *Sexual Knowledge.* Philadelphia: International Bible House, 1913.

Halpern, Sydney A. *American Pediatrics: The Social Dynamics of Professionalism, 1880-1980.* Berkeley: University of California Press, 1988.

Hamilton, Jon. "How a Pregnant Woman's Choices Could Shape a Child's Health." National Public Radio, September 23, 2013. https://www.npr.org/sections/health-shots/2013/09/23/224387744/how-a-pregnant-womans-choices-could-shape-a-childs-health?t = 1551640431874.

Hammond, John. *Farm Animals: Their Breeding, Growth, and Inheritance.* 3rd ed. London: E. Arnold, 1960.

Hanson, Clare. *A Cultural History of Pregnancy: Pregnancy, Medicine, and Culture, 1750-2000.* New York: Palgrave Macmillan, 2004.

Hardy, A. "Rickets and the Rest: Child-Care, Diet and the Infectious Children's Diseases, 1850–1914." *Social History of Medicine* 5, no. 3 (1992): 389–412.

Harvey, William. *The Works of William Harvey.* Edited by Robert Willis. Philadelphia: University of Pennsylvania Press, 1989.

Harwood, Jonathan. *Styles of Scientific Thought: The German Genetics Community, 1900-1933.* Chicago: University of Chicago Press, 1993.

Hayden, Wendy. *Evolutionary Rhetoric: Sex, Science, and Free Love in Nineteenth-Century Feminism.* Carbondale: Southern Illinois University Press, 2013.

Hays, Sharon. *The Cultural Contradictions of Motherhood.* New Haven: Yale University Press, 1996.

Heape, Walter. "Further Note on the Transplantation and Growth of Mammalian Ova within a Uterine Foster-Mother." *Proceedings of the Royal Society of London* 62 (1897): 178–83.

Heape, Walter. "Preliminary Note on the Transplantation and Growth of Mammalian Ova within a Uterine Foster-Mother." *Proceedings of the Royal Society of London* 48 (1890): 457–58.

Heijmans, Bastiaan T., and J. Mill. "The Seven Plagues of Epigenetic Epidemiology." *International Journal of Epidemiology* 41, no. 1 (2012): 74–78.

Heijmans, Bastiaan T., Elmar W. Tobi, Aryeh D. Stein, Hein Putter, Gerard J. Blauw, Ezra S. Susser, P. Eline Slagboom, and L. H. Lumey. "Persistent Epigenetic Differences Associated with Prenatal Exposure to Famine in Humans." *Proceedings of the National Academy of Sciences* 105, no. 44 (2008): 17046–49.

Hendrickx, K., and I. Van Hoyweghen. "Solidarity after Nature: From Biopolitics to Cosmopolitics." *Health* 24, no. 2 (2020): 203–19.

Hertwig, Oscar. "Beiträge zur Kenntnis der Bildung, Befruchtung und Theilung des thieri-schen Eies." *Morphologisches Jahrbuch* 1 (1876): 347–434.

Hertwig, Oscar. "The Growth of Biology in the Nineteenth Century." In *Address before Congress of Scientists*, 461–78. Aachen: Smithsonian, 1901.

Hilts, Victor L. "Obeying the Laws of Hereditary Descent: Phrenological Views on Inheritance and Eugenics." *Journal of the History of the Behavioral Sciences* 18, no. 1 (1982): 62–77.

Hobcraft, John. "ABCDE of Biosocial Science." *Society Now: ESRC Research Making an Impact*, no. 24 (Spring 2016): 18–19.

Holbrook, M. L. *Homoculture; or, the Improvement of Offspring through Wiser Generation.* New York: M. L. Holbrook, 1899.

Holt, Sarah, and Nigel Paterson. "The Ghost in Your Genes." *NOVA*. Boston: WGBH, 2008.

Horton, C. P., and E. P. Crump. "Skin Color in Negro Infants and Parents— Its Relationship to Birth Weight, Reflex Maturity, Socioeconomic Status, Length of Gestation, and Parity." *Journal of Pediatrics* 52, no. 5 (1958): 547–58.

Horton, Richard. "COVID-19 Is Not a Pandemic." *Lancet* 396, no. 10255 (2020): 874.

Houseman, Eugene Andres, William P. Accomando, Devin C. Koestler, Brock C. Christensen, Carmen J. Marsit, Heather H. Nelson, John K. Wiencke, and Karl T. Kelsey. "DNA Methylation Arrays as Surrogate Measures of Cell Mixture Distribution." *BMC Bioinformatics* 13, no. 1 (2012): 86.

Hubbard, S. Dana. *Facts about Motherhood.* New York: Claremont, 1922.

Huet, Marie. *Monstrous Imagination.* Cambridge, MA: Harvard University Press, 1993.

Hurley, Dan. "Grandma's Experiences Leave a Mark on Your Genes." *Discover*, 2013.

Huxley, Aldous. *Brave New World: A Novel.* London: Chatto & Windus, 1932.

Independent. "Diet of Moms-to-Be Can Up Cancer Risk in Two Generations." April 22, 2010.

Institute of Medicine and National Research Council. *Examining a Developmental Approach to Childhood Obesity: The Fetal and Early Childhood Years: Workshop in Brief.* Edited by Leslie A. Pray. Washington, DC: National Academies Press, 2015. doi:10.17226/21716.

"International Association of Diabetes and Pregnancy Study Groups Recommendations on the Diagnosis and Classification of Hyperglycemia in Pregnancy." *Diabetes Care* 33, no. 3 (2010): 676–82.

"In-Vitro Fertilization Market Size, Share & Trends Analysis Report by Instrument (Dispos-able Devices, Culture Media, Capital Equipment), by Procedure Type, by End Use, by Region, and Segment Forecasts, 2020–2027." Grand View Research, 2020. https://www.grandviewresearch.com/industry-analysis/in-vitro-fertilization-market.

Jablonka, Eva, and Marion J. Lamb. *Evolution in Four Dimensions: Genetic, Epigenetic, Behavioral, and Symbolic Variation in the History of Life.* Cambridge, MA: MIT Press, 2005.

Jackson, R. B., and C. C. Little. "The Existence of Nonchromosomal Influence in the Incidence of Mammary Tumors in Mice." *Science* 78, no. 2029 (1933): 465–66.

Jensen, Arthur R. "How Much Can We Boost IQ and Scholastic Achievement?" *Harvard Education Review* 39 (1969): 1–123.

Jessup, Jr., R. B. "Monstrosities and Maternal Impressions." *JAMA* 11 (1888): 519–20.

Johnson, Roswell. "The Direct Action of the Environment." *American Breeders Association Proceedings*, no. 5 (1909): 228.

Jones, Kenneth L., and David W. Smith. "Recognition of the Fetal Alcohol Syndrome in Early Infancy." *Lancet* 2 (1973): 999–1001.

Jordan, David Starr. *The Blood of the Nation: A Study of the Decay of Races through Survival of the Unfit.* Boston: American Unitarian Association, 1902.

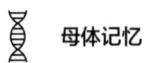 母体记忆

Jordan, David Starr. "Prenatal Influences." *Journal of Heredity* 5, no. 1 (1914): 38–39.

Joynt, R. J. "Phrenology in New York State." *New York State Journal of Medicine* 73, no. 19 (1973): 2382.

Kant, Immanuel. "Determination of the Concept of a Human Race (Bestimmung des Begriffseiner Menschenrace)." In *Kant and the Concept of Race: Late Eighteenth-Century Writings*, edited by Jon M. Mikkelsen, 125–39. Albany: State University of New York Press, [1785] 2013.

Karim, Malika. "University Study Says Stress Experienced while Pregnant Has Lasting Health Impacts for Children." *Global News*, September 13, 2018.

Kay, Lily E. *Who Wrote the Book of Life? A History of the Genetic Code.* Stanford, CA: Stanford University Press, 2000.

Keller, Evelyn Fox. *The Century of the Gene.* Cambridge, MA: Harvard University Press, 2000.

Keller, Evelyn Fox. *The Mirage of a Space between Nature and Nurture.* Durham, NC: Duke University Press, 2010.

Kellermann, N. P. "Epigenetic Transmission of Holocaust Trauma: Can Nightmares Be Inherited?" *Israel Journal of Psychiatry and Related Sciences* 50, no. 1 (2013): 33–39.

Kempthorne, Oscar. "The Correlations between Relatives in Random Mating Populations." *Cold Spring Harbor Symposia on Quantitative Biology* 20 (1955): 60–78.

Kenney, Martha, and Ruth Müller. "Of Rats and Women: Narratives of Motherhood in Environmental Epigenetics." *BioSocieties* 12, no. 1 (2017): 23–46.

Kessler, A., and R. B. Scott. "Growth and Development of Negro Infants, II: Relation of Birth Weight, Body Length and Epiphysial Maturation to Economic Status." *AMA American Journal of Diseases of Children* 80, no. 3 (1950): 370–78.

"Key Findings: Study Finds Epigenetic Changes in Children of Holocaust Survivors." *Research Currents: Research News from the US Department of*

Veterans Affairs. October 20, 2016. https://www.research.va.gov/currents/1016-3.cfm.

Kiefer, Amy. "Expecting Science: Evidence-Based Info for the Thinking Parent." https://expectingscience.com/.

Kirby, Georgiana Bruce. *Transmission; or, Variation of Character through the Mother.* New York: Fowler and Wells, 1882.

Klengel, T., D. Mehta, C. Anacker, M. Rex-Haffner, J. C. Pruessner, C. M. Pariante, T. W. Pace, et al. "Allele-Specific FKBP5 DNA Demethylation Mediates Gene-Childhood Trauma Interactions." *Nature Neuroscience* 16, no. 1 (2013): 33–41.

Kline, Jennie, Zena Stein, and Mervyn Susser. *Conception to Birth: Epidemiology of Prenatal Development.* New York: Oxford, 1989.

Kooijman, Marjolein N., Claudia J. Kruithof, Cornelia M. van Duijn, Liesbeth Duijts, Oscar H. Franco, Marinus H. van IJzendoorn, Johan C. de Jongste, et al. "The Generation R Study: Design and Cohort Update 2017." *European Journal of Epidemiology* 31, no. 12 (2016): 1243–64.

Koren, Gideon, Heather Shear, Karen Graham, and Tom Einarson. "Bias against the Null Hypothesis: The Reproductive Hazards of Cocaine." *Lancet* 334, no. 8677 (1989): 1440–42.

Korenman, Sanders, Jane E. Miller, and John E. Sjaastad. "Long-Term Poverty and Child Development in the United States: Results from the NLSY." *Children and Youth Services Review* 17, no. 1 (1995): 127–55.

Kowal, Emma. "The Promise of Indigenous Epigenetics." *Discover Society*, October 4, 2016. https://discoversociety.org/2016/10/04/the-promise-of-indigenous-epigenetics/.

Kramer, M. S., and K. S. Joseph. "Enigma of Fetal/Infant-Origins Hypothesis." *Lancet* 348, no. 9037 (1996): 1254–55.

Kretchmer, Norman. "Ecology of the Newborn Infant." In *The Infant at Risk: Early Detection and Preventive Intervention*, edited by Daniel Bergsma. New York: Intercontinental Medical Book Corp, 1974.

Krieger, Nancy. "Embodiment: A Conceptual Glossary for Epidemiology." *Journal of Epide-miology and Community Health* 59, no. 5 (2005): 350–55.

Kristoff, Nicholas D. "At Risk from the Womb." *New York Times*, October 2, 2010.

Kuechenhoff, Bernhard. "The Psychiatrist Auguste Forel and His Attitude to Eugenics." *History of Psychiatry* 19, no. 2 (2008): 215–23.

Kuh, Diana, and Yoav Ben–Shlomo. "Should We Intervene to Improve Fetal and Infant Growth?" In *A Life Course Approach to Chronic Disease Epidemiology*. Oxford: Oxford University Press, 2004.

Kukla, Quill Rebecca. *Mass Hysteria: Medicine, Culture, and Mothers' Bodies*. Lanham, MD: Rowman & Littlefield, 2005.

Kuzawa, C. *Workshop on the Maternal Environment: Chris Kuzawa on the Plasticity of Fetal Life*. Chicago: Human Capital and Economic Opportunity Global Working Group, 2016.

Kuzawa, C. "Fetal Origins of Developmental Plasticity: Are Fetal Cues Reliable Predictors of Future Nutritional Environments?" *American Journal of Human Biology* 17, no. 1 (2005): 5–21.

Kuzawa, C. "Why Evolution Needs Development, and Medicine Needs Evolution." *International Journal of Epidemiology* 41, no. 1 (2012): 223–29.

Kuzawa, C., P. D. Gluckman, and M. A. Hanson. "Developmental Perspectives on the Origins of Obesity." In *Adipose Tissue and Adipokines in Health and Disease*, edited by E. Fantuzzi and T. Mazzone. Totowa, NJ: Humana Press, 2016.

Kuzawa, C., and Elizabeth Sweet. "Epigenetics and the Embodiment of Race: Developmental Origins of US Racial Disparities in Cardiovascular Health." *American Journal of Human Biology* 21, no. 1 (2009): 2–15.

Ladd–Taylor, Molly. *Mother-Work: Women, Child Welfare, and the State, 1890-1930*. Urbana: University of Illinois Press, 1994.

Ladd–Taylor, Molly. "Eugenics, Sterilisation and Modern Marriage in the USA: The Strange Career of Paul Popenoe." *Gender & History* 13, no. 2 (2001): 298–327.

Lamarck, Jean–Baptiste. *Zoological Philosophy: An Exposition with Regard to the Natural History of Animals*. Chicago: University of Chicago Press, 1984.

Lamoreaux, Janelle. "What If the Environment Is a Person? Lineages of Epigenetic Science in a Toxic China." *Cultural Anthropology* 31, no. 2 (2016): 188–214.

Lampl, Michelle. "Obituary for Professor David Barker." *Annals of Human Biology* 41, no. 2 (2014): 187–90.

Landecker, Hannah. "Food as Exposure: Nutritional Epigenetics and the New Metabolism." *BioSocieties* 6, no. 2 (2011): 167–94.

Landecker, Hannah, and Aaron Panofsky. "From Social Structure to Gene Regulation, and Back: A Critical Introduction to Environmental Epigenetics for Sociology." *Annual Review of Sociology* 39, no. 1 (2013): 333–57.

Landrigan, Philip J., Joel Forman, Maida Galvez, Brooke Newman, Stephanie M. Engel, and Claude Chemtob. "Impact of September 11 World Trade Center Disaster on Children and Pregnant Women." *Mount Sinai Journal of Medicine: A Journal of Translational and Personalized Medicine* 75, no. 2 (2008): 129–34.

Langley, K., J. Heron, G. D. Smith, and A. Thapar. "Maternal and Paternal Smoking during Pregnancy and Risk of ADHD Symptoms in Offspring: Testing for Intrauterine Effects." *American Journal of Epidemiology* 176, no. 3 (2012): 261–68.

Langley, K., F. Rice, M. B. van den Bree, and A. Thapar. "Maternal Smoking during Pregnancy as an Environmental Risk Factor for Attention Deficit Hyperactivity Disorder Behaviour: A Review." *Minerva Pediatrica* 57, no. 6 (2005): 359–71.

Langley-Evans, Simon, A. Swali, and Sarah McMullen. "Lessons from Animal Models: Mechanisms of Nutritional Programming." In *Early Life Nutrition, Adult Health and Development: Lessons from Changing Diets, Famines and Experimental Studies*, edited by L. H. Lumey and Alexander Vaiserman, 253–80. New York: Nova Biomedical, 2013.

Lappé, Martine. "The Paradox of Care in Behavioral Epigenetics: Constructing Early-Life Adversity in the Lab." *BioSocieties* 13, no. 4 (2018): 698–714.

Larregue, Julien, and Oliver Rollins. "Biosocial Criminology and the Mismeasure of Race." *Ethnic and Racial Studies* 42, no. 12 (2019): 1990–2007.

Lassi, Zohra S., Philippa F. Middleton, Caroline Crowther, and Zulfifi qar A. Bhutta.

"Interventions to Improve Neonatal Health and Later Survival: An Overview of Systematic Reviews." *EBioMedicine* 2, no. 8 (2015): 985–1000.

Laubichler, Manfred D. "Hertwig, Wilhelm August Oscar." In *Encyclopedia of Life Sciences*, 617–18, 2005.

Laubichler, Manfred D., and Eric H. Davidson. "Boveri's Long Experiment: Sea Urchin Merogones and the Establishment of the Role of Nuclear Chromosomes in Development." *Developmental Biology* 314, no. 1 (2008): 1–11.

Lauderdale, Diane S. "Birth Outcomes for Arabic-Named Women in California before and after September 11." *Demography* 43, no. 1 (2006): 185–201.

Lawlor, D. A. "The Society for Social Medicine John Pemberton Lecture 2011. Developmental Overnutrition: An Old Hypothesis with New Importance?" *International Journal of Epidemiology* 42, no. 1 (2013): 7–29.

Lawlor, D. A., G. D. Batty, S. M. Morton, I. J. Deary, S. Macintyre, G. Ronalds, and D. A. Leon. "Early Life Predictors of Childhood Intelligence: Evidence from the Aberdeen Children of the 1950s Study." *Journal of Epidemiology and Community Health* 59, no. 8 (2005): 656–63.

Lawlor, D. A., C. Relton, N. Sattar, and S. M. Nelson. "Maternal Adiposity: A Determinant of Perinatal and Offspring Outcomes?" *Nature Reviews Endocrinology* 8, no. 11 (2012): 679–88.

Lawlor, D. A., N. J. Timpson, R. M. Harbord, S. Leary, A. Ness, M. I. McCarthy, T. M. Frayling, A. T. Hattersley, and G. D. Smith. "Exploring the Developmental Overnutrition Hypothesis Using Parental-Offspring Associations and FTO as an Instrumental Variable." *PLOS Med* 5, no. 3 (2008): e33.

Lee, David. "Forel, Auguste-Henri." In *Encyclopedia of the History of Psychological Theories*, 446–47, 2012.

Lee, T. M., and I. Zucker. "Vole Infant Development Is Influenced Perinatally by Maternal Photoperiodic History." *American Journal of Physiology—Regulatory, Integrative and Comparative Physiology* 255, no. 5 (1988): R831–38.

Leeuwenhoeck, Anthony. "An Abstract of a Letter from Mr. Anthony Leeuwenhoeck of Delft about Generation by an Animalcule of the Male Seed. Animals in the Seed of a Frog. Some Other Observables in the Parts of a Frog. Digestion, and the Motion of the Blood in a Feavor." *Philosophical Transactions* 13, no. 143–154 (1683): 347–55.

Lei, Man-Kit, Steven R. H. Beach, Ronald L. Simons, and Robert A. Philibert. "Neighborhood Crime and Depressive Symptoms among African American Women: Genetic Modera-tion and Epigenetic Mediation of Effects." *Social Science & Medicine* 146 (2015): 120–28.

Lev, Katy Rank. "Why You Should Worry about Grandma's Eating Habits." *Mother Nature News*, 2014. http://www.mnn.com/health/fitness-well-being/stories/why-you-should-worry-about-grandmas-eating-habits.

Lewis, Sophie. *Full Surrogacy Now: Feminism against Family.* London: Verso, 2019.

Lewontin, Richard C. *The Triple Helix: Gene, Organism, and Environment.* Cambridge, MA: Harvard University Press, 2000.

Library of Congress, Copyright Office, Catalogues of Copyright Entries. New Series. Vol. 9. Washington, DC: Government Printing Office, 1913.

Lieberman, Adam. "Video Display Terminals, 1989." In *Facts versus Fears: A Review of the Greatest Unfounded Health Scares of Recent Times*, 40–42. New York: American Council on Science and Health, 2004.

Little, R. E. "Mother's and Father's Birthweight as Predictors of Infant Birthweight." *Paediatric and Perinatal Epidemiology* 1, no. 1 (1987): 19–31.

Lloyd, Stéphanie, and Eugene Raikhel. "'It Was There All Along': Situated Uncertainty and the Politics of Publication in Environmental Epigenetics." *BioSocieties* 13, no. 4 (2018): 737–60.

Loeb, Jacques. *The Organism as a Whole, from a Physicochemical Viewpoint.* New York: Putnam's Sons, 1916.

Lombrozo, Tania. "Causal-Explanatory Pluralism: How Intentions, Functions, and Mechanisms Influence Causal Ascriptions." *Cognitive Psychology* 61, no. 4 (2010): 303–32.

Lombrozo, Tania. "Using Science to Blame Mothers." *NPR Cosmos & Culture:*

Commentary on Science and Society, August 25, 2014. https://www.npr.org/sections/13.7/2014/08/25/343121679/using-science-to-blame-mothers-check-your-values.

Longino, Helen E. *Studying Human Behavior: How Scientists Investigate Aggression and Sexuality*. Chicago: University of Chicago Press, 2013.

Los Angeles Herald. "Prevention Is Their Object, Mrs. Mary E. Teats Talks of Purity Work, National Lecturer Holds First Series of Meetings." November 19, 1901, 11.

Loudon, Irvine. *Death in Childbirth: An International Study of Maternal Care and Maternal Mortality, 1800-1950*. Oxford: Oxford University Press, 1992.

Lowe, C. R. "Effect of Mothers' Smoking Habits on Birth Weight of Their Children." *BMJ* 2, no. 5153 (1959): 673–76.

Lu, Michael, and Jessica Chow. "An Interview with David Barker." ca. 2014. http://www.lcrn.net/an-interview-with-david-barker/.

Lucas, A. "Programming by Early Nutrition in Man." *Ciba Foundation Symposium* 156 (1991): 38–50.

Lucas, A. "Role of Nutritional Programming in Determining Adult Morbidity." *Archives of Disease in Childhood* 71, no. 4 (1994): 288–90.

Lumey, L. H., A. D. Stein, H. S. Kahn, K. M. van der Pal–de Bruin, G. J. Blauw, P. A. Zybert, and E. S. Susser. "Cohort Profile: The Dutch Hunger Winter Families Study." *International Journal of Epidemiology* 36, no. 6 (2007): 1196–204.

Lumey, L. H., Aryeh D. Stein, and Ezra Susser. "Prenatal Famine and Adult Health." *Annual Review of Public Health* 32, no. 1 (2011): 237–62.

Lumey, L. H., and Alexander Vaiserman, eds. *Early Life Nutrition, Adult Health and Development: Lessons from Changing Dietary Patterns, Famines and Experimental Studies*. New York: Nova Biomedical, 2013.

Lumley, J., and L. Donohue. "Aiming to Increase Birth Weight: A Randomised Trial of Prepregnancy Information, Advice and Counselling in Inner-Urban Melbourne." *BMC Public Health* 6, no. 1 (2006): 299.

Maccauley, T. B. "The Supposed Inferiority of First and Second Born Members of Families: Statistical Fallacies." *Journal of Heredity* 2, no. 3 (1911): 165–75.

Macdorman, Marian F. "Race and Ethnic Disparities in Fetal Mortality, Preterm Birth, and Infant Mortality in the United States: An Overview." *Seminars in Perinatology* 35, no. 4 (2011): 200–208.

Macfadden, Bernarr. *Manhood and Marriage.* New York: Physical Culture Publishing, 1916.

Machamer, Peter, Lindley Darden, and Carl F. Craver. "Thinking about Mechanisms." *Philosophy of Science* 67, no. 1 (2000): 1–25.

MacMahon, Brian, Marc Alpert, and Eva J. Salber. "Infant Weight and Parental Smoking Habits." *American Journal of Epidemiology* 82, no. 3 (1965): 247–61.

Malabou, Catherine. "One Life Only: Biological Resistance, Political Resistance." *Critical Inquiry*, 2015. http://criticalinquiry.uchicago.edu/one_life_only/.

Mamluk, L., H. B. Edwards, J. Savovic, V. Leach, T. Jones, T. H. M. Moore, S. Ijaz, et al. "Low Alcohol Consumption and Pregnancy and Childhood Outcomes: Time to Change Guidelines Indicating Apparently 'Safe' Levels of Alcohol during Pregnancy? A Systematic Review and Meta-Analyses." *BMJ Open* 7, no. 7 (2017): e015410.

Markens, Susan, C. H. Browner, and Nancy Press. "Feeding the Fetus: On Interrogating the Notion of Maternal-Fetal Conflict." *Feminist Studies* 23, no. 2 (1997): 351–72.

Marshall, C. F. *Syphilology and Venereal Disease.* 3rd ed. New York: W. Wood, 1914.

Martin, Emily. "The Egg and the Sperm: How Science Has Constructed a Romance Based on Stereotypical Male-Female Roles." *Signs* 16, no. 3 (1991): 485–501.

Martin, Nina, and Nina Montagne. "The Last Person You'd Expect to Die in Childbirth." ProPublica, 2017. https://www.propublica.org/article/die-in-childbirth-maternal-death-rate-health-care-system-1.

"Maternal Impressions— Belief in Their Existence Is Due to Unscientific Method of Thought— No Evidence Whatever That Justifies Faith in Them— How the Superstition Originated." *Journal of Heredity* 6 (1915): 512–18.

Maupas, Emile. "Le rajeunissement karyogamique chez les Cilies." *Archives de zoologie expérimentale et générale, 2 ser.* 7, nos. 1, 2, 3 (1889).

McBride, W. G. "Thalidomide and Congenital Abnormalities." *Lancet* 278 (1961): 1358.

McGanity, W. J., E. B. Bridgforth, M. P. Martin, J. A. Newbill, and W. J. Darby. "The Vanderbilt Cooperative Study of Maternal and Infant Nutrition, VIII: Some Nutritional Implications." *Journal of the American Dietetic Association* 31, no. 6 (1955): 582.

McGill, Ann L. "Context Effects in Judgments of Causation." *Journal of Personality and Social Psychology* 57, no. 2 (1989): 189–200.

McLaren, Angus. "Medium and Message." *Journal of Modern History* 46, no. 1 (1974): 86–97.

McLaren, Anne, and Donald Michie. "An Effect of the Uterine Environment upon Skeletal Morphology in the Mouse." *Nature*, no. 4616 (1958): 1147–48.

McLaren, Anne, and Donald Michie. "Factors Affecting Vertebral Variation in Mice, 4: Experimental Proof of the Uterine Basis of a Maternal Effect." *Journal of Embryology and Experimental Morphology* 6, no. 4 (1958): 645–59.

McPhail, Deborah, Andrea Bombak, Pamela Ward, and Jill Allison. "Wombs at Risk, Wombs as Risk: Fat Women's Experiences of Reproductive Care." *Fat Studies* 5, no. 2 (2016): 98–115.

Melendy, Mary Ries. *Perfect Womanhood for Maidens, Wives, Mothers.* Chicago: Monarch, 1903.

Melendy, Mary Ries. *The Science of Eugenics and Sex Life: Sex-Life, Love, Marriage, Maternity.* Harrisburg, PA: Minter, 1914.

Melendy, Mary Ries. *Vivilore: The Pathway to Mental and Physical Perfection.* Chicago: W. R. Vansant, 1904.

Meloni, Maurizio. *Political Biology: Science and Social Values in Human*

Heredity from Eugenics to Epigenetics. New York: Palgrave Macmillan, 2016. doi:40025877678.

Meloni, Maurizio. "A Postgenomic Body: Histories, Genealogy, Politics." *Body & Society* 24, no. 3 (2018): 3–38.

Meyer, Mary B., and George W. Comstock. "Maternal Cigarette Smoking and Perinatal Mortality." *American Journal of Epidemiology* 96, no. 1 (1972): 1–10.

Michelson, Nicholas. "Studies in the Physical Development of Negroes, II: Weight." *American Journal of Physical Anthropology* 1, no. 3 (1943): 289–300.

Mill, J., and B. T. Heijmans. "From Promises to Practical Strategies in Epigenetic Epidemiology." *Nature Reviews Genetics* 14, no. 8 (2013): 585–94.

Milner, Kate M., Trevor Duke, and Ingrid Bucens. "Reducing Newborn Mortality in the Asia–Pacific Region: Quality Hospital Services and Community-Based Care." *Journal of Paediatrics and Child Health* 49, no. 7 (2013): 511–18.

Montagu, Ashley. *The Biosocial Nature of Man.* New York: Grove Press, 1956.

Montagu, Ashley. *Life before Birth.* New York: New American Library, 1964.

Montagu, Ashley. *Prenatal Influences.* Springfield, IL: C. C. Thomas, 1962.

Morgan, Hugh D., Heidi G. E. Sutherland, David I. K. Martin, and Emma Whitelaw. "Epigenetic Inheritance at the Agouti Locus in the Mouse." *Nature Genetics* 23, no. 3 (1999): 314.

Morgan, Thomas Hunt. *The Physical Basis of Heredity.* Philadelphia: J. B. Lippincott, 1919.

Morrow, Prince A. *Social Diseases and Marriage, Social Prophylaxis.* New York: Lea Brothers, 1904.

Morton, J. S. "Riddell, Newton N." In *Illustrated History of Nebraska: A History of Nebraska from the Earliest Explorations of the Trans-Mississippi Region*, edited by Albert Watkins, 559. Lincoln: Western Publishing and Engraving Company, 1913.

Morton, Newton E. "The Inheritance of Human Birth Weight." *Annals of Human*

Genetics 20, no. 2 (1955): 125–34.

Mosher, Martha B. *Child Culture in the Home: A Book for Mothers.* New York: F. H. Revell Company, 1898.

Mosley, Michael. "Feeling Stressed? Then Blame Your Mother." *London Times,* September 28, 2015.

Mott, F. W. *Nature and Nurture in Mental Development.* London: J. Murray, 1914.

Moynihan, Daniel P. *The Negro Family: The Case for National Action.* Washington, DC: United States Department of Labor, 1965.

M.R & Anor, An tArd Chlaraitheoir & Ors, [2013] IEHC 91 Abbott J. (judgment, High Court of Ireland).

Müller, R. "A Task That Remains before Us: Reconsidering Inheritance as a Biosocial Phenomenon." *Seminars in Cell and Developmental Biology* 97 (2020): 189–94.

Müller, Ruth, and Georgia Samaras. "Epigenetics and Aging Research: Between Adult Mal-leability and Early Life Programming." *BioSocieties* 13, no. 4 (2018): 715–36.

Murphy, Michelle. "Distributed Reproduction, Chemical Violence, and Latency." *Scholar & Feminist Online* 11, no. 3 (2013). http://sfonline.barnard.edu/life-un-ltd-feminism-bioscience-race/distributed-reproduction-chemical-violence-and-latency/.

Murphy, Michelle. *The Economization of Life.* Durham: Duke University Press, 2017.

Murphy, T. M., and J. Mill. "Epigenetics in Health and Disease: Heralding the EWAS Era." *Lancet* 383, no. 9933 (2014): 1952–54.

Naeye, R. L., M. M. Diener, and W. S. Dellinger. "Urban Poverty: Effects on Prenatal Nutrition." *Science* 166, no. 3908 (1969): 1026.

Newnham, J. P., and M. G. Ross. *Early Life Origins of Human Health and Disease.* Basel: Karger, 2009.

"News and Notes." *Texas School Journal* 24, no. 9 (1907): 30.

Newton, A. E. *Prenatal Culture: Being Suggestions to Parents Relative to Systemic Methods of Moulding the Tendencies of Offspring before Birth*. Washington, DC: Moral Education Society, 1879.

New York Times. "A Woman's Rights: Parts 1–7." December 28, 2018.

Niewöhner, Jörg. "Epigenetics: Embedded Bodies and the Molecularisation of Biography and Milieu." *BioSocieties* 6, no. 3 (2011): 279–98.

Oken, E., A. A. Baccarelli, D. R. Gold, K. P. Kleinman, A. A. Litonjua, D. De Meo, J. W. Rich-Edwards, et al. "Cohort Profile: Project Viva." *International Journal of Epidemiology* 44, no. 1 (2015): 37–48.

Olby, Robert C. "Constitutional and Hereditary Disorders." In *Companion Encyclopedia of the History of Medicine*, edited by W. F. Bynum and Roy Porter. New York: Routledge, 1993.

Oregon Humanities. "Epigenetics and Equity: Zip Code May Be More Important than Genetic Code When It Comes to Determining a Person's Health." Edited by Dan Sadowsky. 2014. https://www.oregonhumanities.org/rll/beyond-the-margins/epigenetics-and-equity/.

Osiro, S., J. Gielecki, P. Matusz, M. M. Shoja, R. S. Tubbs, and M. Loukas. "August Forel (1848–1931): A Look at His Life and Work." *Child's Nervous System* 28, no. 1 (2012): 1–5.

Osofsky, Howard. "Poverty, Pregnancy Outcome, and Child Development." In *The Infant at Risk: Early Detection and Preventive Intervention*, edited by Daniel Bergsma. New York: Intercontinental Medical Book Corp, 1974.

Oster, Emily. *Expecting Better: Why the Conventional Wisdom Is Wrong— and What You Really Need to Know*. New York: Penguin Press, 2013.

Ounsted, Margaret, and Christopher Ounsted. "Maternal Regulation of Intrauterine Growth." *Nature* 212, no. 5066 (1966): 995–97.

Ounsted, Margaret, and Christopher Ounsted. *On Fetal Growth Rate: Its Variations and Their Consequences*. Clinics in Developmental Medicine. Vol. 46.

London: Heinemann Medical; J. B. Lippincott for Spastics International Medical Publications, 1973.

Overy, C., L. A. Reynolds, and E. M. Tansey, eds. *History of the Avon Longitudinal Study of Parents and Children (ALSPAC), c.1980-2000.* Vol. 44. Wellcome Witnesses to Twentieth Century Medicine. London: Queen Mary, University of London, 2012.

"An Overstretched Hypothesis?" *Lancet* 357, no. 9254 (2001): 405.

Owen, Richard. *On Parthenogenesis.* London: J. Van Voorst, 1849.

Oyama, Susan. *The Ontogeny of Information: Developmental Systems and Evolution.* Cambridge: Cambridge University Press, 1985.

Pacchierotti, F., and M. Spano. "Environmental Impact on DNA Methylation in the Germline: State of the Art and Gaps of Knowledge." *BioMed Research International* 2015 (2015): 123484.

Palloni, A., and J. D. Morenoff. "Interpreting the Paradoxical in the Hispanic Paradox: Demo-graphic and Epidemiologic Approaches." *Annals of the New York Academy of Science* 954 (2001): 140–74.

Paltrow, Lynn. "Criminal Prosecutions against Pregnant Women." In *Reproductive Freedom Project.* New York: American Civil Liberties Union Foundation, 1992.

Paltrow, L. M., and J. Flavin. "Arrests of and Forced Interventions on Pregnant Women in the United States, 1973–2005: Implications for Women's Legal Status and Public Health." *Journal of Health Politics, Policy, and Law* 38, no. 2 (2013): 299–343.

Pandora, Katherine. "Knowledge Held in Common: Tales of Luther Burbank and Science in the American Vernacular." *Isis* 92, no. 3 (2001): 484.

Paneth, N., and M. Susser. "Early Origin of Coronary Heart Disease (the 'Barker Hypoth-esis')." *BMJ* 310, no. 6977 (1995): 411–12.

Panofsky, Aaron. *Misbehaving Science: Controversy and the Development of Behavior Genetics.* Chicago: University of Chicago Press, 2014.

Paré, Ambroise, and Janis L. Pallister. *On Monsters and Marvels.* Chicago:

University of Chicago Press, 1982.

Park, Katharine. *Secrets of Women: Gender, Generation, and the Origins of Human Dissection.* New York: Zone Books, 2006.

Parker, George. "Mothers at Large: Responsibilizing the Pregnant Self for the 'Obesity Epidemic.'" *Fat Studies* 3, no. 2 (2014): 101–18.

Parker, George. "Shamed into Health? Fat Pregnant Women's Views on Obesity Management Strategies in Maternity Care." *Women's Studies Journal* 31, no. 1 (2017): 22–33.

Parker, George, and Cat Pausé. "'I'm Just a Woman Having a Baby': Negotiating and Resisting the Problematization of Pregnancy Fatness." *Frontiers in Sociology* 3 (2018).

Paul, Annie Murphy. *Origins: How the Nine Months before Birth Shape the Rest of Our Lives.* New York: Free Press, 2010.

Paul, Diane B. *Controlling Human Heredity, 1865 to the Present.* Atlantic Highlands, NJ: Humanities Press, 1995.

Payne, Jenny Gunnarsson. "Grammars of Kinship: Biological Motherhood and Assisted Reproduction in the Age of Epigenetics." *Signs: Journal of Women in Culture and Society* 41, no. 3 (2016): 483–506.

Peitzman, Steven J. "Forgotten Reformers: The American Academy of Medicine." *Bulletin of the History of Medicine* 58, no. 4 (1984): 516–29.

Pendleton, Hester. *The Parents Guide for the Transmission of Desired Qualities to Offspring, and Childbirth Made Easy.* Stereotype ed. New York: Fowlers and Wells, 1848.

Perkins Gilman, Charlotte. "How Home Conditions React Upon the Family." *American Journal of Sociology* 14, no. 1 (1909): 592–605.

Peterson, Erik L. *The Life Organic: The Theoretical Biology Club and the Roots of Epigenetics.* Pittsburgh: University of Pittsburgh Press, 2016.

Pollitt, Katha. "Fetal Rights." In *"Bad" Mothers: The Politics of Blame in Twentieth-Century America*, edited by Molly Ladd-Taylor and Lauri Umansky.

New York: New York University Press, 1998.

Popenoe, Paul, and Roswell Hill Johnson. *Applied Eugenics*. New York: Macmillan, 1918.

"Prevention of Neural Tube Defects: Results of the Medical Research Council Vitamin Study. MRC Vitamin Study Research Group." *Lancet* 338, no. 8760 (1991): 131–37.

"Prof. Oscar Hertwig." *Nature* 111, no. 2776 (1923): 56.

Purdy, Laura M. "Are Pregnant Women Fetal Containers?" *Bioethics* 4, no. 4 (1990): 273–91.

Purnell, Beverly A. "The Nutritional Sins of the Mother …" *Science* 345, no. 6198 (2014): 782.

Rader, Karen A. *Making Mice: Standardizing Animals for American Biomedical Research, 1900-1955*. Princeton: Princeton University Press, 2004.

Raine, Adrian. *The Anatomy of Violence: The Biological Roots of Crime*. New York: Pantheon Books, 2013.

Rasmussen, Kathleen Maher. "The 'Fetal Origins' Hypothesis: Challenges and Opportunities for Maternal and Child Nutrition." *Annual Review of Nutrition* 21, no. 1 (2001): 73–95.

Ravelli, G. P., Z. A. Stein, and M. W. Susser. "Obesity in Young Men after Famine Exposure in Utero and Early Infancy." *New England Journal of Medicine* 295, no. 7 (1976): 349–53.

Ray, L. Bryan. "Inheriting Mom's Exercise Regime." *Science* 352, no. 6284 (2016): 425–26.

Read, Mary Lillian. *The Mothercraft Manual*. Boston: Little, Brown, 1916.

Reardon, Sara. "Poverty Linked to Epigenetic Changes and Mental Illness." *Nature*. May 24, 2016. https://www.nature.com/news/poverty-linked-to-epigenetic-changes-and-mental-illness-1.19972.

Reiches, M. W. "A Life History Approach to Prenatal Supplementation: Building a Bridge from Biological Anthropology to Public Health and Nutrition." *American Journal of Human Biology* 31, no. 6 (2019): e23318.

"Report of the National Woman's Christian Temperance Union Thirty-Fifth Annual Convention." Denver, Colorado. 1909.

Reynolds, Gretchen. "Babies Born to Run: Does Exercise during Pregnancy Lead to Exercise-Loving Offspring?" *New York Times*, April 12, 2016.

Rhoads, J. E. "Mrs. Teats at San Jose." *Pacific Ensign* 15, no. 13 (1905): 3.

Richardson, Sarah S. "Maternal Bodies in the Postgenomic Order: Gender and the Explana-tory Landscape of Epigenetics." In *Postgenomics: Perspectives on Biology after the Genome*, edited by Sarah S. Richardson and Hallam Stevens, 210–31. Durham: Duke University Press, 2015.

Richardson, Sarah S. "Plasticity and Programming: Feminism and the Epigenetic Imaginary." *Signs* 43, no. 1 (2017): 29–52.

Richardson, Sarah S., and Rene Almeling. "The CDC Risks Its Credibility with New Pregnancy Guidelines." *Boston Globe*, February 8, 2016. https://www.bostonglobe.com/opinion/2016/02/08/the-cdc-risks-its-credibility-with-new-pregnancy-guid-elines/2SCHzNCqcWNDRguol7kzwK/story.html.

Richardson, S. S., C. R. Daniels, M. W. Gillman, J. Golden, R. Kukla, C. Kuzawa, and J. Rich-Edwards. "Society: Don't Blame the Mothers." *Nature* 512, no. 7513 (2014): 131–32.

Richardson, Sarah S., and Hallam Stevens. *Postgenomics: Perspectives on Biology after the Genome*. Durham: Duke University Press, 2015.

Richmond, R. C., C. L. Relton, and G. Davey Smith. "What Evidence Is Required to Suggest that DNA Methylation Mediates the Association between Prenatal Famine Exposure and Adulthood Disease?" *Science Advances* 4, no. 1 (January 31, 2018): eaao4364.

Richmond, R. C., N. J. Timpson, J. F. Felix, T. Palmer, R. Gaillard, G. McMahon, G. Davey Smith, V. W. Jaddoe, and D. A. Lawlor. "Using Genetic Variation to Explore the Causal Effect of Maternal Pregnancy Adiposity on Future Offspring Adiposity: A Mendelian Randomisation Study." *PLOS Med* 14, no. 1 (2017): e1002221.

Riddell, Newton N. *Child Culture According to the Laws of Physiological Psychology and Mental Suggestion.* Chicago: Child of Light Publishing, 1902.

Riddell, Newton N. *A Child of Light, or, Heredity and Prenatal Culture: Considered in the Light of the New Psychology.* Chicago: Child of Light Publishing, 1900.

Riddell, Newton N. "Experiments of Elmer Gates." In *The Riddell Lectures on Applied Psychology and Vital Christianity.* Chicago: Riddell Publishers, 1913.

Riddell, Newton N. "Suggestions Relating to Children." *Kindergarten-Primary Magazine* 26, no. 8 (1914): 226.

Rijlaarsdam, J., C. A. Cecil, E. Walton, M. S. Mesirow, C. L. Relton, T. R. Gaunt, W. McArdle, and E. D. Barker. "Prenatal Unhealthy Diet, Insulin–Like Growth Factor 2 Gene (IGF2) Methylation, and Attention Deficit Hyperactivity Disorder Symptoms in Youth with Early–Onset Conduct Problems." *Journal of Child Psychology and Psychiatry* 58, no. 1 (2017): 19–27.

Rijlaarsdam, J., I. Pappa, E. Walton, M. J. Bakermans–Kranenburg, V. R. Mileva–Seitz, R. C. Rippe, S. J. Roza, et al. "An Epigenome–Wide Association Metaanalysis of Prenatal Maternal Stress in Neonates: A Model Approach for Replication." *Epigenetics* 11, no. 2 (2016): 140–49.

Roberts, Dorothy E. "The Ethics of Biosocial Science." The Tanner Lectures on Human Values, 2016. tannerlectures.utah.edu.

Roberts, Dorothy E. *Fatal Invention: How Science, Politics, and Big Business Re-create Race in the Twenty-First Century.* New York: New Press, 2011.

Roberts, Dorothy E. *Killing the Black Body: Race, Reproduction, and the Meaning of Liberty.* 1st ed. New York: Pantheon Books, 1997.

Robison, O. W. "The Role of Maternal Effects in Animal Breeding, V: Maternal Effects in Swine." *Journal of Animal Science* 35, no. 6 (1972): 1303–15.

Rock Island Argus. "Psychology of Heredity Theme, N. N. Riddell's Lecture on Prenatal Culture Best Yet Given; Cites Many Experiments." February 3, 1912, 6.

Rodwell, Grant. "Dr Caleb Williams Saleeby: The Complete Eugenicist." *History of*

Education 26, no. 1 (1997): 23–40.

Roizen, Michael F., and Mehmet Oz. *YOU: Having a Baby: The Owner's Manual to a Happy and Healthy Pregnancy.* New York: Free Press, 2009.

Roseboom, T. J., R. C. Painter, A. F. van Abeelen, M. V. Veenendaal, and S. R. de Rooij. "Hungry in the Womb: What Are the Consequences? Lessons from the Dutch Famine." *Maturitas* 70, no. 2 (2011): 141–45.

Rosen, Christine. *Preaching Eugenics: Religious Leaders and the American Eugenics Movement.* New York: Oxford University Press, 2004.

Rosenberg, Charles E. "The Bitter Fruit: Heredity, Disease and Social Thought in Nineteenth Century America." *Perspectives in American History* 8 (1974): 189–235.

Rosner, Elizabeth. *Survivor Café: The Legacy of Trauma and the Labyrinth of Memory.* Berkeley: Counterpoint, 2017.

Rundle, Andrew, Aryeh D. Stein, Henry S. Kahn, Karin van der Pal-de Bruin, Patricia A. Zybert, and L. H. Lumey. "Anthropometric Measures in Middle Age after Exposure to Famine during Gestation: Evidence from the Dutch Famine." *American Journal of Clinical Nutrition* 85, no. 3 (2007): 869–76.

Rush, D., Z. Stein, and M. Susser. "A Randomized Controlled Trial of Prenatal Nutritional Supplementation in New York City." *Pediatrics* 65, no. 4 (1980): 683–97.

Russell Sage Foundation. "Call for Proposals: Integrating Biology and Social Science Knowl-edge (BioSS)." https://www.russellsage.org/research/funding/bioss.

Russett, Cynthia Eagle. *Sexual Science: The Victorian Construction of Womanhood.* Cambridge, MA: Harvard University Press, 1989.

Saldaña-Tejeda, Abril. "Mitochondrial Mothers of a Fat Nation: Race, Gender and Epigenetics in Obesity Research on Mexican Mestizos." *BioSocieties* 13 (2017).

Saleeby, C. W. *Parenthood and Race Culture: An Outline of Eugenics.* New York: Moffat, Yard, 1909.

Sapp, Jan. *Beyond the Gene: Cytoplasmic Inheritance and the Struggle for*

Authority in Genetics. New York: Oxford University Press, 1987.

Schneider, William H. "Puericulture, and the Style of French Eugenics." *History and Philosophy of the Life Sciences* 8, no. 2 (1986): 265–77.

Schuller, Kyla C. "Taxonomies of Feeling: The Epistemology of Sentimentalism in Late-Nineteenth-Century Racial and Sexual Science." *American Quarterly* 64, no. 2 (2012): 277–99.

Scott, Cameron. "Link between Mom's Diet at Conception and Child's Lifelong Health." *SingularityHub*. May 9, 2014. https://singularityhub.com/2014/05/09/link-between-moms-diet-at-conception-and-childs-lifelong-health-study-reveals/#sm.00001k28ging79elttqo9hoqcbxsh.

Scott, R. B., W. W. Cardozo, A. deG. Smith, and M. R. DeLilly. "Growth and Development of Negro Infants, III: Growth during the First Year of Life as Observed in Private Pediatric Practice." *Journal of Pediatrics* 37, no. 6 (1950): 885–93.

Scott, R. B., M. E. Jenkins, and R. P. Crawford. "Growth and Development of Negro Infants, I: Analysis of Birth Weights of 11,818 Newly Born Infants." *Pediatrics* 6, no. 3 (1950): 425–31.

"Section Discussions: Superstition in Teratology." *JAMA* 48, no. 4 (1907): 363–64.

Semon, Richard. *The Mneme*. London: George Allen & Unwin, 1921.

Shannon, T. W., and W. J. Truitt. *Nature's Secrets Revealed; Scientific Knowledge of the Laws of Sex Life and Heredity, or Eugenics*. Marietta, OH: S. A. Mullikin, 1914.

Shapiro, Sam, Harold Jacobziner, Paul M. Densen, and Louis Weiner. "Further Observations on Prematurity and Perinatal Mortality in a General Population and in the Population of a Prepaid Group Practice Medical Care Plan." *American Journal of Public Health and the Nation's Health* 50, no. 9 (1960): 1304–17.

Sharp, Gemma C., Deborah A. Lawlor, and Sarah S. Richardson. "It's the Mother! How Assumptions about the Causal Primacy of Maternal Effects Influence Research on the De-velopmental Origins of Health and Disease." *Social Science & Medicine* 213 (2018): 20–27.

Sharp, G. C., L. Schellhas, S. S. Richardson, and D. A. Lawlor. "Time to Cut the

Cord: Recognizing and Addressing the Imbalance of DOHaD Research towards the Study of Maternal Pregnancy Exposures." *Journal of Developmental Origins of Health and Disease* 10, no. 5 (2019): 509–12.

Shelly, Edwin Taylor. "Superstition in Teratology with Special Reference to the Theory of Impressionism." *JAMA* 48, no. 4 (1907): 308–11.

Shildrick, Margrit. "Maternal Imagination: Reconceiving First Impressions." *Rethinking His-tory* 4, no. 3: 243–60.

Shipley, Arthur Everett, Edward Bagnall Poulton, and Selmar Schönland. "Editors' Preface to the First Edition." In *Essays upon Heredity and Kindred Biological Problems*, vii. Oxford: Clarendon Press, 1891.

Shostak, Sara, and Margot Moinester. "The Missing Piece of the Puzzle? Measuring the Environment in the Postgenomic Moment." In *Postgenomics: Perspectives on Biology after the Genome*, edited by Sarah S. Richardson and Hallam Stevens, 192–209. Durham, NC: Duke University Press, 2015.

Shulevitz, Judith. "The Science of Suffering: Kids Are Inheriting Their Parents' Trauma. Can Science Stop It?" *New Republic*, November 16, 2014.

Silverstein, Jason. "How Racism Is Bad for Our Bodies." *Atlantic*, March 12, 2013. https://www.theatlantic.com/health/archive/2013/03/how-racism-is-bad-for-our-bodies/273911/.

Sizer, Nelson. "Child Culture: Specimens of Promise." *Phrenological Journal and Science of Health* 102, no. 8 (1896): 60.

Slater, William K., and J. Edwards. "John Hammond, 1889–1964." *Biographical Memoirs of Fellows of the Royal Society* 11 (1965): 101–13.

Slemons, Josiah Morris. *The Prospective Mother: A Handbook for Women during Pregnancy.* New York: D. Appleton, 1912.

Slocum, Annette. *For Wife and Mother: A Young Mother's Tokology.* Chicago: Medical Publishing, 1910.

Smith, Clement A. "Effects of Maternal Undernutrition upon the Newborn Infant in Holland (1944–1945)." *Journal of Pediatrics* 30, no. 3 (1947): 229–43.

Smith, Hannah Whitall. *Child Culture; Or, the Science of Motherhood.* New York: Fleming H. Revell, 1894.

Smith, Justin E. H. "Imagination and the Problem of Heredity in Mechanist Embryology." In *The Problem of Animal Generation in Early Modern Philosophy*, edited by Justin E. H. Smith, 80–99. Cambridge: Cambridge University Press, 2006.

Spicer, Kirsten. "'A Nation of Imbeciles': The Human Betterment Foundation's Propaganda for Eugenic Practices in California." *Voces Novae: Chapman University Historical Review* 7, no. 1 (2015): 109–30.

Squires, Sally. "The Tiny Infants: National Academy of Sciences Maps Strategy to Prevent Underweight Births." *Washington Post*, February 27, 1985.

Stacpoole, Florence. *Advice to Women on the Care of the Health, before, during and after Confinement.* Rev. from the 5th London ed. New York: Funk & Wagnalls, 1917.

Stein, Aryeh D., Patricia A. Zybert, Karin van der Palde Bruin, and L. H. Lumey. "Exposure to Famine during Gestation, Size at Birth, and Blood Pressure at age 59 y: Evidence from the Dutch Famine." *European Journal of Epidemiology* 21, no. 10 (2006): 759–65.

Stein, Zena, Mervyn Susser, Gerhart Saenger, and Francis Marolla. *Famine and Human Development: The Dutch Hunger Winter of 1944-1945.* New York: Oxford University Press, 1975.

Stern, Madeleine B. *Heads and Headlines: The Phrenological Fowlers.* Norman: University of Oklahoma Press, 1971.

Stopes, Marie Carmichael. "Statement of Dr. Marie Stopes." In *Problems of Population and Parenthood*, edited by James Marchant, 242–55. New York: E. P. Dutton, 1920.

Stotz, Karola. "The Ingredients for a Postgenomic Synthesis of Nature and Nurture." *Philo-sophical Psychology* 21, no. 3 (2008): 359–81.

Strahan, S. A. K. *Marriage and Disease: A Study of Heredity and the More Important Family Degenerations.* London: Kegan Paul, Trench, Trübner, 1892.

Sturtevant, A. H. "Inheritance of Direction of Coiling in *Limnaea*." *Science* 58, no.

1501 (1923): 269–70.

Suter, Melissa, Jun Ma, Alan S. Harris, Lauren Patterson, Kathleen A. Brown, Cynthia Shope, Lori Showalter, Adi Abramovici, and Kjersti M. Aagaard-Tillery. "Maternal Tobacco Use Modestly Alters Correlated Epigenome–Wide Placental DNA Methylation and Gene Expression." *Epigenetics* 6, no. 11 (2011): 1284–94.

Szyf, M., I. C. Weaver, F. A. Champagne, J. Diorio, and M. J. Meaney. "Maternal Programming of Steroid Receptor Expression and Phenotype through DNA Methylation in the Rat." *Frontiers in Neuroendocrinology* 26, no. 3–4 (2005): 139–62.

Tanaka, Yoshimaro. "Maternal Inheritance in *Bombyx mori*." *Genetics* 9, no. 5 (1924): 479–86.

Tanner, J. M. "Standards for Birth Weight or Intrauterine Growth." *Pediatrics* 46, no. 1 (1970): 1–6.

Tanner, J. M. *A History of the Study of Human Growth*. New York: Cambridge University Press, 1981.

Teats, Mary E. *The Way of God in Marriage: A Series of Essays upon Gospel and Scientific Purity*. Spotswood, NJ: Physical Culture, 1906.

Terao, Hajime. "Maternal Inheritance in the Soy Bean." *American Naturalist* 52, no. 613 (1918): 51–56.

Thomson, A. M. "Diet in Pregnancy, 3: Diet in Relation to the Course and Outcome of Pregnancy." *British Journal of Nutrition* 13, no. 4 (1959): 509–25.

Tobi, Elmar W., P. Eline Slagboom, Jenny van Dongen, Dennis Kremer, Aryeh D. Stein, Hein Putter, Bastiaan T. Heijmans, and L. H. Lumey. "Prenatal Famine and Genetic Variation Are Independently and Additively Associated with DNA Methylation at Regulatory Loci within IGF2/H19." *PLOS One* 7, no. 5 (2012): e37933.

Tobi, Elmar W., Roderick C. Slieker, René Luijk, Koen F. Dekkers, Aryeh D. Stein, Kate M. Xu, P. Eline Slagboom, et al. "DNA Methylation as a Mediator of the Association between Prenatal Adversity and Risk Factors for Metabolic Disease in Adulthood." *Science Advances* 4, no. 1 (2018): eaao4364.

Tobi, Elmar W., R. C. Slieker, A. D. Stein, H. E. Suchiman, P. E. Slagboom, E. W. van Zwet, B. T. Heijmans, and L. H. Lumey. "Early Gestation as the Critical Time-Window for Changes in the Prenatal Environment to Affect the Adult Human Blood Methylome." *International Journal of Epidemiology* 44, no. 4 (2015): 1211–23.

Tomlinson, Stephen. "Phrenology, Education and the Politics of Human Nature: The Thought and Influence of George Combe." *History of Education* 26, no. 1 (1997): 1–22.

Towbin, Abraham. "Mental Retardation Due to Germinal Matrix Infarction." *Science* 164, no. 3876 (1969): 156–61.

Toyama, Kametaro. "Maternal Inheritance and Mendelism." *Journal of Genetics* 2, no. 4 (1913): 351–405.

Tran, Hoang T., Lex W. Doyle, Katherine J. Lee, and Stephen M. Graham. "A Systematic Review of the Burden of Neonatal Mortality and Morbidity in the ASEAN Region." *WHO South-East Asia Journal of Public Health* 1, no. 3 (2012): 239.

"Truth, Reconciliation, and Transformation: Continuing on the Path to Equity." *Pediatrics* 146, no. 3 (2020): e2020019794.

Uda, Hajime. "On 'Maternal Inheritance.'" *Genetics* 8, no. 4 (1923): 322–35.

Udry, J. Richard, Naomi M. Morris, Karl E. Bauman, and Charles L. Chase. "Social Class, Social Mobility, and Prematurity: A Test of the Childhood Environment Hypothesis for Negro Women." *Journal of Health and Social Behavior* 11, no. 3 (1970): 190–95.

Uncle, Joseph. "Joyous and Sensitive." *Phrenological Journal and Science of Health* 107, no. 5 (1899): 158.

Unger, J. "Weight at Birth and Its Effect on Survival of the Newborn by Geographic Divisions and Urban Rural Areas: United States, Early 1950." *Vital and Health Statistics*. Series 21, Data from the National Vital Statistics System, no. 4 (1965): 155–218.

"Use of Folic Acid for Prevention of Spina Bifida and Other Neural Tube Defects—1983–1991." *MMWR Morbidity and Mortality Weekly Report* 40, no. 30 (1991): 513–16.

Valdez, Natali. "The Redistribution of Reproductive Responsibility: On the Epigenetics of 'Environment' in Prenatal Interventions." *Medical Anthropology Quarterly* 32, no. 3 (2018).

VanderWeele, Tyler J. *Explanation in Causal Inference: Methods for Mediation and Interaction*. New York: Oxford University Press, 2015.

van Wyhe, John. "The Diffusion of Phrenology through Public Lecturing." In *Science in the Marketplace: Nineteenth-Century Sites and Experiences*, edited by Aileen Fyfe and Bernard Lightman, 60. Chicago: University of Chicago Press, 2007.

Venge, Ole. "Studies of the Maternal Influence on the Birth Weight in Rabbits." *Acta Zoologica* 31, no. 1 (1950): 1–148.

Villarosa, Linda. "Why America's Black Mothers and Babies Are in a Life-or-Death Crisis." *New York Times*, April 11, 2018.

Viterna, J., and J. S. G. Bautista. "Pregnancy and the 40-Year Prison Sentence: How 'Abortion Is Murder' Became Institutionalized in the Salvadoran Judicial System." *Health and Human Rights* 19, no. 1 (2017): 81–93.

Waggoner, Miranda R. *The Zero Trimester: Pre-pregnancy Care and the Politics of Reproductive Risk*. Oakland: University of California Press, 2017.

Waggoner, Miranda R., and T. Uller. "Epigenetic Determinism in Science and Society." *New Genetics and Society* 34, no. 2 (2015): 177–95.

Wald, Lillian D., Jane Addams, Leo Arnstein, Ben B. Lindsey, Henry B. Favill, Charles R. Henderson, Florence Kelley, and Samuel Mccune Lindsay. "The Federal Children's Bureau: A Symposium." *Annals of the American Academy of Political and Social Science* 33 (1909): 23–48.

Walton, Arthur, and John Hammond. "The Maternal Effects on Growth and Conformation in Shire Horse–Shetland Pony Crosses." *Proceedings of the Royal Society of London, Series B— Biological Sciences* 125, no. 840 (1938): 311–35.

Warin, Megan, and Anne Hammarström. "Material Feminism and Epigenetics: A 'Criti-cal Window' for Engagement?" *Australian Feminist Studies* 33, no. 97 (2018): 299–315.

Warin, Megan, V. Moore, T. Zivkovic, and M. Davies. "Telescoping the Origins of

Obesity to Women's Bodies: How Gender Inequalities Are Being Squeezed Out of Barker's Hypothesis." *Annals of Human Biology* 38, no. 4 (2011): 453–60.

Warin, Megan, Tanya Zivkovic, Vivienne Moore, and Michael Davies. "Mothers as Smoking Guns: Fetal Overnutrition and the Reproduction of Obesity." *Feminism & Psychology* 22, no. 3 (2012): 360–75.

Warkany, Josef. "Experimental Studies on Nutrition in Pregnancy." *Obstetrical & Gynecological Survey* 3, no. 5 (1948): 693–703.

Warkany, Josef. "Manifestations of Prenatal Nutritional Deficiency." In *Vitamins and Hormones III*, 73–103. New York: Academic Press, 1945.

Warkany, Josef, and Harold Kalter. "Congenital Malformations." *New England Journal of Medicine* 265, no. 21 (1961): 1046–52.

Washington Post. "Art of Brain Building: Prof. Elmer Gates and His Remarkable Experiments." April 5, 1896.

Waterland, R. A., D. C. Dolinoy, J. R. Lin, C. A. Smith, X. Shi, and K. G. Tahiliani. "Maternal Methyl Supplements Increase Offspring DNA Methylation at Axin Fused." *Genesis* 44, no. 9 (2006): 401–6.

Waterland, R. A., and R. L. Jirtle. "Transposable Elements: Targets for Early Nutritional Effects on Epigenetic Gene Regulation." *Molecular Cell Biology* 23, no. 15 (2003): 5293–300.

Weaver, Ian C. G., Nadia Cervoni, Frances A. Champagne, Ana C. D'Alessio, Shakti Sharma, Jonathan R. Seckl, Sergiy Dymov, Moshe Szyf, and Michael J. Meaney. "Epigenetic Programming by Maternal Behavior." *Nature Neuroscience* 7, no. 8 (2004): 847–54.

Weaver, Ian C. G., Michael J. Meaney, and Moshe Szyf. "Maternal Care Effects on the Hip-pocampal Transcriptome and Anxiety-Mediated Behaviors in the Offspring That Are Reversible in Adulthood." *Proceedings of the National Academy of Sciences* 103, no. 9 (2006): 3480–85.

Weaver, Lawrence T. "In the Balance: Weighing Babies and the Birth of the Infant Welfare Clinic." *Bulletin of the History of Medicine* 84 (2010): 30–57.

Weismann, August. "Amphimixis or the Essential Meaning of Conjugation and

Sexual Reproduction (1891)." In *Essays upon Heredity and Kindred Biological Problems*, edited by Edward Bagnall Poulton, S. Schönland, and A. E. Shipley. Oxford: Clarendon Press, 1891.

Weismann, August. "Beiträge zur Naturgeschichte der Daphnoiden. Abhandlung VI und VII." *Zeitschrift für Wissenschaftliche Zoologie*, no. Erstes und Zweites Heft (1880): 55.

Weismann, August. "The Continuity of the Germ–Plasm as the Foundation of a Theory of Heredity (1885)." In *Essays upon Heredity and Kindred Biological Problems*, edited by Edward Bagnall Poulton, S. Schönland, and A. E. Shipley. Oxford: Clarendon, 1891.

Weismann, August. *The Germ-Plasm: A Theory of Heredity.* New York: Scribner's, 1893.

Weismann, August. "On Heredity (1883)." In *Essays upon Heredity and Kindred Biological Problems*, edited by Edward Bagnall Poulton, S. Schönland, and A. E. Shipley. Oxford: Clarendon, 1891.

Weismann, August. "Remarks on Certain Problems of the Day (1890)." In *Essays upon Heredity and Kindred Biological Problems*, edited by Edward Bagnall Poulton, S. Schönland, and A. E. Shipley. Oxford: Clarendon, 1891.

Weismann, August. "The Significance of Sexual Reproduction in the Theory of Natural Selection (1886)." In *Essays upon Heredity and Kindred Biological Problems*, edited by Edward Bagnall Poulton, S. Schönland, and A. E. Shipley. Oxford: Clarendon, 1891.

Weismann, August. "The Supposed Transmission of Mutilations (1888)." In *Essays upon Heredity and Kindred Biological Problems*, edited by Edward Bagnall Poulton, S. Schönland, and A. E. Shipley. Oxford: Clarendon, 1891.

Weismann, August, Edward Bagnall Poulton, S. Schönland, and A. E. Shipley. *Essays upon Heredity and Kindred Biological Problems.* 2nd ed. 2 vols. Oxford: Clarendon, 1891.

"Well–Born Children: The Slogan of the Twentieth Century!! Correspondence School of Gospel and Scientific Eugenics." Chicago, 1911. Author's collection.

Wells, Jonathan C. K. "Maternal Capital and the Metabolic Ghetto: An Evolutionary Perspective on the Transgenerational Basis of Health Inequalities." *American Journal of Human Biology* 22, no. 1 (2010): 1–17.

Wells, Jonathan C. K. *The Metabolic Ghetto: An Evolutionary Perspective on Nutrition, Power Relations and Chronic Disease.* Cambridge: Cambridge University Press, 2016.

Wertz, Richard W., and Dorothy C. Wertz. *Lying-In: A History of Childbirth in America.* New York: Free Press, 1977.

West, Mary Mills. *Prenatal Care.* US Children's Bureau Care of Children Series. 2nd ed. Vol. 4. Washington, DC: Government Printing Office, 1913.

Whitehead, James. *On the Transmission, from Parent to Offspring, of Some Forms of Disease, and of Morbid Taints and Tendencies.* 2nd ed. London: J. Churchill, 1857.

Wilcox, Allen J. "On the Importance— and the Unimportance— of Birthweight." *International Journal of Epidemiology* 30, no. 6 (2001): 1233–41.

Willham, R. L. "The Role of Maternal Effects in Animal Breeding." *Journal of Animal Science* 35 (1972): 1288–93.

Wilson, Edmund B. *The Cell in Development and Inheritance.* London: MacMillan, 1896.

Wilson, Edmund B. *The Cell in Development and Heredity.* 3rd ed. New York: Macmillan, [1925] 1928.

Winett, Liana B., Alyssa B. Wulf, and Lawrence Wallack. "Framing Strategies to Avoid Mother–Blame in Communicating the Origins of Chronic Disease." *American Journal of Public Health* 106, no. 8 (2016): 1369–73.

"Winfield Scott Hall 1861–1942." *Quarterly Bulletin of Northwestern University Medical School* 16, no. 4 (1942): 315.

Wingerter, Rex B. "Fetal Protection Becomes Assault on Motherhood." *In These Times*, June 10, 1987, 3, 8.

Winick, Myron. "Food and the Fetus." *Natural History* 90, no. 1 (1981): 76–81.

Winick, Myron, ed. *Nutrition and Fetal Development*. Vol. 1, *Current Concepts in Nutrition*. New York: Wiley, 1974.

Winter, Alison. *Mesmerized: Powers of Mind in Victorian Britain*. Chicago: University of Chicago Press, 1998.

Winther, Rasmus G. "August Weismann on Germ-Plasm Variation." *Journal of the History of Biology* 34, no. 3 (2001): 517–55.

Wolf, Jason B., and Michael J. Wade. "What Are Maternal Effects (and What Are They Not)?" *Philosophical Transactions of the Royal Society B: Biological Sciences* 364, no. 1520 (2009): 1107–15.

Wolf, Joan B. *Is Breast Best? Taking on the Breastfeeding Experts and the New High Stakes of Motherhood*. New York: New York University Press, 2011.

Woodward, James. "Causation in Biology: Stability, Specificity, and the Choice of Levels of Explanation." *Biology & Philosophy* 25, no. 3 (2010): 287–318.

Woodward, James. *Making Things Happen: A Theory of Causal Explanation*. New York: Oxford University Press, 2003.

World Health Organization. "Obesity and Overweight." *Fact Sheets*, 2018.

Wright, John, Neil Small, Pauline Raynor, Derek Tuffnell, Raj Bhopal, Noel Cameron, Lesley Fairley, et al.; on behalf of the Born in Bradford Scientific Collaborators Group. "Cohort Profile: The Born in Bradford Multiethnic Family Cohort Study." *International Journal of Epidemiology* 42, no. 4 (2012): 978–91.

Yehuda, R., and L. M. Bierer. "Transgenerational Transmission of Cortisol and PTSD Risk." *Progress in Brain Research* 167 (2008): 121–35.

Yehuda, R., N. P. Daskalakis, L. M. Bierer, H. N. Bader, T. Klengel, F. Holsboer, and E. B. Binder. "Holocaust Exposure Induced Intergenerational Effects on FKBP5 Methylation." *Biological Psychiatry* 80, no. 5 (2016): 372–80.

Yerby, A. S. "The Disadvantaged and Health Care." *American Journal of Public Health and the Nation's Health* 56, no. 1 (1966): 5–9.

Yerushalmy, J. "Nomenclature, Duration of Gestation, Birth Weight, Intrauterine Growth: Dissenting Views." *Pediatrics* 39, no. 6 (1967): 940–41.

Yoshizawa, Rebecca Scott. "Fetal–Maternal Intra-action: Politics of New Placental Biologies." *Body and Society* 22, no. 4 (2016): 79–105.

Young, Dwight L. "Orson Squire Fowler: To Form a More Perfect Human." *Wilson Quarterly* 14, no. 2 (1990): 120–27.

Yu, Z., S. Han, J. Zhu, X. Sun, C. Ji, and X. Guo. "Pre-pregnancy Body Mass Index in Relation to Infant Birth Weight and Offspring Overweight/Obesity: A Systematic Review and Meta-analysis." *PLOS One* 8, no. 4 (2013): e61627.

Zamenhof, S., and E. Van Marthens. "Study of Factors Influencing Prenatal Brain Development." *Molecular and Cellular Biochemistry* 4, no. 3 (1974): 157–68.

Zenderland, Leila. "Biblical Biology: American Protestant Social Reformers and the Early Eugenics Movement." *Science in Context* 11, no. 3–4 (1998).